KB237596

알기쉬운 창세기 이야기 1

하나님의 창조

조광현 지음

GENESIS

신교횃불

'쉽다! 재밌다! 성경적이다! 그리고 은혜가 된다!' (하나님의 창조)를 읽어 내려가면서 계속 드는 생각이다. 저자는 천지창조에서 아브람에 이르기까지 창세기를 구석구석 살피며 37편의 주옥같은 말씀을 선포하고 있다. 초신자가 읽어도 전혀 어렵지 않게 느껴지도록 실감나는 예화와 구체적인 설명을 적절하게 사용하였다. 신앙생활을 오랫동안 한 성도라도 오해의 소지가 있는 성경 본문들을 속 시원하게 설명해 주고 여러 번 통독해도 지나치기 쉬운 성경 지식을 명확하게 짚어준다. 창세기 통독을 하면서 함께 읽는다면 금상첨화일 것이다. 일단 읽기 시작하면 그 다음이 기다려진다. 마치 저자가 눈 앞에서 말씀을 선포하고 있듯이 읽혀질 것이다. 더욱 감사한 것은 우리가 마주하는 삶 속의 문제들과 어려운 상황들을 향한 성경적인 답을 제시하며 하나님께 더욱 가까이 나갈 수 있도록 촉진제 역할을 할 것이다. 성경적인 석의에 이어 성경적인 적용을 통해 말씀이 살아 역사하는 장을 열어줄 것이다. 송파구에 있는 지하철 8호선 석촌역 5번 출구에서 십수 년 동안 한결같이 찬양 사역(전도)을 감당하신 저자의 살아있는 말씀 선포가 이 책을 통해 빛을 보게 된 것을 참으로 기쁘게 생각한다. 한 영혼을 향한 그의 애틋하고 간절한 마음이 이 글을 읽는 당신에게도 느껴지길 기도하고 간절히 소망한다.

개신대학원대학교 총장   조성헌

유년 주일학교 때 들었던 아담과 하와의 에덴동산 이야기, 노아의 방주 이야기 등은 아직까지 생생하게 제 기억 속에 남아 있습니다. 그런데 그 시절을 가만히 생각해보면, 이야기를 들을수록 여러 궁금증들이 생긴 반면, 한 번도 속 시원한 대답을 얻은 기억이 없습니다. 하나님께서 이 세상을 창조하실 때 왜 선악과를 만드셨는지, 공룡도 만드셨는지, 노아의 방주와 홍수 심판이 실제로 일어난 일인지 등 궁금한 것들 투성이었습니다. 아마도 그러한 궁금증들이 오늘 이 책을 쓰게 된 시작이었는지 모릅니다.

창세기는 이 세상을 아름답고 조화롭게 만드신 하나님의 창조 사역으로 시작합니다. 그리고 그 하나님을 배반하고 죄를 지어 영원히 죽을 운명에 처한 인간들을 구원하시려는 하나님의 사랑의 이야기가 드라마처럼 이어집니다. 이러한 창세기는 크게 두 부분으로 나눌 수 있는데, 4대 사건(1~11장)과 4대 족장(12~50장)으로 특징지어 설명할 수 있습니다.

먼저 1장~11장은 하나님의 천지 창조, 아담의 타락, 노아 대홍수, 바벨탑 사건 등 4대 사건에 대한 이야기를 담고 있습니다. 이 4대 사건들은 모두 하나님의 생명에 대한 사랑과 복 주심, 그리고 죄에 대한 공의로운 심판과 긍휼하심 등 구속의 서사를 담고 있습니다. 한편 하나님을 떠나서 내 뜻대로 고집하며 사망을 향해 달려가는 어리석은 사람들의 모습도 담고 있습니다. 즉, 창세기는 인간의 범죄에도 불구하고 하나님께서 여자의 후손 그리스도를 통한 구속의 법을 세우시고, 장차 그리스도가 나실 혈통이요 동시에 구원의 약속을 받은 이스라엘 민족을 태초부터 선택, 구별, 보존하여 오신 섭리와 인간의 구속사(救贖史)를 보여줍니다.

두 번째로 12장~50장에서는 4대 족장 곧, 아브라함, 이삭, 야곱, 요셉 등 선민 이스라엘의 직계 조상들의 초기 역사를 다룹니다. 그 과정에서 4대 족장의 인간적 면모를 제시함으로써 하나님께서 인간의 부족함이나 유약함, 변덕스러움에도 불구하고 한번 택하신 당신의 백성을 신실히 보호하시고 그들에게 복을 주심은 물론, 그들을 통하여 구원의 역사를 확장시켜 나가심을 보여줍니다.

이 책은 그중에서 1장~11장의 내용 즉, 하나님께서 천지를 창조하시고 이 세상과 인간들을 사랑하신 이야기를 담고 있습니다. 창세기의 내용 중 독자들이 궁금해 하는 내용들을 청소년들이 읽어도 쉽게 이해할 수 있도록 쉽고 자세하게 설명했습니다. 따라서 이 책을 읽는 사람은 하나님의 창조가 실제로 일어난 역사임을 알게 될 것이고, 또한 하나님께서 이 세상을 얼마나 정성을 들여서 꼼꼼하고 질서 있고 아름답게 만드셨는지를 실감하게 될 것입니다. 그리고 하나님이 이 세상과 우리들을 얼마나 사랑하시는지를 느끼게 될 것입니다. 뿐만 아니라 십자가에 못 박히신 예수 그리스도의 은혜가 얼마나 크고 놀라운 사랑의 희생인지 깨닫게 될 것입니다. 지금도 우리와 함께하시고 부족한 우리들을 간섭해 주셔서 구원의 길로 인도하시는 성령님의 숨결을 느끼게 될 것입니다.

이 책이 나오도록 인도하신 하나님께 감사와 찬송과 영광을 올려드립니다. 아울러 이 책의 출판을 맡아주신 선교횃불 출판사와 부족한 글을 다듬어 주신 편집자 그리고 그림을 그려주신 조대현목사(화백)에게 감사를 드립니다. 조광현 목사를 사랑하시고 기도해 주시는 동역자들과 사랑하는 나의 가족들과 청초교회 성도들과 이 기쁨을 나누고 싶습니다.

2020년 9월

조광현 목사

목차

1부

창 조

1. 천지창조 (창 1:1)

성경은 우주 만물을 하나님께서 '창조하셨다'는 선언으로 시작합니다. 하나님이 세상을 '창조'하셨다는 말은 "온 우주를 구성하는 '시간'과 '공간'과 '물질'과 '에너지'를 만드셨다."는 의미입니다. 이것은 아무것도 없는 완전 무(無)에서 생명으로 가득 찬 유(有)로의 창조(創造)였습니다. 여기서 사용된 창조(創造)라는 단어는 히브리어로 '빠라(ברא)' 인데, 이는 광대한 우주 공간과 천하 만물을 구성할 모든 재료들을 만드신 하나님의 창조 행위를 가리킵니다.

사실, 일반인들은 대개 이 구절부터 도무지 믿을 수 없다고 말합니다. 우주를 탐사하는 21세기 현대 과학기술로도 그 신비를 풀어내기는커녕 짐작조차 못하는 형편에서 수천 년 전에 기록된 이 한 구절로 모든 것을 설명하니 못 미더운 정도가 아니라 신기해 보이기까지 할 것입니다. 그래서 성경을 하나님 말씀이 아니라 일종의 문학작품으로 간주하는 이들마저 있습니다.

하지만, 창세기 1장 1절은 성경 전체에서 가장 중요한 구절입니다. 하나님의 창조주 되심에 대한 선언이기 때문입니다. 그 선언이 얼마나 중요했던지, 어떤 신학자는 "창세기 1장 1절을 믿으면 성경 전체를 믿을 수 있다."고까지 말합니다. 그만큼 하나님의 천지창조 선언은 매우 중요한 의미를 담고 있습니다.

창조(創造)는 만물을 초월하여 자존하시는 절대 주권자 하나님만 하실 수 있는 일입니다. 간혹 누군가가 무엇인가를 '창조했다'고 주장하는 경우가 있는데, 예외 없이 '발견, 발명, 혹은 재구성'에 그치고 맙니다. 즉, 무(無)에서 유(有)를 만드는 창조 사역은 오직 하나님만 하실 수 있는 일입니다.

1. 천지창조의 시기 - 태초

하나님께서 이 세상을 만드신 시점을 '태초(太初)'라고 부릅니다. 즉, '태초'(뻬레쉬트)는 천지창조의 시점(時點), 곧 하나님께서 우주 공간과 우주 만물의 구성 재료가 될 기본 물질들을 무(無)에서 유(有)로 동시에, 섬광적(閃光的)으로 생기게 하신 원초적 창조사건이 일어난 때를 가리키는 말입니다. 한마디로 태초는 시간과 공간과 물질이 시작된 출발점을 가리킵니다. 온 우주와 천지 만물은 바로 이 '태초'라는 시간과 함께 존재하게 되었습니다. 그래서 창세기를 '시작의 책'이라고 부르기도 합니다. 우주의 시작, 인간과 동·식물의 시작, 민족의 시작 등 갖가지 기원에 대해 기록하고 있기 때문입니다.

2. 천지창조의 주체 - 하나님

천지창조의 주체는 바로 하나님이십니다. 이는 하나님께서 직접 모든 시간의 처음에 천지 만물을 창조하셨다는 말입니다.

(창세기 1:1) _ 태초에 하나님이 천지를 창조하시니라

하나님은 놀라운 지혜와 경륜과 탁월한 능력으로 우주의 전 공간을 설정하시고 그 속에 질서와 시간과 역사와 온갖 존재들을 지으셨습니다. 따라서 하나님이 이 세상 모든 만물의 주인이 되신다는 것은 당연한 진리입니다.

철학사상사(史)를 보면 우주의 실체에 대해 여러 가지를 제시합니다. 그리스의 고대 철학자 탈레스는 우주의 실체를 물(水)이라고 했으며, 아낙시메네스는 공기(空氣)라고 했고, 헤라클레이투스는 불(火), 플라톤은 우주의 실체를 관념(idea)이라고 정의했습니다. 동양에서는 중국의 성리학자 정이(1033~1107)가 주창한 이기론(理氣論)을 들 수 있습니다. 하지만 이 모든 것들은 우주의 단편적 특징들을 토대로 '미루어 짐작한 것'에 다름 아닙니다. 우주의 본질적 신비는 오직 성경에서만 찾아볼 수 있습니다.

현존하는 최고(最古)의 기록들에 따르면 인류의 역사는 약 8천년 정도에 불과합니다. 그 역사와 기록물들은 자체로서 대단한 것이지만, 그중 어떤 것도 신묘막측한 하나님의 섭리, 곧 이 세상의 시작에 대해서는 설명하지 못합니다.

대부분의 천문학자들은 우주 생성의 원인을 설명하는 이론으로 〈빅뱅이론(big bang)〉을 받아들입니다. 빅뱅이론을 간단히 설명하면, 약 137억 년 전에 원시 우주의 한 점에서 원인을 알 수 없는 대폭발이 일어나면서 모든 물질과 에너지, 그리고 시공간인 현재 우주가 만들어졌는데, 이 대폭발 이후 1초 동안 우주의 크기는 20억×10억km^{2}로 팽창했고, 여전히 팽창하고 있다는 주장입니다. 즉, 과학자들의 주장은 어느 날 갑자기 일어난 대폭발에 의해 우연히 우주가 만들어졌다는 것입니다.

과연 이러한 주장이 창조이론보다 객관적이고 과학적이라고 믿는 근거가 무엇인지 정말 궁금합니다. 예를 들어, 대폭발이 일어나려면 무언가 재료가 있어야 할 텐데, 빅뱅이론을 주창하는 과학자들은 폭발의 재료가 무엇인지, 또 어디에서 만들어졌는지, 왜 폭발했는지 등을 전혀 설명하지 못합니다.

찰스 다윈은 그의 책《종의 기원》에서 많은 증거들을 제시하며 동물들의 변종이 수백만 년에 걸쳐 진화된 결과라고 주장했습니다. 그리고 오늘날 초중고는 물론이고 대학교에서도 이 진화론을 가르치고 있습니다. 맨 처음, 눈에 잘 보이지도 않는, 아메바가 진화를 거듭해서 양서류, 조류, 포유류 등의 동물들이 생겨났고, 나아가 원숭이가 진화해서 인간이 되었다는 것입니다. 하지만 이러한 다윈의 주장 역시 결과론적인 끼워 맞추기식 설명일 뿐, 수십억분의 1에도 미치지 못하는 종간 진화의 가능성에 대해서는 침묵으로 일관합니다. 분명 설명할 아무런 방법을 갖지 못한 탓일 겁니다.

3. 천지창조의 대상 - 만물(萬物)

1) 하나님이 모든 만물을 창조하시다

하나님은 하늘과 땅, 바다, 그리고 그 안에서 살아 숨 쉬는 모든 생명들을 만드셨습니다. 몸집이 큰 고래부터 눈으로는 볼 수 없는 작은 미생물들까지 모두 만드셨습니다. 하늘에 있는 해와 달과 별들도 만드셨고, 우리에게 필요한 물과 공기도 만드셨습니다. 하나님이 만드신 우주의 크기는 우리가 상상할 수도 없을 만큼 크고 넓습니다. 태양과 그 위성들, 곧 수성, 금성, 지구, 화성, 목성, 토성, 천왕성, 해왕성, 명왕성 등으로 이루어진 집합체를 태양계(太陽系)라고 부릅니다. 이 태양계와 같은 별 집단 수십억 개가 모여 은하계(銀河系)를 이룹니다. 그리고 다시 이러한 은하계가 수십억 개 모인 집합체를 우주라고 부릅니다. 그 크기를 상상하실 수 있겠습니까? 언젠가 과학자들이 지구로부터 수천 광년 떨어진 곳에서 새로운 별을 발견했다고 발표했습니다. 그러면서 그 별을 확인시켜 준 빛을 분석해보니 빅뱅, 그러니까 천지창조 당시에 생성된 별이라고 주장했습니다.

빛의 속도는 초속 30만㎞로, 1초에 지구를 7바퀴 반을 돌 수 있습니다. 그 빛의 속도로 1년 동안 나아가는 거리를 1광년(光年)이라고 합니다. 즉, 1광년 동안 빛은 약 9조 4,670억 7,782만km를 이동합니다. 그런데 수천 광년이면 그 빛이 수천 년간 달려왔다는 말인데, 이는 우주의 광활함에 대한 증거이자 태초에 하나님께서 말씀하신 '빛'에 대한 좋은 증거입니다. 왜냐하면 그 광활한 우주가 일정한 법칙에 따라 움직이고, 수천 광년을 달려

온 빛이 여전히 관측되기 때문입니다.

그런데 인간은 이제 간신히 달에 착륙하고 화성에 탐사선을 보내는 수준의 과학으로 우주가 어떻게 생성됐는지를 단언하려고 합니다. 그러니 이 세상이 어느 날 우연히 뻥하고 폭발하면서 만들어졌다고 헛된 주장을 할 수밖에요.

하나님과 창조에 대한 깨달음은 오직 믿음으로 얻어집니다. 히브리서 11장 6절은 "하나님께 나아가는 자는 반드시 그가 계신 것을 믿어야 한다"고 말씀하고 있습니다. 성경은 하나님의 존재를 증명하려 하지 않습니다. 하나님의 존재를 확인하는 것은 오직 그분에 대한 믿음으로만 가능합니다. 즉, 우리는 믿음으로 하나님의 존재를 느끼고, 확인하고, 확신하며, 이해합니다. 그런 의미에서 믿음이란 하나님을 알아가는 것이라고 할 수 있습니다. 그리고 하나님을 믿으면 하나님과 하나님이 만든 세계가 이해됩니다.

2) 동물(動物)들의 예

현재 지구상에 포유류(哺乳類)가 140과(科) 1,040여 속(屬) 5,500여 종(種)이 있고, 조류(鳥類)는 220과(科) 2,200여 속(屬) 1만여 종(種)이 있는 것으로 알려져 있습니다. 하나님은 동물을 '가축'과 '기는 것'과 '땅의 짐승' 등 모두 세 그룹으로 만드셨습니다.

가축은 소, 말, 당나귀, 개, 고양이 등 오랜 역사 동안 사람들과 함께 살아온 동물을 가리킵니다. 진화론자들은 이 가축들이 최초 야생의 짐승들이었지만, 사람들이 정착생활을 하게 되면서 그들 중 일부를 잡아 길들였다고 주장합니다. 하지만, 그에 관한 과학적 증거는 없습니다. 예를 들어 간혹 중동의 부호들이 사자, 호랑이 등 맹수들을 애완용으로 기른다는 뉴스를 본 적이 있지만, 아무리 오랜 시간 키워도 맹수들이 가축으로 변하지는 않습니다. 반면 '주인을 물어 죽인 맹수'에 관한 기사는 쉽게 찾아볼 수 있습니다. 즉, 맹수는 맹수일 뿐입니다. 하나님께서 처음부터 인간의 필요를 아시고 인간을 도울 만한 가축을 만드셨습니다. 인간을 위하여 땅을 일구고, 의복의 재료가 되어 주고, 짐을 실어 나르는 가축을 만드신 것이지요.

야생에서 사는 다른 땅의 짐승들도 마찬가지입니다. 진화론자들에 따르면 이들은 자연의 방식, 곧 '적자생존'의 냉혹한 법칙에 따라 진화에 성공한 동물들이 살아남은 것입니다. 하지만, 같은 초식동물이면서, 같은 공간에서 비슷한 환경 속에서 살았는데, 비슷한 맹수들을 피하기 위해 왜 기린은 목이 길어진 반면 얼룩말은 눈에 잘 띄는 줄무늬를 갖게 되었는지를 설명하지는 못합니다. 땅의 짐승들의 다채로움은 오히려 하나님께서 그들 각각을 독특한 개성으로 지으셨음을 나타냅니다. 하나님의 섭리는 처음부터 만물이 서로 다르지만 또 연합하게 하셨습니다.

3) 창조의 이유와 목적

하나님은 왜 온 우주 만물을 만드셨을까요?

결론부터 말하면, 하나님께서는 자신의 영광을 위해 온 우주 만물과 인간을 창조하셨습니다. 하나님의 창조의 목적, 하나님의 구원의 목적이 바로 하나님의 영광을 위한 것입니다.

《소요리문답》[1] 제1번은 인생의 목적이 "하나님을 영화롭게 하고 그를 영원토록 즐거워하는 것"이라고 합니다. 인생의 목적은 하나님이 이 세상을 만들고 우리들을 이 땅에 살게 하신 것과 우리를 죄에서 구원하신 은혜에 감사하는 것이라는 말입니다. 그리고 그러한 인생의 목적이 완성되는 것을 하나님이 기뻐하고 즐거워하신다고 합니다. 하나님은 그렇게 자신의 영광을 구하시면서 동시에 피조물인 인간에게도 영광을 나누어 주십니다.

> (신명기 10:13) _ 내가 오늘 네 행복을 위하여 네게 명하는 여호와의 명령과 규례를 지킬 것이 아니냐

아들이 기쁘지 않은데 아버지만 영광을 받으실 수 있겠습니까? 아들이 기뻐야 아버지께서 진실로 영광을 받으십니다. 사랑하는 여러분, 천지를 창조하신 하나님의 놀라운 역사를 믿으시고 기뻐하시기 바랍니다. 하나님의 창조를 자랑스럽게 여기시고, 그분의 피조물이 된 것을 기뻐하십시오.

하나님께서 천지를 창조하셨다는·것은 하나님이 이 세상의 주인이라는 말입니다. 천지를 창조하신 하나님이 우리의 주인이시며 우리 인생의 주관자이십니다. 따라서 우리가 하나님의 창조를 믿을 때, 창조주께서 세우신 바른 인생관과 역사관을 배우고 이해하며 살아갈 수 있습니다.

---

1) 《웨스트민스터 소요리문답》(Westminster Shorter Catechism)은 영국의 웨스트민스터 총회에서 작성된 표준 문서 중 하나로, 1643년부터 허버트 팔머(Helbert Palmer)에게 작성을 지시해 1648년 의회 승인을 완료했다.

하나님은 이 세상을 당신의 영광을 위해, 우리의 행복을 위해 만드셨습니다. 하나님의 창조를 기뻐하며, 그분의 뜻에 따라 순종하며 사는 것이 하나님을 기뻐하는 것입니다. 우리가 하나님을 기뻐하는 삶을 살 때 그것이 하나님께 영광이 됩니다. 여러분 모두 우리의 주권자이신 하나님의 창조하심을 기뻐하며 한 주를 시작하시기를 바랍니다.

2. 혼돈에서 질서로 (창 1:2)

우리가 새 집으로 이사한 뒤 처음 짐을 풀 때를 생각해봅시다. 새 집에 대한 설렘도 잠시 뿐, 여기 저기 뒤섞인 짐 때문에 매우 어지럽고 한숨이 절로 나올 겁니다. 하지만 그 어지러움은 집을 쓸모 있고 아름답게 꾸미기 위한 과정입니다. 차분히 하나씩 정리하여 어수선하고 지저분했던 방이 깔끔해지면 정말 기분이 좋아집니다. 이렇게 치우기 전의 상태를 '혼돈'이라고 한다면, 이후의 상태를 '질서'라고 할 수 있습니다.

창세기 1장 2절은 원시 지구의 모습 즉, 창조가 시작되기 이전의 상태를 알려주고 있습니다. 이것은 오직 성경을 통해서만 알려주시는 하나님의 비밀입니다.

1. 혼돈(混沌)과 공허(空虛)

성경은 그때에 혼돈하고 공허하며 흑암이 깊음 위에 있었다고 말합니다.

(창 1:2) _ 땅이 혼돈하고 공허하며 흑암이 깊음 위에 있고

지금 우리가 사는 땅에는 흙도 있고, 바위도 있고, 산도 있습니다. 그러나 천지창조가 시작되기 전에는 모든 것이 뒤섞여 있는 상태였습니다. 하나님께서 구체적으로 무엇인가를 만들고, 이름을 짓고, 또 의미를 부여하기 전에는 이 땅의 모든 것들이 다 아무런 의미가 없는 물질 덩어리에 불과했습니다. 즉, '형체도 없고, 아무런 장식물도 없는 상태, 짜임새가 없는 상태'였습니다. 그것을 사람들이 이해할 수 있도록 표현하다 보니, '혼돈하고 공허했다'라고 묘사한 것입니다.

하지만 그 상태는 파괴적인 어지러움이 아니라 새로운 창조의 준비과정으로서 혼돈이었습니다. 이러한 상태를 이해하기 위해 도자기를 만드는 과정을 이야기해보겠습니다. 도자기를 만들려면 먼저 흙을 준비해야 합니다. 그런데 이때 아무 흙이나 다 되는 것이 아니라 반드시 고령토(高嶺土)를 사용해야 합니다. 고령토는 시멘트나 도자기의 원료가 되는 돌가루 형태의 흙이라고 생각하시면 이해가 쉬울 겁니다. 그리고 그 고령토를 가져온 후 불순물을 채로 걸러내고, 물을 부은 다음 반죽을 해야 합니다. 그 반죽으로 도공이 모양을 만들고, 유약을 바르고, 가마에 구워야 하나의 도자기가 탄생합니다. 그러나 우리는 반죽 상태인 흙을 가지고 도자기라고 부

르지 않습니다. 그때는 도자기를 만들 재료가 준비되었을 뿐입니다. 이와 마찬가지로 하나님이 하늘과 땅과 바다를 비롯한 우주 만물을 만들기 전의 상태는 바로 혼돈하고 공허하고 무질서한 상태 즉, 아무런 형체도, 모양도 없는 물질 덩어리로서 존재하고 있었던 것입니다.

2. 원시 지구의 초기 모습

본문은 태초의 지구가 흑암이 깊음 가운데 있었다고 묘사합니다.

(창세기 1:2) _ 흑암이 깊음 위에 있고

그때에는 하나님이 아직 빛을 창조하기 전이므로 이 세상은 온통 어두움뿐이었습니다. 여기서 '흑암'(호쉐크)이란 단어는 단순히 빛이 없는 어둠이 아니라 아예 빛이 생기기 전의 근본적 암흑 상태 즉, '완벽한 어둠'을 가리키는 표현입니다. 이러한 흑암 가운데서 생명이 꽃피울 수는 없습니다. 어릴 적 부모님께 전등 하나 없는 시골에서 밤이면 달과 별의 빛을 벗 삼아 옛이야기를 들으며 잠들었다는 얘기를 종종 들었습니다. 지금은 도시마다 밤인지 낮인지 구분할 수 없을 만큼 밝은 조명들 켜져 있지요. 부모님들이 겪은 '밤'과 우리가 사는 '밤'은 정말 크게 차이가 납니다. 그리고 그 핵심에는 '빛'이 있습니다. 다시 말해서, 우리는 이렇게 완전한 어둠을 경험해본 적이 없습니다만, 그 어둠 속에 오직 혼돈과 공허밖에 없다는 것은 알 수 있습니다. 이렇게 흑암의 깊음 가운데 아무런 형체도 모양도 없는 물질 덩어리를 가지고 하나님께서 6일 동안 빛과 하늘과 바다와 땅과 별들을 만드셨습니다.

김춘수 시인이 쓴 〈꽃〉이라는 시가 있습니다.

내가 그의 이름을 불러 주기 전에는
그는 다만
하나의 몸짓에 지나지 않았다.

내가 그의 이름을 불러 주었을 때
그는 나에게 와서
꽃이 되었다.

내가 그의 이름을 불러준 것처럼
나의 이 빛깔과 향기에 알맞은
누가 나의 이름을 불러다오.
그에게로 가서 나도 그의 꽃이 되고 싶다.

우리들은 모두
무엇이 되고 싶다.
너는 나에게 나는 너에게
잊혀 지지 않는 하나의 눈짓이 되고 싶다. _《시와 시론》(1952)

하나님께서 창조하신 것들에게 의미를 부여하시기 전에 우주는 아무런 의미가 없었고, 모양도 형체도 없는 무의미한 혼돈과 공허와 흑암뿐이었던 것입니다. 그렇지만, 토기장이가 반죽 덩어리로 아름다운 도자기를 만들어내듯이 하나님께서 아무런 의미가 없는 것에 의미를 부여하심으로, 전혀 생명이 없는 존재에게 생명을 불어넣으심으로써 새로운 질서가 탄생되었던 것입니다. 이것이 놀라운 하나님의 창조의 신비입니다.

우리도 마찬가지입니다. 하나님이 부르셔서 자녀로 관계를 맺어주기 전에는 우리들은 아무런 의미도 가치도 갖지 못한 죄인일 뿐입니다. 그렇지만 하나님께서는 우리를 창조하셨을 뿐만 아니라 당신의 자녀로 삼아주셨습니다. 죄로 인해 죽을 수밖에 없는 죄인을 예수의 십자가 은혜로 사해주시고 구원하여 주셨습니다. 그리고 지금도 하나님은 성령님을 통하여 우리와 교제를 나누고 계십니다. 이것이 감사하고 감격할 수밖에 없는 크신 하나님의 은혜가 아니겠습니까?

3. 하나님의 영이 심연의 바다 위를 운행(運行)하심

혼돈하고 공허한 땅, 흑암의 깊은 표면을 성령 하나님께서 운행하셨습니다.

(창 1:2) _ 땅이 혼돈하고 공허하며 흑암이 깊음 위에 있고 하나님의 영은 수면 위에 운행하시니라

성부 하나님이 계획하고 주도하시는 창조 사역을 이루기 위해 혼돈하고 공허하며 흑암이 깊음 위에 있는 물질 덩어리 위를 성령 하나님께서 돌아보셨습니다. 성령께서 사랑의 눈빛과 따스한 마음으로 새롭게 창조될 물질 덩어리를 바라보셨고, 마치 닭이 알을 품어 생명을 탄생시키듯 지구를 품고 운행하셨습니다.

열왕기하 4장에서 선지자 엘리사가 수넴 여인의 귀한 아들이 죽었을 때 그 아이를 침상에 눕히고 그 위에 자기 몸을 머리부터 발끝까지 포개 엎드리는 장면이 나옵니다. 거기서 엘리사 선지자는 전심을 다해 "이 아이를 살려달라"고 하나님께 기도합니다. 그 아이의 생명과 자신의 생명을 동일시하며 간절하게 하나님의 자비를 구했습니다. 엘리사는 직접 몸을 그 아이의 몸에 포갬으로써 자신의 애절함과 간절함을 나타냈던 것이지요.

이와 같이 하나님의 영인 성령께서 혼돈과 공허뿐인 그 물질 덩어리를 감싸 안으셨습니다. 빛을 비롯하여 여러 가지 형태를 지닌 천지를 창조하기 전, 당신의 사랑의 마음을 담아 그것들을 안전하게 보호하시려고 감싸 안으셨습니다. 아무런 형체도 없는 그저 물질 덩어리에 불과한 그것을 사랑으로 안으셨습니다. 이것이 우리를 사랑하는 하나님의 마음입니다.

또한 에스겔이 골짜기에 해골들과 마른 뼈들이 가득 차 있는 환상을 보았습니다(에스겔 37:1~10). 하나님께서 에스겔을 통해 명령하시자, 뼈마디가 일어나 조립되고 살이 붙었습니다. 그리고 생기를 불어넣으시자, 마른 뼈들이 살아있는 군대가 되었습니다. 그때 생기(生氣)는 사람을 살리는 '성령의 일하심'을 가리키는 표현입니다. 그렇습니다. 살리는 영이시며 살아있는 영이신 성령께서 일하시면, 생명의 역사가 일어납니다. 하나님이 어떤 물질에 생명의 영이신 성령을 불어넣으시지 않는다면 그것이 무엇이든 무의미하며 존재할 가치가 없어집니다. 그렇기 때문에 혼돈하고 공허한 물질 덩어리 위를 성령께서 운행하게 하심으로 존재 가치와 의미를 부여하셨던 것입니다. 그것을 '하나님의 신이 수면 위에 운행하셨다'라고 표현한 것이지요. 하나님은 무의미한 존재에게 의미를 부여하심으로 존재의 이유를 만들어 주셨습니다. 이것이 하나님의 창조 사역의 위대함입니다. 하나님이 살리지 않으면 물질이나 사람은 언제나 죽은 상태일 수밖에 없습니다. 우리들도 마찬가지입니다. 성령께서 우리에게 오셔서 우리를 인도하지 않으신다면 우리는 무의미한 존재일 뿐입니다. 우리에게서 성령이 떠나시면 우리는 그저 썩어질 육체에 불과하게 됩니다.

태초에 깊은 어두움 속에서 일렁이던 물질 덩어리를 감싸 안으신 성령님께서 지금도 광활하고 위대한 온 우주와 혼란스럽고 복잡한 이 세상을 운행하십니다. 그리고 하나님의 자녀들의 마음속에 들어오셔서 섭리하고 계십니다. 성령이 우리를 섭리하신다는 것은 우리의 마음의 생각과 입술의 말과 행동을 살피시고, 간섭하시고, 인도하신다는 말입니다.

저는 '하나님의 간섭하심'이란 말을 매우 좋아합니다. 사람이 어릴 때는 부모님을 전적으로 의지합니다. 부모는 무엇이든지 할 수 있다고 믿기 때문입니다. 그러나 조금 자라면 부모님이 자신을 간섭하는 것을 매우 싫어합니다. 부모님 시대는 지났고, 오히려 자신이 무엇이든지 할 수 있다고 생각하기 때문입니다. 하지만 부모의 간섭이 곧 사랑이었음을 느낄 때에는 부모님은 세상에 안 계시지요. 그때에는 자신을 간섭해 주었던 부모님이 그립고, 보고 싶어집니다.

마찬가지로 우리를 향한 하나님의 간섭하심은 곧 하나님의 사랑과 관심이라는 것을 아서야 합니다. 성령 하나님은 끊임 없이 우리와 대화하기를 원하시며, 계속해서 우리의 삶에 관여하십니다. 하나님의 간섭하심을 받아들이고 그 뜻대로 사는 사람이 바른 신앙인입니다. 부모님 말씀 잘 들어서 손해 보지 않듯이, 성령의 간섭하심을 따라가면 결코 망하지 않습니다. 부모가 자식이 망하길 바라겠습니까? 하나님께서 우리가 망하길 바라시겠습니까? 결코 그런 일은 없습니다. 우리는 성령의 감동하심과 인도하심을 따라가면 거룩하고 행복한 삶을 살아갈 수 있습니다.

여러분이 하나님의 간섭하심과 인도하심에 순종하며 살기를 진심으로 바랍니다. 하나님께서 말씀하실 때 성령께서는 우리의 마음을 감동시키십니다. 하나님의 뜻을 깨닫게 하시고, 이해하게 하시고, 감동을 받게 하시고, 결단하도록 도우십니다. 그 순간 우리는 그 감동에 따라 순종하면 됩니다. 그것이 우리를 향한 하나님의 뜻이기 때문이며, 행복한 삶을 이루는 비결이기 때문입니다.

우리가 태어나기도 전, 이 세상에 아무것도 없을 때부터 하나님은 우리를 사랑하셨습니다. 아무런 형체도, 의미도 없는 무가치한 존재였을 때부터 우리를 감싸 안으셨습니다. 그리고 예수의 십자가 보혈로 우리를 죄에서 구원하시고 당신의 자녀 삼으셨습니다. 하나님의 창조는 우리의 구원의 시작이었습니다.

우리가 인생을 살아갈 때 혼돈과 공허와 흑암의 상태를 만날 때가 있습니다. 그럴 때에 아무런 형체도 존재감도 없는 물질 덩어리를 감싸 안으셨던 하나님을 기억하십시오. 그리고 하나님의 품에 안기십시오. 모든 인생의 혼란과 방황과 어두움은 예수님을 만나는 순간 사라집니다. 인생의 혼란과 허무함은 아침 해가 뜨면 사라지는 안개와 같습니다. 우리를 두렵게 하는 것들은 사실 아무런 실체가 없고, 사실도 아닙니다. 혼란과 어두움이 몰려 올 때 하나님을 의지하십시오. 사랑과 능력으로 천지를 창조하신 하나님께서 모든 문제를 해결해 주실 것입니다.

3. 빛이 있으라 (창 1:3~5)
-창조 첫째 날-

하나님의 천지창조는 3단계로 진행되었습니다. 먼저 우주 공간 자체와 그 안에 있는 모든 구성 물질이 무(無)에서 유(有)로 창조된 순수한 창조가 있었고, 그 후 하나님께서 이것들을 원재료로 삼아서 6일간에 걸친 점진적 조성 사역이 있었으며, 제7일을 안식일로 정하여 복을 주시고 안식하심으로 비로소 천지창조가 완성되었습니다. 앞 장에서 우주 공간과 그 안의 구성 물질이 무에서 유로 변화되는 순수한 창조를 말씀드렸고, 이번 장은 6일간의 창조 중에 그 첫 번째 날에 대한 말씀입니다.

1. 빛이 있으라!

하나님이 "빛이 있으라"고 명령하시자, 즉시 빛이 생겨났습니다.

(창세기 1장 3절) _ 하나님이 이르시되 빛이 있으라 하시니 빛이 있었고

하나님께서 뜻을 정하셨고, 그 뜻에 따라 말씀하셨고, 곧 빛이 생겨났습니다. 하나님께서 '빛이 있으라'고 말씀하셨고, 능력의 말씀에 따라 즉시, 그대로 이루어진 것입니다. 이것이 하나님의 창조의 능력입니다. 우리는 말로 무엇인가를 만들어낼 수 있는 능력이 전혀 없습니다만, 전능하신 하나님께서는 말씀 한마디로 태초의 빛을 창조하셨습니다.

그런데 여기서 '빛'은 우리들이 알고 있는 태양이나 달이나 별들을 의미하는 것이 아닙니다. 이 빛은 어떤 사물을 이야기하는 것이 아니라 빛이라는 현상(現像)을 의미합니다. 즉, 태양이나 별 같은 독립된 발광체가 아니라 빛(밝음) 그 자체였던 것입니다. 다시 말해 어둠과 대조되는 현상인 밝은 빛 자체를 이야기하고 있는 것이지요. 태양과 달과 별 같은 광명체들은 하나님의 창조 제4일째에 만들어졌습니다. 눈에 보이는 모든 만물 중에 하나님이 가장 먼저 창조하신 것이 바로 이 '빛'이었습니다. 하나님이 빛을 만드신 이유는 하나님께서 지으신 것들과 그 속에 나타난 영광을 보기 위함이요, 또한 우리 인간들로 하여금 주어진 일들을 하게 하기 위함이었습니다.

우리가 살아가면서 빛이 중요하다는 것은 누구나 다 절감하는 일입니다. 제가 초등학교 4학년 때, 충남 서천의 작은 동네에 전깃불이 처음 들어왔습니다. 그 전까지는 밤이 되면 어머니는 늘 희미한 등잔불 밑에서 바느질을 하셨습니다. 그런데 전깃불이 들어오자 그 밝기와 안전함과 편리함은 말로 표현할 수가 없을 정도였습니다. 그래서 하나님께서도 아마 제일 먼저 빛을 만드신 것이 아닌가 생각해봅니다.

아무튼, 여기서 '빛이 있으라'라고 말씀하신 주체는 바로 성자 하나님 즉, 그리스도셨습니다. 요한은 태초부터 하나님과 함께 계셨던 말씀 즉, 그리스도께서 만물을 지으셨다고 증거합니다.

> (요한복음 1장 1~3절) _ [1]태초에 말씀이 계시니라 이 말씀이 하나님과 함께 계셨으니 이 말씀은 곧 하나님이시니라 [2]그가 태초에 하나님과 함께 계셨고 [3]만물이 그로 말미암아 지은 바 되었으니 지은 것이 하나도 그가 없이는 된 것이 없느니라

앞에서 이미 살펴보았지만, 천지창조(天地創造)는 삼위 하나님의 합작품입니다. 성부 하나님께서 창조를 '계획'하셨습니다. 즉, 온 우주 만물을 디자인(design) 하신 것이지요. 그리고 로고스(λόγος) 즉, 말씀이신 성자 하나님이 천지창조를 '실행'하셨습니다. 말씀이신 그리스도께서 '빛이 있으라'는 말씀 한마디로 창조하신 것입니다. 그리고 성령 하나님께서는 창조된 우주 만물이 질서 있게 운행되도록 '섭리'하셨고, 이러한 성령님의 섭리는 오늘날까지 계속되고 있습니다. 만약 성령님께서 만물을 주관하지 않으신다면 온 우주는 엉망이 되고 말 것입니다. 이렇듯 삼위 하나님께서는 천지를 창조하실 때에 합력하여 선을 이루셨던 것입니다(롬 8:28).

하나님께서 첫 번째로 빛을 만드셨습니다. 그런데 요한1서 1장 5절은 '하나님이 곧 빛이시라'고 증거합니다.

> (요한1서 1장 5절) _ 우리가 그에게서 듣고 너희에게 전하는 소식은 이것이니 곧 하나님은 빛이시라 그에게는 어둠이 조금도 없으시다는 것이니라

'하나님이 빛'이시라는 말은 하나님에게는 어둠이 조금도 없으시다는 의미입니다. 즉, 하나님은 스스로 계시고, 순수하시고, 지혜로우시고, 거룩하시고, 완전하시다는 뜻입니다. 거룩하고 완전한 빛 되신 하나님이 이 세상에 당신의 성품을 닮은 빛을 만드셨습니다. 어두움은 결코 빛을 만들어내지 못합니다. 오직 빛 되신 하나님만이 빛을 만들어 내실 수 있습니다.

하나님께서 우리에게 빛을 주신 것은 은혜 중에 은혜입니다. 만약에 우리에게 빛이 없다면 우리가 어찌 살아갈 수가 있겠습니까? 동물들은 물론이고 식물들의 광합성이 일어나지 못해서 살아갈 수가 없게 될 것이고, 깊은 어둠 속에서 괴로움과 고통을 당하게 되고 말 것입니다. 그래서 은혜로운 하나님께서 우리에게 첫 번째로 빛이라는 창조의 선물을 내려주신 것입니다.

2. 하나님 보시기에 좋았더라

본문은 하나님께서 빛을 만드신 다음에 '보시기에 좋았더라'라고 전합니다. 대개 우리는 능력이 부족해서 완전히 만족하는 작품을 만들어내지 못하는 경우가 많습니다. 그래서 간혹 우리는 계획한 대로 일이 이루어지거나 생각한 바대로 어떤 물건을 만들어내면 매우 만족해하고 또 흡족해합니다. 예를 들어, 제가 시무하는 청초교회의 주보 디자인은 매우 깔끔하여 다른 교회에 비해서도 뒤지지 않습니다. 하지만, 이렇게 훌륭한 디자인의 주보가 나오기까지 약 200장 정도의 실패를 경험했다는 사실을 아는 성도는 많지 않습니다. 물론, 그럼에도 불구하고 여전히 '완벽'과는 거리가 멉니다. 인간은 이와 같이 여러 가지로 완전하지 못한 존재입니다. 그러나 하나님은 전지전능하시고 완전하신 분이십니다.

오늘 본문은 그 하나님께서 빛을 만들고 나서 '매우 흡족해하셨다'고 기록하고 있습니다. '하나님 보시기에 좋았더라'라는 표현은 하나님 자신이 만드신 빛을 보시고, 그것을 승인하시고, 받으시고, 기뻐하셨다는 것입니다. 빛은 분명 창조의 근원이었고, 시간과 질서의 근원이었을 것입니다. 그 빛을 통하여 낮과 밤이 생겨났고, 이후의 모든 자연계와 생명계가 생겨났기 때문입니다.

하나님께서는 빛을 창조하신 이후에 깊은 관심을 가지시고 살펴보시고 매우 기뻐하셨습니다. 이로 보건대 하나님이 만드신 빛은 하나님의 선하심과 위대하심이 충실하게 반영된 매우 놀라운 창조물이었음을 짐작할 수 있습니다. 저자는 그러한 심정을 '하나님 보시기에 좋았더라'라고 표현한 것입니다. 하나님 보시기에 좋은 것은 진짜로 좋은 것입니다. 빛이 좋다면, 빛이 우리의 생명에 꼭 필요한 것이라면, 그 빛의 근원이시며 그 빛을 만드신 하나님은 얼마나 좋은 분일까요? 그 하나님이 바로 우리의 창조자이시고, 우리의 아버지 되신다는 사실에 감사하시기 바랍니다.

3. 빛과 어두움을 나누심

하나님께서는 빛과 어두움을 나누셨습니다.

(창세기 1:4~5) _ [4]하나님이 빛과 어둠을 나누사 [5]하나님이 빛을 낮이라 부르시고 어둠을 밤이라 부르시니라

빛이 있는 시간을 낮이라 칭하시고, 어둠이 있는 시간을 밤이라고 칭하셨습니다. 그리고 밤과 낮의 상태가 서로 번갈아가면서 이어지도록 하셨습니다. 밝은 빛이 있는 낮이 중요한 만큼, 어둠도 꼭 필요하기 때문입니다. 즉, 아침에 해가 떠오르면 사람들은 여러 가지 일들을 시작할 수 있습니다. 반면 저녁이 되면 어둠이 사람으로 하여금 안식하고 편안한 잠자리로 인도합니다. 이렇게 하나님께서는 우리로 하여금 낮에는 일하고, 밤에는 휴식을 취하도록 창조하셨습니다. 좋으신 하나님께서는 빛과 어둠 사이의 시간을 구별해주심으로 일과 쉼의 조화를 이루도록 허락하셨습니다.

한편, 하나님의 창조 사역 중 세 번의 분리 작업이 나옵니다. 창조 첫날에는 빛과 어두움을 분리하셨고(4절), 제2일에는 궁창 아래의 물과 궁창 위의 물을 나누셨으며(7절), 제3일에는 바다와 땅을 분리하셨습니다(9절). 분리는 나누는 것만을 의미하는 것이 아닙니다. 분리는 '구별'을 의미합니다. 즉, 하나님께서 창조하신 모든 피조물들은 하나님이 창조하신 목적과 뜻에 맞게, 각각의 사명과 쓰임새에 맞게 구별되어야 합니다. 즉, 바다가 육지일 수 없고, 땅도 물이 될 수 없듯이, 빛은 어둠 속에서 사명을 다하고, 어둠 역시 빛이 없을 때 사명을 다합니다.

하나님의 창조에서 빛과 어두움을 분리하셨듯이, 하나님의 재창조 사역에서도 분리가 중요합니다. 즉, 하나님은 정결한 것과 부정한 것을 분리하시고, 의와 불법, 거룩한 것과 속된 것을 구별하여 정결하고 거룩한 것은

당신의 것으로 삼으십니다. 우리는 천지창조 사역에서 뿐만 아니라 구원의 역사 가운데 나타난 하나님의 분리 사역을 보면서 우리는 악과 구별된 성결한 삶을 살아야 함을 다시 한 번 다짐하게 됩니다.

(에베소서 5:3) _ 음행과 온갖 더러운 것과 탐욕은 너희 중에서 그 이름조차도 부르지 말라 이는 성도에게 마땅한 바니라

하나님은 빛을 낮이라 부르시고 어둠을 밤이라고 부르셨습니다. 하나님이 낮과 밤에게 이름을 지어주셨다는 것은 하나님이 그것의 창조주요 소유주란 의미입니다.

(시편 74:16) _ 낮도 주의 것이요 밤도 주의 것이라 주께서 빛과 해를 마련하셨으며

우리 역시 하나님의 창조물이고, 하나님은 우리의 주인이 되십니다. 그래서 우리는 낮에 일하고, 밤에 쉬고, 밤낮으로 말씀을 묵상함으로써 하나님께 영광을 돌려야 합니다. 아침에 해가 뜰 때 하나님을 기억하고, 잠자리에 누워서도 하나님께 감사를 드려야 합니다.

4. 저녁이 되고 아침이 되니 첫째 날이라

저녁이 되고 아침이 되니 첫째 날이었습니다. 우리들의 문화에서는 보통 전날 아침부터 시작해서 다음날 아침까지를 하루라고 생각합니다만, 이스라엘에서의 하루는 전날 저녁에서부터 다음날 저녁까지입니다. 왜냐하면 하나님께서 빛을 만드시고 창조를 시작한 때가 낮이었기 때문에 저녁이 먼저 찾아왔고, 그 다음에 아침이 시작되었기 때문입니다. 그래서 '저녁이 되며 아침이 되니 이는 첫째 날이니라'라고 기록된 것입니다.

이 날은 이 세상의 첫날이었고, 동시에 한 주의 첫날도 되었습니다. 매일 매일이 소중한 날이지만, 사람들은 대개 첫날을 매우 소중하게 여깁니다. 이 세상에 처음 태어난 날(생일), 첫돌, 입학, 취업, 결혼, 주택 구입 등 일상에서 '처음 시작'에 의미를 부여합니다. 마찬가지로 하나님에게도 창조의 첫날은 매우 소중하고 귀중한 날이었습니다. 바로 그날이 온 세상 우주 만물이 시작된 첫 날이었고, 한 주간의 시작이었기 때문입니다. 그러니 얼마나 영광스럽고 소중한 날이었겠습니까? 그래서 '하나님께서 보시기에 좋았더라'라고 감탄하셨던 것입니다. 여러분은 어떻습니까? 하나님이 만드신 빛을 보시고, 하나님의 창조물들을 보시고 감탄해보신 적이 있습니까?

하나님이 창조 첫날에 빛을 만드셨습니다. 이 빛은 바로 하나님 자신을 상징하는 것이었습니다. 어둠이라고는 전혀 찾아볼 수 없는 완전한 빛, 그것이 바로 하나님의 모습입니다. 하나님이 이 세상에 빛으로 나타나셨습니다. 스스로 인간의 몸을 입으시고 우리에게 구원의 빛으로 나타나셨습니다. 그리고 우리를 그 구원의 빛으로 인도하시고자 십자가를 지셨습니다.

태초에 만드신 빛과 우리를 위한 구원의 빛은 모두 생명의 빛입니다. 곧 그것이 하나님의 사랑이며, 그것이 이 세상을 밝히는 빛이신 하나님의 계획이셨습니다. 따라서 우리는 빛이신 하나님, 말씀이신 그리스도 앞에 나아가야 합니다. 우리 스스로는 빛을 발할 수 없지만, 일어나 빛을 발하라는 주님의 명령에 따라 우리를 통해 하나님의 빛이 반사되도록 순종하는 삶을 살아야 합니다.

4. 궁창과 궁창 사이 (창 1:6~8)
-창조 둘째 날-

'그래, 가끔은 하늘을 보자'라는 글귀를 읽은 적이 있습니다. 답답하고 힘든 세상을 바쁘게 살아가는 현대인들에게 푸르고 맑은 하늘을 바라보면서 여유를 가지라는 위로의 의미로 기억합니다. 그런데 사람들은 매일 하늘을 바라보면서도 정작 그 아름답고 푸른 하늘이 언제 어떻게 생겨났는지, 누가 만들었는지 관심이 없습니다. 반면 성경은 이렇게 아름답고 푸른 하늘이 언제 어떻게 생겨났는지, 그리고 어떤 과정을 거쳐서 누가 어떻게 만들었는지 상세하게 설명해 주고 있습니다.

1. 하나님이 궁창을 만드심

하나님은 인간들을 위하여 궁창을 만들 계획을 세우셨습니다.

(창세기 1:6) _ 하나님이 이르시되 물 가운데 궁창이 있어 물과 물로 나뉘
라 하시고

'물과 물로 나뉘게 하리라'는 말은 '생각하셨다' 즉, '계획하셨다'는 뜻입니다. 그리고 즉시 실행하셨습니다.

(창세기 1:7) _ 하나님이 궁창을 만드사

시편 8편 3절은 이 궁창을 '주의 손가락'으로 만드셨다고 표현합니다.

(시편 8:3) 주의 손가락으로 만드신 주의 하늘과 주께서 베풀어 두신 달
과 별들을 내가 보오니

하나님께서 '하늘'이라는 멋지고 아름다운 작품을 만드셨다는 것이지요. 제아무리 뛰어난 예술가라고 해도 하나님이 만드신 하늘과 비교할 만한 것을 만든 사람을 알지 못합니다. 즉, 하나님은 인간과는 비교조차 할 수 없는 예술가이십니다. 하나님께서 물과 물 사이에 하늘이라는 공간을 계획하시고, 그대로 보시기에 아름답고 훌륭한 공간을 만드셨습니다.

사람들이 연초에 잘 세우는 계획 중 하나가 '성경을 일독 하자', '살 좀 빼자'일 것입니다. 그렇지만 그대로 실천하는 사람은 열 명 중 한두 명에 불과합니다. 계획을 세우는 것과 실천하는 것 사이에는 참으로 큰 괴리가 있기 때문입니다. 그렇지만 신실하신 하나님에게 생각과 계획은 곧 구체적인 결과로 귀결됩니다. 즉, 하나님이 생각하시거나 말씀하시면 그것이 무엇이

든 그대로 이루어진다는 말입니다.

하나님은 궁창을 만들 생각을 하시고, 곧바로 궁창을 만들어내셨습니다. 하나님의 계획과 하나님의 말씀은 곧 결과와 다름없습니다. 하나님의 생각과 계획이 곧 완성된 결과로 나타나기 때문입니다. 이것이 전능하신 하나님의 창조 사역이었습니다.

(창세기 1:8) _ 하나님이 궁창을 하늘이라 부르시니라

창세기 1장 8절은 "하나님이 궁창, 곧 하늘이라고 부르는 공간을 만드셨다"고 선언합니다. 하나님은 사람들과 모든 생물들이 살아갈 수 있도록 대기권 즉, 공기층을 만드셨습니다. 공기가 없다면 모든 생명체들이 생명을 유지할 수 없습니다. 숨을 쉴 수 없기 때문입니다. 뿐만 아니라 공기는 지구가 물리적으로 존속할 수 있는 아주 중요한 요소이기도 합니다. 태양으로부터 오는 열과 에너지를 적절하게 걸러주는 공기층이 없다면, 지구는 이미 금성처럼 뜨겁게 타오르거나 달처럼 황량한 곳이 되었을 겁니다. 그래서 하나님께서 모든 생명체들을 위해 대기권에 이 공기층을 만드셨습니다.

2. 궁창으로 위의 물과 아래의 물로 나누심

그런데 본문을 보면 궁창 아래의 물과 궁창 위의 물로 나뉜다는 말이 나옵니다.

(창세기 1:7) _ 하나님이 궁창을 만드사 궁창 아래의 물과 궁창 위의 물
로 나뉘게 하시니 그대로 되니라

여기서 '궁창'(穹蒼)은 SKY 즉, '높고 푸른 하늘'이라는 뜻입니다. 히브리어로는 '둥근 천장'이라는 뜻의 '라키아'라는 단어를 쓰는데, 고대 히브리인들은 하늘에 넓은 철판 같은 궁창이 있어서 물을 떠받치고 있다고 생각했고, 이 넓은 궁창의 창문이 열리면 하늘에서 물이 쏟아져 내리는데, 이것을 비(rain)라고 보았습니다.

이렇게 궁창이 하늘인 것은 이해가 됩니다만, 그렇다면 궁창 아래의 물과 궁창 위에 물은 무엇을 의미할까요? 하나님이 태초에 천지를 창조하실 때, 지구에는 하늘 아래의 물과 하늘 위에 물이 있었습니다. 하늘 아래의 물은 강이나 바다, 그리고 샘물, 지하수 같은 것들입니다. 하나님께서 하늘 아래의 물을 만드신 이유는 우리가 마시고, 씻고, 생활하고, 농사를 짓고, 초목이 자라는 데 반드시 필요하기 때문입니다. 사람들이 살기 위해 가장 필요한 것이 물이지요. 그래서 세계의 4대 문명발상지들을 살펴보면 모두 큰 강가에서 시작된 것을 알 수 있습니다.

그런데 성경은 하나님께서 '하늘 위에도 물층'을 만들어 놓으셨다고 증언합니다. 아마도 이 물은 구름의 형태로 지구를 둘러싸고 있었을 것입니다. 즉, 지구 전체를 두터운 구름층이 감싸고 있었다는 말입니다. 이 구름층 덕분에 지구는 온실에 있는 것같이 포근한 상태로 있었을 것으로 추정됩니다. 창조과학자들에 의하면, 그때 지구에는 바람이나 파도 같은 것들이 전혀 없는, 섭씨 26도 정도의 포근하고 온화한 날씨가 계속됐을 것으로

추정합니다. 그래서 아담과 하와가 벌거벗고 살아가는 데 전혀 문제될 것이 없었던 셈입니다.

이 하늘 위의 물 즉, 구름층은 지구를 보호하기 위한 하나님의 계획이었습니다. 매일매일 태양으로부터 지구에 도달하는 단파장과 장파장이 있습니다. 이 전파장들이 바로 지구로 도달하면 사람들에게 유해하기 때문에 하나님께서는 하늘 위에 구름층을 두어 그것들이 사람들에게 직접 피해를 주지 않도록 하신 것입니다. 예를 들어, 단파장으로 불리는 자외선 때문에 생명이 단축되고 피부노화가 일어나게 됩니다. 그래서 사람들이 썬 크림 등, 자외선 차단제를 바르지 않습니까? 하지만 하나님께서 태초에 천지를 창조하셨을 당시에는 이러한 차단제가 필요 없도록 하늘 위에 물층을 만들어서 보호하셨습니다. 그래서 아담과 하와가 살던 시대에는 900살이 넘도록 살 수 있었던 것입니다.

물론 지금은 이러한 하늘 위의 물이 다 없어진 상태입니다. 언제일까요? 노아의 홍수 때에 하늘 위의 물이 모두 다 쏟아져 내림으로 심판을 하시지 않았습니까? 창세기 7장 17절에는 노아의 홍수 때에 비가 40일 동안 밤낮으로 쉬지 않고 왔다고 기록하고 있는데, 하늘에 있던 이 물들이 한꺼번에 쏟아져 내렸기 때문에 가능했던 일입니다. 기상학자들에 의하면, 지금은 아무리 비가 많이 와도 일주일 정도밖에 올 수가 없다고 합니다. 하늘에 있는 구름의 양에 한도가 있기 때문입니다.

하나님은 하늘 위의 물과 하늘 아래의 물 사이에 거대한 공간을 만드셨습니다. 즉, 하늘 위의 물과 하늘 아래의 물 사이에 우리가 '대기권'이라고 부르는 공간이 생겨난 것입니다. 대기권이란 무엇일까요? 대기권(大氣圈)

이란 지구의 표면으로부터 지구 전체를 둘러싸고 있는 공기층을 가리킵니다. 공기는 수증기를 제외한 건조 공기를 말하는데, 이중 질소가 78%, 산소가 21%를 차지하고 그밖에 이산화탄소, 오존, 수증기, 아르곤, 헬륨 등을 포함하고 있습니다. 대기층은 지구 표면으로부터 1000km 이상까지 펼쳐져 있습니다. 이 대기가 지구를 둘러싸고 멀리 달아나지 못하는 것은 지구의 중력 때문입니다. 이 대기권은 ① 구름이 떠 있는 곳이며 여객기가 다니는 하늘인 대류권(對流圈), ② 사람이 탄 기구가 올라갈 수 있는 최고의 높이인 성층권(成層圈), ③ 중간권(中間圈), ④ 마지막으로 인공위성이 떠서 돌아다니는 열권(熱圈) 등 4개의 층으로 이루어져 있습니다.

하나님께서 하늘 위의 물과 하늘 아래의 물을 나누고 대기권을 만드신 이유가 무엇일까요? 땅에 살아갈 모든 생명체들에게 반드시 필요한 공기를 주시기 위해서였습니다. 그래서 우리는 지금 하나님이 만드신 대기권 안에서 공기를 마시며 숨을 쉬고 살아가고 있습니다. 가만히 생각해보면 인간이 살아가는 데 필요한 것들은 모두 공짜입니다. 숨 쉴 때 필요한 공기도 공짜, 햇빛도 공짜, 농사할 때 필요한 비도 공짜입니다. 만약 여러분이 숨을 한 번 쉴 때마다 공기를 사서 마셔야 한다면 얼마나 힘들겠습니까? 그러므로 우리는 아무런 대가 없이 숨 쉬고 있다는 자체에 대해서도 감사해야 합니다.

3. 하나님이 궁창을 하늘이라고 칭하심

하나님께서 궁창을 만드신 이후에 '하늘'이라고 이름을 지어주셨습니다.

(창세기 1:8a) _ 하나님이 궁창을 하늘이라 부르시니라

하나님이 궁창에 이름을 지어주셨다는 것은 궁창의 주권자가 하나님이시라는 의미입니다. 궁창뿐만 아니라 모든 만물이 다 하나님의 것이기에, 만물은 하나님의 섭리대로 움직입니다. 우리 인간들도 하나님이 만드신 자연의 일부입니다. 즉, 하나님의 피조물이며 소유입니다. 그러므로 마땅히 하나님을 경외하고 그분의 뜻대로 살아야 합니다. 그것이 인간의 본분이기 때문입니다. 그래서 《소요리문답》 제1번은 인생의 목적이 '하나님을 영화롭게 하고 그를 영원토록 즐거워하는 것'이라고 선포하고 있습니다.

하나님의 창조 두 번째 날이 지났습니다.

(창세기 1:8b) _ 저녁이 되며 아침이 되니 이는 둘째 날이니라

하나님은 질서의 하나님이십니다. 하나님은 단 한 번에 모든 창조를 끝내실 수 있는 전능하신 분입니다만 그렇게 하지 않으셨습니다. 계단을 밟듯, 일정한 과정을 통해서 이루어 가시기로 했습니다. 이것은 이 땅에 질서를 세우기 위해서였습니다. 이 땅을 창조하실 때에도 질서를 지켜서 창조하셨고, 모든 것이 조화를 이루도록 하셨습니다.

그러므로 피조물인 우리들도 하나님의 창조 질서를 따라 살아야 합니다. 우리가 창조주 하나님을 섬기는 것이 하나님의 창조 질서를 지키는 일이고, 낮에 일하고 밤에 쉬는 것도 하나님의 창조 질서를 따르는 일입니다. 삶에서 질서가 깨지면 모든 것이 엉망이 되고 맙니다. 도로에 다니는 차들이 교통신호를 안 지키면 어떻게 될까요? 계속되는 사고로 인해 큰 혼란에 빠지고 말 것입니다. 부모와 자식 간의 질서나 사회적 질서를 잘 지키는 것도 하나님이 뜻에 순종하는 것입니다.

그런데 사도 바울은 셋째 하늘에 대해서 말합니다.

(고린도후서 12:2) _ 내가 그리스도 안에 있는 한 사람을 아노니 그는 십사 년 전에 셋째 하늘에 이끌려 간 자라

첫 번째 하늘은 우리가 눈으로 볼 수 있는 하늘인 대기권을 가리키고, 두 번째 하늘은 대기권 밖 우주 공간을 가리키는 표현입니다. 그리고 세 번째 하늘은 하나님이 계시는 곳인 하나님의 나라를 가리킵니다. 하늘은 하나님의 지고하심 즉, 높고 높으신 하나님의 권위를 나타내는 곳입니다. 욥기에서는 높은 하늘에 하나님이 계신다고 고백하고 있습니다.

(욥기 22:12) _ 하나님은 높은 하늘에 계시지 아니하냐 보라 우두머리 별이 얼마나 높은가

이것은 하나님과 우리 사이에 무한한 거리가 있음을 상기시켜줍니다. 높

은 하늘은 하나님의 영광과 위엄, 하나님의 완전하심, 거룩하심을 생각하
게 해 줍니다. 그러므로 우리는 하늘을 볼 때마다 창조주 하나님을 기억
해야 합니다. 우리를 위해 아름다운 세상을 만들어 주신 하나님께 감사와
찬송과 영광을 돌려야 합니다.

(시편 19:1) _ 하늘이 하나님의 영광을 선포하고 궁창이 그의 손으로 하
신 일을 나타내는도다

5. 땅과 바다, 식물 (창 1:9~13)

창조 셋째 날

　요즘은 자연휴양림이 매우 인기 있다고 합니다. 자연휴양림은 대개 울창한 숲이어서 맑은 공기를 마시며 마음껏 휴식을 취할 수 있기 때문입니다. 공공기관에서 운영하는 곳의 경우 한 달에 한 번씩 신청을 받고 있는데, 15분이면 모두 마감된다고 합니다. 아마도 가족 단위로 휴가를 즐기는 사람들이 늘어났기 때문에 일어나는 현상이라고 생각합니다. 또한 삶의 여유를 되찾고 싶은 고단한 도시인들이 그만큼 많은 탓이기도 할 겁니다. 요즘 세상은 너무나 바빠서 건물에서 건물로, 도로에서 도로로만 다니다 보니까 하늘이 어떻게 생겼는지 잊고 사는 사람이 많습니다.

　이번 장에서는 하나님의 창조 세 번째 날에 대한 기록을 살펴보려 합니다. 첫 번째 날에 빛을 창조하시고, 두 번째 날에는 하늘을 만드신 하나님께선 세 번째 날에는 땅과 바다와 나누시고 식물들을 만드셨습니다.

1. 하나님이 땅과 바다를 나누심

하나님은 먼저 땅과 바다를 나누셨습니다. 처음에는 물이 온 땅을 덮고 있었습니다. 그때 하나님께서 천하의 물이 한곳으로 모이라고 명령하셨고, 온 땅을 뒤덮었던 물이 하나님의 명령에 따라 한곳으로 모이자 뭍이 드러나게 되었습니다.

> (창세기 1:9) _ 하나님이 이르시되 천하의 물이 한 곳으로 모이고 뭍이 드러나라 하시니 그대로 되니라

노아의 홍수 이전 지구는 약간의 경사와 구릉이 있었겠지만 높은 산이나 깊은 바다도 없이 그저 평평한 상태를 유지했을 것으로 보입니다. 여기서 '천하의 물이 한곳으로 모였다'는 말은 하나님께서 지각변동을 일으켜서 물과 땅을 나누셨음을 가리키는 말입니다. 성경은 하나님이 '뭍이 드러나게 하셨다'고 기록할 뿐이지만, 과학적으로 보면 평평했던 땅이 어느 곳은 솟아나고 어느 곳은 더욱 깊어졌다는 것이지요. 그래서 온 땅을 뒤덮고 있었던 물들이 움푹 들어간 곳으로 모이게 되었던 것입니다. 이러한 현상을 시편 104편은 이렇게 표현합니다.

> (시편 104:6, 8~9) _ [6]주께서 땅을 깊은 바다로 덮으시매 물이 산들 위로 솟아올랐으나 [8]산은 오르고 골짜기는 내려갔나이다 [9]주께서 물의 경계를 정하여 넘치지 못하게 하시며 다시 돌아와 땅을 덮지 못하게 하셨나이다

하나님께서는 땅과 바다 사이에 경계를 정하시고, 그 경계를 넘지 말라고 명령하셨습니다.

만약 바닷물이 마음대로 땅 위로 올라온다면 불안해서 어찌 살겠습니까? 하나님께서는 바다와 육지 사이에 모래를 경계로 삼으시고 그것을 뛰어넘지 못하도록 정하셨습니다. 이것은 땅에서 살아가는 인간들과 동식물 등 모든 생명체들의 안전을 위한 조치였습니다. 이것을 보면서 우리는 하나님이 얼마나 크고 위대한 분인가를 깨닫게 됩니다.

모든 물이 한곳으로 모이고 땅이 드러나는 일은 하나님의 말씀 한마디로 이루어졌습니다. 하나님의 말씀은 이스라엘이 애굽을 탈출할 때 홍해를 가르기도 하시고, 예수님의 제자들이 탄 배를 뒤집을 만한 엄청난 풍랑도 잠잠하게 하셨습니다. 또한 하나님의 말씀은 죄악으로 물든 인간의 마음에 들어오셔서 새로운 피조물로 변화시키기도 합니다. 악독한 세리장 삭개오를 변화시켰고, 교만한 바리새인 바울을 새롭게 하셨습니다. 우리도 하나님의 말씀을 통해 부르심을 받고, 성령의 역사를 통해 예수를 믿노라 고백하며 위대하신 하나님을 찬양하기 위해 매주 교회에 나갑니다. 이것이 위대하신 하나님 말씀의 능력입니다.

이어서 하나님은 드러난 뭍을 땅이라고, 모인 물을 바다라고 이름을 붙여 주셨습니다.

> (창세기 1:10) _ 하나님이 뭍을 땅이라 칭하시고 모인 물을 바다라 칭하
> 시니라 하나님의 보시기에 좋았더라

하나님께서 땅과 바다에 이름을 지어주셨다는 것은 하나님만이 땅과 바다의 창조자시며, 소유자시며, 관리자이심을 의미합니다. 하나님께서는 첫째 날부터 셋째 날까지 기본 환경을 만드시고 그들에게 직접 이름을 붙여주셨습니다. 하나님께서는 나무나 과실, 물고기나 새를 포함한 여러 가지 동물들의 이름은 명명하지 않으시고 인간에게 그 지배권을 남겨두셨습니다. 왜냐하면 인간은 식물을 경작하거나 동물을 사육하고 다스릴 능력이 있기 때문입니다. 그렇지만 낮과 밤, 하늘과 땅, 바다 등의 이름은 직접 지어주셨습니다. 인간이 통제하거나 다스릴 능력이 없는 존재라는 것을 알게 하시려고, 창조주 하나님의 위대하심과 피조물인 인간의 한계를 깨닫게 하시려는 뜻입니다.

2. 하나님이 식물을 종류대로 창조하심

땅과 바다를 만드신 하나님께서 이 땅에 각종 식물들도 만드셨습니다. 하나님이 명령하시자, 땅에 즉시 식물들이 생겨났습니다.

(창세기 1:11~12) _ [11]하나님이 이르시되 땅은 풀과 씨 맺는 채소와 각
기 종류대로 씨 가진 열매 맺는 나무를 내라 하시니 그대로 되어 [12]땅이
풀과 각기 종류대로 씨 맺는 채소와 각기 종류대로 씨 가진 열매 맺는 나
무를 내니

현대 과학에서는 일반적으로 "광합성 작용으로 이산화탄소를 흡수하여
산소를 방출하며, 운동기관이 없어 자유롭게 움직일 수 없는 생명체"를 '식
물(植物)'이라고 정의합니다. 대개 1년으로 생장이 멈추는 식물을 풀이라고
하고, 그중 먹을 수 있는 것을 채소라고 합니다. 그리고 여러 해 살면서 부
피 생장을 지속하는 식물을 나무라고 합니다. 하나님께서는 인간의 먹을
거리를 위해 씨 맺는 채소와 씨 가진 열매 맺는 나무를 만드셨습니다.

그런데 이 식물들이 광명체들이 만들어지기 이전에 생겨났음을 보게 됩니
다. 태양이나 달, 별들은 넷째 날에 만들어졌기 때문에, 그 전날에 식물을
먼저 만드신 것입니다. 공중의 새나 땅의 짐승 등 움직이는 것들이 존재하
기 전에 이 땅에는 풀과 채소와 나무가 돋아났던 것입니다. 이것은 식물은
햇빛이 없어도 자랄 수 있다는 증거이기도 합니다.

오늘날 지구상에는 약 20만 종의 꽃이 있다고 합니다. 그중에서 가장
큰 것은 동남아의 열대우림에서 서식하는 '라플레시아'라는 꽃으로 지름이
1m, 무게가 6.8kg이나 됩니다. 가장 작은 것은 전 세계에 서식하는 '좀개
구리밥'으로 높이가 0.5mm, 너비가 0.4mm에 불과합니다. 또한 산과 초
원, 사막, 해변, 습지 등 지역에 따라 피는 꽃의 종류가 다르고, 다른 식물
에게서 영향을 섭취하는 꽃이 있는가 하면, 벌레를 잡아먹는 꽃도 있습니

다. 어떤 꽃은 꽃대가 올라와서 꽃이 먼저 피었다가 지고나면 그 자리에서 잎이 나옵니다. 그래서 꽃과 잎을 한꺼번에 볼 수 없다고 해서 상사화(相思花)라는 이름을 가지고 있습니다. 장미꽃과 하나에서만도 수천 가지의 변종이 있습니다. 이처럼 꽃의 종류는 다양합니다.

나무는 세계적으로 약 2만여 종이 있는 것으로 알려졌습니다. 현존하는 가장 오래된 나무는 미국 캘리포니아 주의 브리슬콘 소나무로 약 5천 년이나 되었다고 합니다. 유명한 코코 드 메르 야자수 열매는 그 무게가 22kg(밀가루 1포대)이나 되는데, 그 모양이 여성의 몸을 닮은 것으로도 유명합니다. 그밖에도 성전 건축 재료로 사용된 레바논의 백향목, 도로 표시판 역할을 했던 모레 상수리나무, 우리가 흔히 볼 수 있는 배나무, 사과나무, 감나무 등 이루 다 열거할 수 없을 만큼 다양합니다. 하나님께서 땅과 바다, 그리고 식물들을 만드시고 매우 흡족해하셨습니다.

(창세기 1:12) _ 하나님이 보시기에 좋았더라

하나님께서 '보시기에 좋았더라'라고 말씀하셨다는 데서 그냥 심심해서가 아니라 특별한 계획과 목적이 있었다는 것을 알 수 있습니다. 또한 다양하면서 조화로운 식물들의 세계가 하나님의 성품을 드러내고 하나님의 영광을 나타냈기 때문에 기뻐하셨습니다. 그래서 시편 136편 5~9절은 이렇게 노래합니다.

(시편 136:5~9) _ [5]지혜로 하늘을 지으신 이에게 감사하라 그 인자하심이

영원함이로다 [6]땅을 물 위에 펴신 이에게 감사하라 [7]큰 빛들을 지으신 이에게 감사하라 [8]해로 낮을 주관하게 하신 이에게 감사하라 [9]달과 별들로 밤을 주관하게 하신 이에게 감사하라 그 인자하심이 영원함이로다

하나님께서 첫째 날부터 셋째 날까지는 아무것도 없던 이 세상에 형체를 만드셨고, 넷째 날부터 여섯째 날까지는 비어 있는 공간을 채우셨습니다. 첫째 날에는 빛을 만드셨고, 넷째 날에는 그 빛으로 해와 달과 별을 만드셨습니다. 둘째 날에는 하늘을 만드셨고, 다섯째 날에는 하늘을 나는 새와 물고기들을 만드셨습니다. 셋째 날에는 바다와 땅과 식물들을 만드셨고, 여섯째 날에는 동물들과 사람을 지으셨습니다.

혹시 이사할 때 이삿짐센터 차량에 맨 마지막으로 싣는 게 무엇인지 아시나요? 정답은 부피가 큰 가구들입니다. 그래야 새로운 집으로 가서 큰 가구를 맨 처음으로 내릴 수 있기 때문입니다. 장롱 같은 가구들이 먼저 자리를 잡아야 이삿짐 정리를 잘 할 수 있습니다. 별거 아닌 것 같지만 이러한 순서가 뒤바뀌면 일하는 사람이 애를 먹고 시간이 많이 허비됩니다.

하나님의 창조에서도 같은 질서의 원리가 작용하고 있음을 봅니다. 하나님은 지혜롭고 또 은혜롭게 창조를 실행하셨습니다. 모든 생물들이 살아가는 데 꼭 필요한 하늘과 땅과 바다를 먼저 만드시고, 그 다음에 식물들과 나무들을 만드셨습니다. 땅이 생기자마자 즉시 식물들과 나무들이 생겨나 열매를 맺게 되었고, 양떼들을 위해 풀들이 돋아나고, 사람을 위해 초목들이 피어났습니다. 갖가지 채소들이 계속해서 돋아났고, 각기 종류대로 열매 맺는 나무가 생겼습니다. 그래서 동물들과 인간들이 살아가는

동안 양식을 얻을 수 있도록 미리 예비하셨습니다. 이것이 지혜롭고 섬세하신 하나님의 은혜로운 창조 역사입니다.

우리는 여기서 하나님께서 열매 맺는 나무를 만드셨다는 것을 기억할 필요가 있습니다. 나무가 열매를 맺는 것은 하나님의 창조 원리에 순응하는 것입니다. 그러므로 나무들은 마땅히 하나님이 주신 능력을 발휘하여 열매를 맺기 위해 노력해야 합니다. 만약 이러한 노력이 부족하여 열매를 맺지 못한다면 그 나무는 찍힘을 받아 불에 던져질 수밖에 없을 것입니다.

(마태복음 3:10) _ 이미 도끼가 나무 뿌리에 놓였으니 좋은 열매를 맺지 아니하는 나무마다 찍혀 불에 던져지리라

이러한 원리는 우리들에게도 적용됩니다. 세상 사람들은 자식이 잘되거나 명예와 부를 얻은 사람을 두고 성공했다고 평합니다. 그러나 주님이 우리에게 원하시는 열매는 그보다 더 높은 데 있습니다. 우리들은 하나님의 자녀로서 합당한 삶을 살기 위하여 최선의 노력을 다해야 합니다. 하나님의 주신 은사와 재능을 계발하여 하나님께서 주신 사명을 감당해야 합니다. 이것이 주님이 기뻐하시는 열매 맺는 삶입니다. 하나님은 우리에게 이 세상 모든 만물을 주셨고, 그 안에서 행복한 삶을 허락하셨습니다. 그러므로 우리는 만물 안에서 행복을 누리며 살아가야 합니다. 천지 만물을 지으신 위대하신 창조주 하나님을 찬양하며 살아가야 합니다.

6. 해. 달. 별 (창 1:14~19)

창조 넷째 날

　창세기는 모세를 통해 이스라엘 백성들에게 주신 말씀입니다. 당시 이스라엘은 애굽의 압제 속에서 노예로 살다가 모세의 인솔 하에 애굽을 탈출하여 해방되었습니다. 그렇지만 이스라엘 백성들은 오랜 애굽 생활을 통해 우상숭배가 몸에 밴 상태였습니다. 토테미즘과 같은 우상숭배의 역사는 더 깁니다. 예를 들어, 아브라함의 고향 갈대아 우르에서는 달의 신 '난나(Nanna)'를 주(主)신으로 섬겼고, 애굽에서 총리가 된 요셉의 장인인 보디베라는 태양신전에서 집례를 담당하던 제사장이었습니다. 이와 같이 고대 애굽이나 바벨론에서는 일월성신에 대한 숭배가 매우 넓게 퍼져 있었습니다. 일본의 국기 한가운데 붉은 태양이 그려져 있는 것이나 다른 여러 나라들의 국기에도 태양이 중요한 위치를 차지하고 있는 것 역시 비슷한 이유에서입니다. 이스라엘도 애굽에서 종살이 하는 동안 태양신을 비롯한 우상을 섬졌고, 출애굽하여 가나안 땅에 정착한 후에도 그러한 영향권에서 쉬이 벗어나질 못했습니다. 이와 같이 태양은 인간에게 엄청난 능력을 가진 존재로 인식되어 왔습니다. 그래서 하나님은 신명기에서 '일월성신을 경배하며 섬기지 말라'고 경고하셨습니다.

> (신명기 4:19) _ 또 그리하여 네가 하늘을 향하여 눈을 들어 해와 달과 별들, 하늘 위의 모든 천체 곧 너희의 하나님 여호와께서 천하 만민을 위하여 배정하신 것을 보고 미혹하여 그것에 경배하며 섬기지 말라

이번 장을 통해 하나님께서 해와 달과 별들을 만드신 목적이 무엇인지, 또한 그것들을 왜 섬기지 말라고 하셨는지, 그리고 우리가 해야 할 일은 무엇인지를 깨닫는 은혜가 있기를 바랍니다.

1. 하늘의 궁창에 광명을 두심

하나님께서 하늘의 광명체들에게 낮과 밤, 징조와 계절과 날과 해를 이루라고 명하셨습니다.

> (창세기 1:14) _ 하나님이 이르시되 하늘의 궁창에 광명체들이 있어 낮과 밤을 나뉘게 하고 그것들로 징조와 계절과 날과 해를 이루게 하라

하나님께서 해와 달과 별들을 만드시고, 그것들에게 다섯 가지 역할을 부여해 주셨습니다. 첫째, 그것들이 맡은 가장 중요한 역할은 낮과 밤을

구분해 주는 것입니다. 둘째, 별들의 움직임으로 여러 가지 징조를 나타내는 것입니다. 셋째, 계절을 구분하게 합니다. 넷째, 날짜와 시간을 잴 수 있게 해 줍니다. 다섯째, 년도를 구분해 줍니다. 이것은 우리들을 위한 하나님의 특별한 배려이며 은혜입니다.

역사상 등장한 달력(月曆)은 그것이 태양력이든 태음력이든 태양과 달의 주기적인 운동의 결과를 정리한 것이며, 자연계에서 일어나는 여러 가지 현상과 징조를 반영한 것입니다. 하나님의 창조 법칙 가운데 지구가 태양을 한 바퀴 도는 것이 일 년이며, 이러한 공전(公轉) 주기에 따라 년 수가 계산된다는 것은 오늘날 과학으로 증명되었습니다. 본문은 이것이 이미 천지 창조 때부터 정해졌고 선포되었음을 보여줍니다. 인간이 살아가는 데 기본이 되는 이런 것들은 진화론자들의 주장처럼 인간의 지혜가 점점 향상되어 만들어낸 것이 아니라 이미 창조 시에 하나님께서 정하신 것입니다. 그리고 하나님께서 만들어 놓으신 이러한 기본적인 틀은 이 세상 마지막 날까지 계속될 것입니다.

하나님은 광명체들에게 하늘에서 땅을 비추라고 명하셨습니다.

(창세기 1:15) _ 또 광명체들이 하늘의 궁창에 있어 땅을 비추라 하시니 그대로 되니라

해와 달과 별이 해야 하는 가장 중요한 역할은 바로 이 땅에 빛을 비추는 것이었습니다. 빛이 있어야 우리가 돌아다닐 수 있고(요 11:9), 주어진 일을 할 수 있기 때문입니다(요 9:4). 예수께서도 이와 같은 사실을 지적하셨

습니다.

> (요한복음 9:4) _ 때가 아직 낮이매 나를 보내신 이의 일을 우리가 하여야 하리라 밤이 오리니 그 때는 아무도 일할 수 없느니라

사실, 해와 달과 별들이 빛을 비추는 것은 오직 우리들의 유익을 위해서입니다. 즉, 해와 달과 별들은 빛을 비추어 이 지구와 그곳에서 살아가는 만물을 번성하게 합니다. 그리고 그렇게 번성한 자연 만물은 모두 우리 인간들을 복되게 합니다. 우리는 이렇게 하나님으로부터 무한한 배려를 받고 살아가는 존귀한 존재입니다.

그래서 시편 기자는 시편 8편 3~4절에서 "주의 손가락으로 만드신 주의 하늘과 주의 베풀어 두신 달과 별들을 내가 보오니 사람이 무엇이관대 주께서 저를 생각하시며 인자가 무엇이관대 주께서 저를 권고하시나이까"라고 노래했습니다. 즉, 우리가 무엇이기에 하나님께서 이토록 관심을 가지고 보살펴주시는 것이냐고, 시인이 너무 감사하고 황송한 마음을 나타낸 것입니다.

2. 낮과 밤을 주관하는 해, 달, 별

하나님께서 큰 광명 즉, 태양을 만들어 낮을 주관하게 하시고, 작은 광명 즉, 달을 만들어 밤을 주관하도록 하셨고, 별을 만들어 땅을 비추게 하

섰습니다.

> (창세기 1:16~17) _ [16]하나님이 두 큰 광명체를 만드사 큰 광명체로 낮을 주관하게 하시고 작은 광명체로 밤을 주관하게 하시며 또 별들을 만드시고 [17]하나님이 그것들을 하늘의 궁창에 두어 땅을 비추게 하시며

낮을 주관하는 태양(日)에 대해서 살펴볼까요?

태양의 크기는 지구의 약 130만 배, 거리는 1억 4천 945만km, 온도는 섭씨 6000도가 됩니다. 태양은 지구를 밝혀주면서 또한 지구의 온도를 높여줍니다. 지구가 태양을 일 년에 한 바퀴씩 도는데, 약간 타원형의 궤도를 따라 돌고 있습니다. 태양과 지구가 가까워지면 온도가 높아져 여름이 되고, 멀어지면 온도가 낮아져 겨울이 됩니다.

만약 해가 며칠만 빛을 비추지 않는다면 이 세상은 어떻게 될까요? 가까운 예로, 2018년 1월 대만에서 며칠간 햇빛이 나지 않자 날씨가 섭씨 10도로 내려가 약 130여 명이 얼어 죽었습니다. 또한 햇빛이 사라지면 온갖 농작물들이 냉해를 입어 수확할 수 없게 될 것이고, 사람들은 비타민이 부족해지고, 우울증에 걸리는 등 건강을 해치게 될 것입니다. 이와 같이 우리 삶에서 태양이 차지하는 비중은 너무나 큽니다. 그래서 하나님께서는 우리에게 태양이라는 큰 광명을 만들어 주셨습니다.

달(月)은 지구에 딸린 위성으로 스스로 빛을 내는 별이 아닙니다. 즉, 오직 태양 빛을 반사할 뿐입니다. 그래서 태양과 지구와 나란히 서는 밤에 빛을 발하는 듯 보입니다. 하지만 달의 역할은 아주 중요합니다. 달은 약 29

일 반 만에 지구를 한 바퀴 돌면서 빛을 비추고 바닷물의 들어옴과 나감에 관여합니다. 밀물과 썰물이 없다면 어부들은 고기를 잡을 수 없을 것입니다. 우리나라에는 입춘, 청명, 단오 등 24절기가 있는데, 이 절기들은 달을 중심으로 농사짓는 시기에 맞춰 정해놓은 것입니다. 만약 달이 없었다면 이러한 절기들은 만들어지지 못했을 것입니다. 또한 달은 밤에 인간들이 약간의 활동을 할 수 있도록 빛을 비추며 쉼과 안식을 제공합니다.

별(星)들도 밤에 지구를 비추고 밤하늘을 수놓아 우리들에게 아름다움과 즐거움을 선물하고 있습니다. 그런데 별은 그 크기도 매우 다양합니다. 예를 들어, 태양은 지구보다 130만 배가 큰데, 안타레스라는 별은 태양의 6,400만 배에 이르고, 헤라클레스 성좌의 한 별에는 안타레스와 같은 크기의 별 1억 개가 들어간다고 합니다. 참으로 어마어마한 크기의 우주에 헤아릴 수 없는 별들이 지구를 비추고 있습니다. 그뿐 아니라 사람들에게 많은 감동과 영감을 주어 시(詩)를 쓰게 합니다. 일일이 예를 들기 어렵지만 아마도 여러분은 아름다운 밤하늘과 별들에 대한 시나 동화들을 많이 보셨을 것입니다. 그러니 우리가 어찌 밤하늘의 별들을 보면서 그것을 만드신 하나님을 찬양하지 않을 수 있겠습니까?

성경은 하나님께서 만드신 해와 달과 별들이 하나님 보시기에 좋았더라고 말합니다.

(창세기 1:18) _ 낮과 밤을 주관하게 하시고 빛과 어둠을 나뉘게 하시니 하나님이 보시기에 좋았더라

하나님은 해와 달과 별들이 원래의 계획과 목적대로 창조되었기 때문에

기뻐하셨고, 그것들이 하나님의 성품을 드러내고 하나님의 영광을 드러내기 때문에 기뻐하셨습니다.

3. 저녁이 되고 아침이 되니 넷째 날이 지남

(창세기 1:19) _ 저녁이 되고 아침이 되니 이는 넷째 날이니라

천지창조 제4일은 태양이 지고, 달이 떠오르며, 별이 밤하늘에 빛난 최초의 날이었습니다. 즉, 이때부터 오늘날과 마찬가지로 달이 차오름으로써 저녁이 되고, 다시 태양이 떠오름으로써 새날이 시작되었습니다. 이러한 현상은 "해가 어두워지고, 달이 빛을 내지 아니하며, 별들이 하늘에서 떨어지는"(마 24:29) 이 세상 종말의 날까지 계속될 것입니다.

우리는 하나님의 창조는 신비롭고 놀라운 기적이면서도 과학으로도 얼마든지 입증하고 설명할 수 있다는 사실을 배우고 있습니다. 참으로 감사한 일이지요. 저는 어릴 적부터 신앙생활을 해왔기 때문에 창세기 설교를 많이 들어왔습니다. 그렇지만 대부분의 설교들은 그것들이 어떻게 만들어졌는지 그 과정에 대해서는 아무 설명도 없이 언제나 '하나님의 창조를 믿으면 된다'로 결론을 내곤 했습니다. 그때부터는 저는 창세기의 궁금증을 풀기 위해 기도하면서 공부했고, 이제는 하나님의 창조 사역이 과학적으로도 증명된다는 것을 말씀드리고 싶습니다.

4. 결론

이번 장의 결론을 지을 시간입니다. 가장 먼저, 하늘의 해와 달과 별을 보면서 하나님께서 우리에게 주신 각자의 사명을 기억해야 합니다. 하늘에 있는 일월성신 즉, 해와 달과 별은 우리에게 섬기라고 주신 것이 아니라, 창조자인 하나님의 영광을 나타내기 위해 만드신 것입니다. 즉, 하나님을 예배하고 자신들에게 주어진 사명을 다하라고 일월성신을 창조하신 것이지요. 그래서 사도 바울은 이렇게 말합니다.

> (로마서 1:20) _ 창세로부터 그의 보이지 아니하는 것들 곧 그의 영원하신 능력과 신성이 그가 만드신 만물에 분명히 보여 알려졌나니 그러므로 그들이 핑계하지 못할지니라

즉, 하나님께서는 자연 만물을 통해서 인간들에게 하나님의 존재를 분명히 알도록 하셨기 때문에 어느 누구도 창조주 하나님을 모른다고 핑계를 댈 수 없다는 말입니다. 그럼에도 해와 달과 별들을 신으로 삼고 신적인 존귀를 돌린다면, 하나님께 망령된 일이며, 우리 자신에게도 크나큰 수치가 아닐 수 없습니다.

우리는 해와 달과 별들을 바라보면서 그것들을 지으신 하나님께 영광을 돌리고 찬양해야 합니다. 그리고 해와 달과 별들을 주신 하나님의 은혜에 감사하면서 그 은혜들을 누리면 됩니다. 우리를 위해 만들어진 해와 달과 별들을 섬긴다면 그런 바보 같은 짓이 세상에 어디 있습니까? 여러분은 살

아가면서 내가 누구인지, 해와 달과 별들이 무엇 때문에 만들어 졌는지, 그 것을 만드신 분이 누구인지를 기억하시고 감사를 잊지 마시기 바랍니다. 만약 누군가 나에게 좋은 집을 한 채 선물로 주었다면 평생을 두고 감사할 것입니다. 그렇다면 이 세상을 창조하시고, 우리의 생명과 영혼의 구원을 선물로 주신 하나님을 기억하고 그분의 은혜에 대해 감사하는 것은 너무 나 당연한 일이 아니겠습니까?

두 번째로, 주신 사명을 감당해야 합니다. 하나님께서는 해와 달과 별 들에게 빛을 발하는 것과 에너지를 공급하는 등 여러 가지 사명을 주어 사 람들을 섬기라고 명령하셨습니다. 해와 달과 별들은 창조 이래로 지금까 지 주어진 사명에 충실했습니다. 만약에 해와 달과 별이 귀찮다고 자신이 해야 할 일을 하지 않는다면 어떻게 되겠습니까? 온 세상이 엉망이 되고 말 것입니다.

예수께서는 마태복음 5장 14절에서 우리에게 "너희는 세상의 빛이라"고 말씀하셨습니다. 그리스도께서는 빛으로 오셔서 죄악뿐인 이 세상에 구원 의 빛을 밝히셨습니다. 그리스도의 빛을 받은 우리는 하나님의 은혜로 그 구원에 동참하게 되었습니다. 따라서 우리들은 이 세상에 구원의 빛이신 예수 그리스도를 전파하는 사명을 감당해야 합니다. 매일 자신이 예수 그 리스도의 빛을 전파하며 살고 있는지 경계하며 살펴보아야 합니다.

7. 물고기와 새 (창 1:20~23)

창조 다섯째 날

세상 사람들에게는 어려운 질문인데, 그리스도인들에게는 아주 쉬운 문제가 하나 있습니다. 그것은 '닭이 먼저인가?, 알이 먼저인가?'라는 문제입니다. 인터넷을 찾아봤더니 진화자론들은 여러 가지 이유로 '알'이 먼저라고 주장하고 있었습니다. 그러나 성경적인 대답은 '닭'이 먼저입니다.

1. 하나님이 새와 물고기를 종류대로 만드심

성경은 하나님께서 다섯째 날에 새와 물고기를 종류대로 만드셨다고 증언합니다.

(창세기 1:20~21) _ [20]나님이 이르시되 물들은 생물을 번성하게 하라 땅 위 하늘의 궁창에는 새가 날으라 하시고 [21]하나님이 큰 바다 짐승들과 물에서 번성하여 움직이는 모든 생물을 그 종류대로, 날개 있는 모든 새를 그 종류대로 창조하시니

본문은 하나님께서 큰 바다 생물들을 먼저 만드셨다고 말하고 있습니다. 즉, 하나님께서는 몸집이 크고 힘센 고래나 상어 같은 큰 물고기를 먼저 만드셨습니다. 하나님께서 굳이 이렇게 큰 물고기를 만드셨다고 지목해서 말씀하시는 이유는 고대 사람들이 크고 힘센 물고기들을 숭배하는 부질없는 짓을 하였기 때문입니다. 보통 바다에서 제일 큰 동물이 고래라고 아시겠지만, 실제로는 고래상어가 제일 크답니다. 길이가 무려 18m에 달하고 무게는 20톤이나 된다고 합니다. 커다란 코끼리보다 3배나 크다고 보면 맞습니다. 이렇게 하나님께서는 큰 고래상어부터 아주 작은 물고기들까지 그 종류대로 창조하셨습니다. 하나님께서 창조하신 바다 생물들의 종류들을 조금 더 살펴볼까요? 도미나 고등어 같은 척추동물 어류가 약 31,000종, 해파리, 말미잘 같은 강장동물이 약 9,000종, 불가사리, 성게 등 극피동물이 약 9,000종, 조개나 달팽이, 오징어 같은 연체동물이 약 112,000종에 달한다고 합니다.

그런데 진화론자들은 바다 최초의 동물은 아메바(amoeba) 같은 하등 원생동물이라고 주장합니다. 아메바는 사람의 눈으로 식별이 가능하지 않은 0.02mm 정도의 벌레 같은 종류인데, 진화론자들은 이 아메바가 진화해서 고등어도 되고, 고래도 되고, 늑대도 되었다고 말합니다. 그래서 그

들은 물고기가 변해서 늑대 같은 동물이 되는 중간에 그 무엇인가를 내세
웠는데 그것이 바로 '실라칸스'라는 물고기입니다. 진화론자들은 이 실라
칸스는 약 3억 5천만 년 전에 나타나 5천만 년 전에 절멸(絶滅)했다고 주장
했습니다. 그런데 1938년 남아프리카 코모도 섬 근해에서 실라칸스라는
물고기가 산채로 잡혔습니다. 만약 진화론자들의 주장이 사실이라면 실
라칸스라는 물고기가 3억 5천만 년 동안 진화하지 않고 그 모습을 유지했
다는 것인데, 이는 '적자생존'을 토대로 삼는 진화론의 주장에 배치되는 것
으로, 이로부터 진화론이 '자가당착(自家撞着)'의 오류에 빠져 있음을 엿볼
수 있습니다. 아무튼, 이 진귀한 실라칸스는 현재 우리나라 여의도 63빌딩
수족관에만 가도 볼 수 있습니다.

분명히 말씀드리지만, 진화론자들의 주장처럼 아메바가 진화해서 각종
물고기들이 된 것이 아닙니다. 하나님께서 여러 가지 해양 생물들을 그 종
류대로 만드셨습니다. 이것이 진실이고, 우리는 이것을 믿습니다.

그럼에도 세계 여러 나라의 학교에서는 아직도 진화론을 가르치고 있으
며, 각종 방송에서도 마치 진화가 사실인 것처럼 여러 가지 다큐멘터리 프
로그램을 내보내고 있습니다. 심지어 야구 중계를 하는 캐스터들조차도
선수들의 운동 실력이 탁월해지면 진화했다고 말합니다. 그것은 진화가
아니라 운동 실력이 발전했다라고 해야 맞지 않습니까?

이렇듯 이 세상에는 진화론이 사람들의 잠재의식 속에 내재되어 있음을
알 수 있습니다. 하나님을 인정하지 않는 자들에게는 하나님의 창조가 허
구로 보일 뿐이고, 예수님의 십자가 구원의 진리가 어리석게 보일 뿐입니
다. 그런 의미에서 우리가 하나님과 예수 십자가 진리를 믿는 것은 은혜

중의 은혜라고 할 수 있습니다.

또 다른 예도 있습니다. 진화론자들은 새로운 종의 출현의 근거로 '이종 교배'를 들기도 합니다. 즉, 서로 종이 다른 동물들끼리 교배하면 새로운 종이 나타날 수 있다는 겁니다. 그런데, 과연 이종교배를 하면 새로운 종이 태어날까요? 답은 간단합니다. 자연 상태에서는 이종교배가 절대로 일어나지 않습니다. 사람들이 인위적으로 이종교배에 성공한다고 해도 1세대까지 뿐입니다. 그 실례를 들어보면, 수사자와 암호랑이 사이에 태어는 새끼를 '라이거(liger)'라고 부르고, 수호랑이와 암사자 사이에 태어난 새끼를 '타이곤(tigon)'이라고 부릅니다. 사람들이 수없이 시도한 결과 라이거와 타이곤이 태어나긴 했지만 1세대에 그치고 말았습니다. 노새의 경우도 있습니다. 수컷 당나귀와 암말을 교배해서 얻은 것이 노새입니다. 하지만 노새의 수컷에게는 생식능력이 없기 때문에 노새끼리 교배해도 새끼를 얻을 수 없습니다. 따라서 아메바로부터 만물이 비롯되었다거나, 이종진화의 과정이 단지 시간과 환경의 문제일 뿐 가능하다고 보는 진화론은 상당히 위험한 이론이라고 할 수 있습니다.

본문은 하나님께서 다섯째 날에 물고기와 새들을 종류대로 만드셨다고 분명히 말하고 있습니다. 하늘 높이 솟아올라 지저귀는 종달새, 결혼하여 부부가 되는 사람들이 배워야 할 잉꼬새, 쉼 없이 쨋쨋 거리는 참새, 하늘의 왕자 독수리, 고고한 자태를 뽐내는 홍학, 시속 70km로 달리는 타조, 슬피 우는 두견새, 소쩍새 등 수많은 새들이 있습니다. 또한 바다에는 서민들의 밥상에 단골로 오르는 고등어, 꽁치, 어물전 망신시키는 꼴뚜기, 바다가 좁다고 허리를 웅크리고 있는 새우, 똑바로 간다고 하면서도 옆으로

만 가는 게 등이 있습니다.

물고기와 새들을 비교해보면 생김새는 물론 그 구조가 전혀 다르게 만들어졌음을 알 수 있습니다. 물고기들은 물속에서 살 수 있는 최적의 상태로 창조되었으며, 새들 역시 하늘을 마음대로 날아다닐 수 있는 최적의 구조로 창조되었습니다. 실제로 새들의 뼈는 속이 비어 있는 형체로 되어 있어서 비행하기에 적당한 구조를 가지고 있습니다. 이것은 진화론자들의 주장처럼 아메바가 진화하여 물고기도 되고 새도 된 것이 아니라 하나님께서 물고기와 새들을 그 종류대로 만드셨다는 증거가 아니겠습니까?

딱따구리라는 새는 부리로 나무를 수없이 쪼아댑니다. 그리고 뇌를 한 바퀴 감을 만큼 긴 혀를 나무 안에 집어넣어서 그 안에 있는 벌레를 잡아먹습니다. 보통 새 같으면 그렇게 나무를 쪼아대면 뇌진탕 걸려서 죽고 말 것입니다. 조류학자들조차 이렇게 신비한 딱따구리의 비밀을 완전히 다 밝혀내지 못하고 있습니다.

지금쯤이면 알보다 닭이 먼저인 이유를 눈치 채셨을 겁니다. 알보다 닭인 먼저인 이유는 하나님께서 알이 아니라 닭을 창조하셨기 때문입니다. 닭뿐만 아니라 모든 새들은 생육하고 번성할 수 있도록 성체(成體)로 만드셨습니다. 물론 물고기들도 마찬가지입니다. 만약 알을 먼저 만들었다면, 어미닭이 없기 때문에 알을 품지 못했을 것이고, 더 이상의 생명은 태어나지 못했을 것입니다. 성경은 분명히 물속의 생물들을 종류대로, 하늘을 나는 새들을 종류대로 만드셨다고 말합니다. 아담과 하와가 곧바로 결혼하고 아기를 낳을 수 있는 성인으로 만드신 것처럼 물고기와 새들도 하나님의 명령에 따라 생육하고 번성하기 위해 성체(成體)로 만드신 것입니다. 그러므로 알이 아니라 닭이 먼저입니다.

2. 생육하고 번성하라 : 물고기와 새

하나님께서 각종 물고기와 새들을 종류대로 만드시고 그들에게 복을 주셨습니다.

> (창세기 1:22) _ 하나님이 그들에게 복을 주시며 이르시되 생육하고 번성하여 여러 바닷물에 충만하라 새들도 땅에 번성하라 하시니라

하나님께서 물고기와 새들에게 '복을 주셨다'는 것은 '다산과 번성'을 허락하셨다는 말입니다. 때문에 물속에 사는 모든 생물들과 하늘을 나는 새들은 하나님의 명령에 따라 온 땅에 가득하도록 생육하고 번성하여 충만해져야 합니다. 그것이 그들의 사명이며 복입니다. 참새 한 마리가 땅에 떨어지는 것까지 주관하시는(마 10:29) 하나님께서 물고기와 새들에게 다산과 번성의 복을 주심으로 이제 물속과 하늘에는 실로 그 수를 헤아릴 수 없는 다양한 생물들이 우글거리게 되었습니다. 그런데 신기하게도 힘이 세고 강력한 포식자들은 수가 적고 생존력도 낮은데 비해 작고 미약한 것일수록 새끼를 많이 낳고 이 땅에서의 생존력도 높습니다. '균형'을 이루게 하시는 하나님의 창조의 신비함입니다.

3. 하나님이 기뻐하심

하나님의 명령대로 물속에는 형형색색의 각종 물고기들이 활기차게 헤엄쳐 다니게 되었고, 하늘에는 각종 아름다운 새들이 날아다니게 됨으로써 이 세상은 더욱 활기를 띠게 되었습니다. 이러한 모습을 모시고 하나님이 매우 기뻐하셨습니다.

(창세기 1:21) _ 하나님이 보시기에 좋았더라

어린 손자, 손녀를 돌보는 일은 할아버지, 할머니에게 마냥 즐거운 일은 아닐 수 있습니다. 아무래도 소란스럽고 에너지 넘치는 어린이들을 좇을 수 없기 때문일 겁니다. 하지만, 어린 손자, 손녀를 보면서 느끼는 것은 '웃음'입니다. 그저 바라보기만 해도 기뻐지는 것을 어떻게 설명해야 할까요? 그 존재만으로도 기쁨을 주는데, 아마도 하나님께서 물속에서 헤엄치는 고기들과 하늘을 나는 새들을 보면서 이와 비슷한 감동을 갖지 않으셨을까 추측해 봅니다. 그렇게 하나님께서 물고기와 새들을 종류대로 만드신 것으로 다섯째 날의 창조가 완성되었습니다.

(창세기 1:23) _ 저녁이 되고 아침이 되니 이는 다섯째 날이니라

하나님께서 물고기와 새 등 생명체들을 만드셔서 하늘과 물속에 충만하게 하신 것은 하나님의 살아계심을 증거하기 위함인 동시에, 생명이란 좋

고 아름답기 때문입니다. 하나님은 그렇게 아름답고 좋은 생명을 충만하게 하심으로써 역시 기뻐하셨습니다. 하나님의 본성인 사랑과 생명이 온 땅에 가득했습니다.

무릇 모든 작품은 그 작가의 성품과 사상을 반영하기 마련입니다. 그래서 우리가 미술품을 감상할 때 어떤 작품은 소름이 돋고 오싹한 느낌을 받는 경우도 있고, 어떤 작품을 대할 때는 포근함과 평안함을 느끼기도 합니다. 그것을 만든 작가의 사상과 성품이 반영되었기 때문이지요.

이 세상 우주 만물은 하나님의 성품과 자애로우심을 반영합니다. 그래서 우리가 하늘을 보거나, 푸른 숲을 보거나, 살아있는 생명체들을 바라볼 때 기쁘고 행복합니다. 맑고 푸른 하늘을 보거나, 밤하늘의 은하수를 바라보면서, 또는 울창한 숲과 맑은 시냇물을 보면서 평안함과 안락함을 느끼는 것은 바로 하나님께서 우리에게 주신 은혜의 선물이기 때문입니다.

이와 같이 하나님께서는 모든 자연을 우리에게 선물로 주셨습니다. 우리들에게 필요한 모든 것을 선물로 주신 것이지요. 하늘의 태양도, 공기도, 물고기도, 새들도, 숲도, 나무도 모두 우리에게 선물로 주셨습니다. 우리가 살아가기에 부족함이 없도록 완전하고 아름답게 만들어주셨습니다. 따라서 우리는 물속의 작은 물고기 하나를 보거나 하늘을 나는 참새 한 마리를 보면서도 하나님의 전능하시고 위대하신 창조의 능력을 느끼며 감사해야 합니다. 우리는 하나님의 무한하신 사랑과 은혜를 받고 태어났으며, 지금도 그 사랑 안에 있기 때문입니다. 그래서 요한은 이렇게 고백합니다.

(요한1서 4:10~11) _ [10]사랑은 여기 있으니 우리가 하나님을 사랑한 것
이 아니요 하나님이 우리를 사랑하사 우리 죄를 속하기 위하여 화목 제물
로 그 아들을 보내셨음이라 [11]사랑하는 자들아 하나님이 이같이 우리를
사랑하셨은즉 우리도 서로 사랑하는 것이 마땅하도다

우리를 죄에서 건지기 위해 독생자 예수 그리스도로 하여금 십자가에서
피 흘리게까지 하신 하나님의 사랑이 바로 이 세상을 창조하신 하나님의
그 사랑입니다. 우리는 그 하나님의 사랑과 은혜를 받으며 살아가는 하
나님의 자녀들입니다. 이 세상 모든 만물이 우리를 위해 창조되었고, 우리
를 위해 존재하고 있습니다. 다시 말해 이 세상의 주인공은 바로 저와 여러
분이라는 말입니다. 이렇게 우리가 이 세상을 창조하신 위대하신 하나님의
자녀임을 안다면 그 무엇이 우리를 낙심하게 하거나 두렵게 할 수 있겠습
니까?

8. 동물과 사람의 창조 (창 1:24~31)
창조 여섯째 날

초등학교 시절 이동식 '가설극장'이 있었습니다. 보통 겨울방학 때 논바닥에 천막을 치고 동네 사람들을 끌어들여 영화를 상영하곤 했습니다. 그 영화 속에서 여주인공이 악당에게 핍박을 당하고 있을 때 '짜잔♬' 음악소리와 함께 남자 주인공이 나타나면, 관객들이 모두 박수를 쳤던 기억이 있습니다. 지금 생각해보면 무척이나 촌스러운 행동이었지만, 그만큼 사람들이 순박했었다는 말이기도 합니다. 그때부터 사람들 사이에서는 "주인공은 마지막에 나타난다."는 말이 유행하기도 했습니다.

이번 장은 하나님의 창조 마지막 날인 여섯째 날의 보도입니다. 첫째 날 빛을 만든 하나님께서는 이제 마지막 날에 창조의 주인공을 만드셨는데, 바로 이 땅에 살아가는 모든 짐승들과 식물들을 다스릴 만물의 영장인 인간(人間)이었습니다. 즉, 하나님의 창조의 결정체가 바로 인간입니다.

1. 땅의 모든 짐승들을 창조하심

하나님께서는 창조 여섯째 날에 땅 위에 사는 모든 종류의 짐승들을 만드셨습니다.

> (창세기 1:24~25) _ [24]하나님이 이르시되 땅은 생물을 그 종류대로 내되 가축과 기는 것과 땅의 짐승을 종류대로 내라 하시니 그대로 되니라 [25]하나님이 땅의 짐승을 그 종류대로, 가축을 그 종류대로, 땅에 기는 모든 것을 그 종류대로 만드시니 하나님이 보시기에 좋았더라

하나님은 사람들을 도울 가축들과 야생동물들과 땅에서 기는 벌레나 파충류 등 모든 것들을 만드셨습니다. 진화론자들은 야생동물을 잡아 길들여서 가축을 만들었다고 주장하지만 본문은 하나님께서 처음부터 인간들을 도울 가축을 따로 만드셨다고 분명히 증거하고 있습니다. 즉, 말이나 당나귀, 소나 양이나 개 등은 창조될 때부터 사람들을 도울 존재로 지어진 것입니다. 그리고 인간들과 보다 친밀한 관계에 있는 가축들을 다른 짐승들보다 먼저 창조하신 것은 이 세상의 모든 창조가 인간을 위한 하나님의 계획 속에 이루어졌음을 암시합니다.

기는 것은 발이 없거나 혹은 발이 여러 개 있어 미끄러지듯 움직이는 벌레나 파충류들로서 지렁이, 거머리, 구더기, 좀벌레, 지네, 뱀 등을 가리킵니다. 파충류와 곤충들의 수는 현재 확인된 것만 해도 8만여 종이 넘는데 모두 하나님의 창조물입니다.

땅의 짐승은 가축과 구별되는 야생동물을 가리킵니다. 덩치가 큰 코끼리부터 아주 작은 동물까지, 또한 아이들이 좋아하는 공룡(恐龍, dinosaur)들도 이때 만들어졌습니다. 성경은 이 땅의 짐승을 가축, 야생동물, 그리고 파충류와 곤충으로 구분하고 있습니다. 이것은 인간과의 관계에 비중을 둔 것으로 천지창조가 인간중심으로 진행되었음을 보여줍니다.

하나님께서 명령하신 대로 이 땅에는 모든 종류의 짐승들이 생겨나게 되었습니다. 사람들과 함께 살아갈 각종 가축들과 모든 야생동물들과 파충류와 곤충들로 가득 차게 되었습니다. 이 땅에 먼저 만든 새와 물고기를 비롯해서 모든 가축과 들짐승과 기는 것들로 충만하게 되었습니다. 들판에서는 사자와 어린 양이 함께 뒹굴고 토끼와 사슴이 달리기 경쟁을 하며 놀았을 겁니다. 손자들의 재롱을 지켜보면서 좋아하는 할아버지와 같이 하나님께서도 동물들이 뛰어 노는 모습을 보시고 매우 기뻐하셨습니다.

(창세기 1:25) _ 하나님이 보시기에 좋았더라

2. 인간을 마지막으로 창조하심

인간은 하나님의 특별한 계획 속에 탄생한 작품 중에 작품이었습니다. 하나님께서는 인간을 창조하시기에 앞서서 오직 인간만이 유일하게 하나님 자신의 형상을 원형으로 하여 지어지는 존재임을 분명하게 밝히셨습니다.

(창세기 1:26) _ 하나님이 이르시되 우리의 형상을 따라 우리의 모양대로 우리가 사람을 만들고

여기 '우리'라는 말이 나오는데, 이것은 곧 '삼위(三位) 하나님'을 가리키는 표현입니다. 즉, 하나님은 한 분이시지만, 성부와 성자와 성령이라는 세 위격을 가지고 계십니다. 인간은 특별히 성부, 성자, 성령의 삼위일체 하나님께서 공동으로 만드신 창조물이었습니다. 인간을 다른 동물들과 달리 하나님의 형상을 닮은 유일하고 존귀한 존재로 창조하셨다는 의미입니다. 이것은 하나님께서 인간을 얼마나 특별히 여기시고 창조하셨는지를 알게 합니다. 하나님이 자기의 형상대로 사람을 남자와 여자로 지으셨습니다.

(창세기 1:27) _ 하나님이 자기 형상 곧 하나님의 형상대로 사람을 창조하시되 남자와 여자를 창조하시고

인간을 '하나님의 형상대로' 만드셨다는 말은 인간이 하나님의 생김새를 닮았다는 것이 아니라, '하나님의 성품을 닮은 영적인 존재'라는 뜻합니다. 즉, 인간이 하나님과 교제하며 그분의 통치를 받는 존재라는 말입니다.

하나님은 인간을 남녀 한 쌍으로 만드셨습니다. 다른 동물들은 여러 쌍의 암수가 동시에 만들어졌지만, 인간은 오직 한 쌍만을 만드셨습니다. 이로부터 여러 인종들이 제각각 따로 생겨난 것이 아니라 모두 아담의 후손들이라는 사실을 확인할 수 있습니다. 그리고 성경은 남자와 여자가 처음부터 동등하게 만들어진 존재임을 분명히 밝히고 있습니다. 그러므로 어떤

인종이 우월하고 열등한 것이 아니라, 성별이나 나이에 따라 차별받는 것이 아니라, 인간은 모두 동등하며 존귀한 존재입니다.

하나님이 인간에게 다른 피조물들을 다스릴 사명을 주셨습니다. 만물의 영장인 인간은 하나님으로부터 다른 피조물들을 다스릴 권한을 부여받았습니다.

(창세기 1:26, 28) _ [26]그들로 바다의 물고기와 하늘의 새와 가축과 온 땅과 땅에 기는 모든 것을 다스리게 하자 하시고 [28]하나님이 그들에게 복을 주시며 하나님이 그들에게 이르시되 생육하고 번성하여 땅에 충만하라 땅을 정복하라 바다의 물고기와 하늘의 새와 땅에 움직이는 모든 생물을 다스리라 하시니라

그렇다고 인간 마음대로 자연을 파괴해도 된다는 의미는 아닙니다. 오히려 하나님께서 주신 지혜를 가지고 자연을 사랑하고 가꾸며 보존해야 한다는 의미입니다. 그런데 이처럼 인간이 모든 피조물을 다스릴 권한을 가졌음에도 불구하고 오히려 자연을 숭배하는 어리석은 사람들이 있으니 통탄할 일이 아닐 수 없습니다.

하나님께서 인간에게 주신 사명은 생육하고 번성하여 땅에 충만하라는 것입니다. 결혼하고 아이를 낳고 잘 길러서 번성하여 땅에 가득 차게 하라는 것입니다. 그렇지만 지금은 안타깝게도 결혼을 잘 하지 않고, 설령 결혼을 해도 자녀를 많이 갖지 않으려는 것이 세계적인 추세가 되었습니다. 여러 가지 복합적인 이유가 있겠지만, 이것은 분명 하나님의 창조 질서에 어긋나는 것입니다. 일본의 인구가 지금 1억 3천만 명인데, 얼마 안 있으

면 1억도 되지 않을 거란 예측이 나왔고, 우리나라도 5천 3백만 명에서 자꾸만 인구가 줄어들고 있습니다. 2006년 옥스퍼드 인구문제연구소는 세계에서 가장 먼저 사라질 수 있는 위험 국가로 대한민국을 지목했습니다. "생육하고 번성하고 땅에 충만하라"는 하나님의 명령이 무겁게 다가오는 대목이 아닐 수 없습니다.

3. 먹을거리로 식물을 주심

하나님이 채소와 과목을 사람에게 식물로 주셨습니다.

> (창세기 1:29) _ 하나님이 이르시되 내가 온 지면의 씨 맺는 모든 채소와 씨 가진 열매 맺는 모든 나무를 너희에게 주노니 너희의 먹을 거리가 되리라

본문을 통해서 창조 당시 인간에게는 과일과 채소 위주의 채식(菜食)이 허용되었으며, 육식(肉食)은 허락되지 않았다는 것을 알 수 있습니다. 육식은 노아의 홍수 이후에야 허용되었습니다(창 9:2).

채소와 과일만으로도 인간이 충분히 살아갈 수 있다는 것은 잘 알려진 상식이고, 채식을 하는 사람보다 육식을 하는 사람이 암에 걸릴 확률이 높다는 것도 잘 알려진 사실입니다. 이처럼 하나님께서는 우리 몸에 유익한 채소와 과일을 인간에게 먹을거리로 주셨습니다. 하나님께서는 모든 짐승

들에게 푸른 풀을 식물로 주셨습니다.

(창세기 1:30) _ 또 땅의 모든 짐승과 하늘의 모든 새와 생명이 있어 땅
에 기는 모든 것에게는 내가 모든 푸른 풀을 먹을 거리로 주노라 하시니
그대로 되니라

태초에 하나님이 천지를 창조하셨을 때, 새들을 포함한 모든 지상 생물
들이 채식을 했습니다. 지구에서 가장 큰 동물로 알려진 공룡도 풀을 먹었
고, 사자나 늑대들도 풀을 먹었습니다. 현대과학자들도 제한된 환경 가운
데 사자나 호랑이도 초식이 가능하다고 입을 모읍니다. 이와 같이 하나님
께서 모든 짐승들에게 어디에나 널려 있는 푸른 풀을 먹이로 주셨습니다.
그렇기 때문에 창조 초기에는 약육강식이나 피 흘림이 없는 평화로운 상태
가 계속 되었습니다. 그래서 이사야 선지자는 장차 회복될 하나님의 나라
에서는 이와 같이 육식 동물과 초식 동물이 인간들과 어울려 평화롭게 살
아갈 것을 노래했습니다.

(이사야 11:7~8) _ [7]암소와 곰이 함께 먹으며 그것들의 새끼가 함께 엎
드리며 사자가 소처럼 풀을 먹을 것이며 [8]젖 먹는 아이가 독사의 구멍에
서 장난하며 젖 뗀 어린 아이가 독사의 굴에 손을 넣을 것이라

우리가 잊지 말아야 할 것은 하나님은 이 세상을 완전하고 평화롭게 창
조하셨다는 사실입니다. 단지 인간이 하나님의 뜻을 어기고 타락함으로써
이러한 질서와 평화가 깨졌고, 그 결과 양육강식의 먹고 먹히는 살벌한 세

상, 어둡고 혼란한 세상이 되고 만 것입니다.

우리 성도들의 삶도 마찬가지입니다. 하나님의 창조 질서대로 순종하며 살면 이 세상은 우리에게 평화를 안겨줍니다. 그렇지만 하나님의 뜻을 거부하고 내 뜻과 내 생각대로 살아가면 우리에게 평화란 없습니다. 오로지 혼돈과 어둠 속에서 고통과 슬픔과 두려움이 있을 뿐입니다. 오늘의 본문은 그러한 사실을 우리에게 확실하게 보여주고 있습니다.

4. 여섯째 날이 지나고, 하나님 보시기에 좋았더라

하나님께서 여섯째 날의 창조 사역을 모두 마치시고 그 지으신 것들을 보시고 흡족해하셨습니다.

(창세기 1:31) _ 하나님이 그 지으신 모든 것을 보시니 보시기에 심히 좋았더라

하나님이 계획하신 그대로 완벽하고 아름답게 창조된 이 세상을 보면서 기뻐하셨습니다. 그냥 좋은 것이 아니라 '심히 좋았더라'라는 표현을 통해 매우 만족하셨음을 나타내셨습니다. 하나님의 창조에 있어서 단 하나의 부족함이나 모자람이 없었던 것입니다. 모든 피조물들이 한 점의 흠도 없이 창조의 질서에 따라 각각 아름다움을 뽐내며 서로 조화를 이루고 있습니다. 저녁이 되며 아침이 되니 여섯째 날 하나님의 창조가 완전히 끝났습니다.

(창세기 1:31) _ 저녁이 되고 아침이 되니 이는 여섯째 날이니라

하나님이 정말로 단 엿새 만에 온 우주 만물을 만드셨을까요? 그분은 이 세상을 60억 년에 걸쳐 만드실 수도 있고, 6초 이내에도 만드실 수 있을 것입니다. 하나님은 시간을 만드신 분이고, 그 시간을 주관하는 분이시기 때문입니다.

(베드로후서 3:8) _ 사랑하는 자들아 주께는 하루가 천 년 같고 천 년이 하루 같다는 이 한 가지를 잊지 말라

그렇다면 하나님은 왜 엿새나 걸려서 천지를 창조하셨을까요? 아마도 생명 창조를 위하여 제반 환경을 질서정연하게 계획하시는 사역의 예를 보이기 위해서일 것입니다. 하나님은 하루하루를 순서대로 일하고 마지막 날 안식함으로써 본을 보이셨습니다. 우리들에게 질서의 중요성을 가르쳐 주시기 위함이지요. 우리들의 삶과 사역도 마찬가지입니다. 질서를 지키지 않고, 순서를 지키지 않고 일하면 모든 것이 엉망이 되고 맙니다.

2017년 6월 문재인 정부의 법무부 장관에 내정되었던 안경환 후보가 임명 5일 만에 사퇴했습니다. 이 나라의 법과 질서를 주관하는 법무부의 수장이 될 장관 후보자가 오히려 법과 질서를 지키지 않았고, 그래서 야당의 반대는 물론이고 여론마저 그를 거부함으로써 결국 사퇴할 수밖에 없었습니다. 이렇게 일반 사회에서조차 법과 질서를 지키는 것은 매우 중요한 문제입니다.

그런데 이것은 그분 하나만이 아니라 우리 모두의 문제입니다. 지도자와 국민, 부모와 자식, 사회와 나 등 우리는 수많은 관계 속에 '질서'를 필요로 합니다. 물론 그 모든 것들의 기본이 되는 하나님과 나와 사이의 질서는 또 어떻습니까? 하나님께서는 엿새 동안 질서 있게 창조의 역사를 이루심으로써 이 세상이 '질서' 있게 창조되었음을, 그 안에서 질서를 지켜야 함을 우리들에게 가르쳐 주셨습니다.

성경은 분명히 이 세상 모든 만물들과 사람을 하나님께서 창조하셨다고 말합니다. 잘 작동하는 시계를 보면서 누군가 그것을 만든 사람이 있음을 알 수 있듯이, 눈에 보이는 모든 자연 만물은 하나님이 이 세상을 창조하셨다는 증거들입니다. 심지어 우리 인간들도 하나님이 창조하신 피조물 중의 하나입니다. 그러므로 우리는 이 세상에 모든 만물들을 보면서 창조주 하나님께 영광을 돌려야 합니다.

이제껏 여덟 번에 걸쳐 하나님의 창조에 대해서 공부했습니다. 최선을 다해 자세히 설명했지만, 혹 이해되지 않거나 믿어지지 않는 부분이 있다면, 하나님께서 그 마음과 생각을 지키시고 지경을 넓혀주시기를 기도합니다. 여러분도 간절히 기도하시면 좋겠습니다. 믿음은 지식이 아니라 성령님의 감동으로 생기고, 자라고, 깊어집니다. 여러분의 마음이 열리고 귀가 열려서 하나님의 창조를 믿을 때, 예수 그리스도를 믿게 되고, 십자가 구속의 비밀을 깨달을 수 있습니다. 여러분 모두 하나님의 창조하심과 그리스도의 십자가 구원 역사를 믿고, 그리하여 주 안에서 평강을 누리며 살아가시기를 바랍니다.

9. 안식일 (창 2:1~3)
창조 일곱째 날

　지금은 주 5일제가 정착되었지만, 몇 년 전만 해도 대부분의 회사들이 주 6일제로 운영되었습니다. 약 20~30년 전에는 한 달에 두 번밖에 쉬지 않는 회사들도 있었기 때문에, 근로자들은 매주 일요일마다 쉬는 회사에 다니는 사람들을 부러워한 적도 있었습니다. 예수를 믿는 사람들이야 왜 일주일에 한 번씩 쉬는 날이 있는지를 잘 알지만, 안 믿는 사람들은 자신들이 주일에 안식을 취하면서도 그날이 왜 있는지를 잘 모르며 지냅니다. 이번 장에서는 달력에 빨간 글씨로 표시된, 근로자들이 휴식을 취하는 일요일, 우리 식으로 말하면 주일(主日)이 언제부터 시작되었고, 그 의미가 무엇인지를 살펴보도록 하겠습니다.

1. 천지창조 사역의 완성

창세기 1장이 총론이라면, 2장은 인간에게 초점을 맞춘 각론입니다. 본문은 하나님께서 엿새 동안에 모든 창조 작업을 마치셨다고 보도하고 있습니다.

(창세기 2:1) _ 천지와 만물이 다 이루어지니라

이 말은 천지 만물의 모든 존재가 다 하나님의 피조물임을 다시 한 번 강조하는 것입니다. 즉, 하나님께서 계획하신 대로 완전무결하게 천지창조를 완성하셨음을 선언하고 있습니다. 이는 시편에서도 확인되는 내용입니다.

(시편 33:6) _ 여호와의 말씀으로 하늘이 지음이 되었으며 그 만상을 그의 입 기운으로 이루었도다

그렇다고 하나님의 창조 사역이 6일 동안에 모두 끝났다고 생각하면 안 됩니다. 실제적으로 하나님이 만물을 조성하셨던 사역은 제6일에 모두 끝났지만, 제7일에 안식하시고 피조물에게 복을 주어 거룩하게 하심으로써 비로소 하나님의 창조 사역이 완성되었다고 보아야하기 때문입니다. 따라서 하나님의 창조는 7일이라고 해야 정확합니다.

2. 일곱째 날의 안식(安息)

하나님께서는 첫째 날 말씀으로 빛을 창조하심으로부터 시작해서 하늘과 땅, 바다, 그리고 해와 달과 새들과 물고기들을 만드시고 여섯째 날 모든 동물들을 만드시고 마지막으로 창조의 중심인 사람을 만드셨습니다. 하나님은 살아 움직이는 모든 생물들에게 이 땅에서 생육하고 번성하여 충만하도록 하셨습니다. 그리고 이제 그 하나님의 위대하신 창조의 역사가 마무리됨으로써 일곱째 날에 안식하셨습니다.

(창세기 2:2) _ 하나님이 그가 하시던 일을 일곱째 날에 마치시니 그가 하시던 모든 일을 그치고 일곱째 날에 안식하시니라

하나님께서는 6일 동안 일하시고 일곱째 날에 안식하셨습니다. 그렇다고 하나님께서 6일 동안 창조하시느라 너무 피곤해서 쉬신 것은 아닙니다. 하나님은 계획하신 모든 일을 다 이루신 후 친히 창조하신 것에 만족하시고 심히 기뻐하셨습니다. 즉, 하나님께서 창조를 마치신 후에 스스로 기뻐하시며 창조가 완성되었음을 선포하시고 이날에 특별한 의미를 부여하셨다는 말입니다. 그러므로 안식일을 다른 말로 하나님의 '창조기념일'이라고 할 수 있습니다.

또한 안식일은 인간들에게 일에서 잠시 벗어나 휴식을 취할 수 있도록 하신 하나님의 배려입니다. 과거 동구의 공산당들은 기독교인이 주일을 지키지 못하게 하려고 7일 일하고 하루 쉬게 했습니다. 그 결과 생산성이 저

하되어 막대한 경제적 손실이 발생하고 말았습니다. 그래서 다시 5일 일하고 하루를 쉬게 했지만 결과는 마찬가지였습니다. 결국 그들은 6일 일하고 하루를 쉬게 할 수 밖에 없었다는 역사적 사실이 있습니다. 그 뒤에도 세월이 흐르면서 며칠 쉬고 하루를 쉬는 것이 좋으냐는 연구는 계속되었고, 현대의 의학, 사회학, 교육학 등 모든 분야에서 6:1의 비율로 노동과 휴식의 리듬을 갖는 것이 가장 효율적임이 거듭 입증되고 있습니다. 즉, 지금의 달력에서와 같이 6일 일하고 하루 쉬는 것이 가장 효과적이라는 결과가 나온 것이지요.

사실 6일을 일하고 하루를 쉬는 제도는 1년 365일에 해당하는 태양력, 그리고 한 달이 29일인 태음력 등 그 무엇과도 맞지 않는 독자적인 제도입니다. 결국 일주일 단위 생활주기의 기원이 오직 하나님의 창조 역사로부터 시작되었음을 보여줍니다. 세계의 모든 문헌 중에서 7일에 하루인 안식일 제도의 기원을 보여주는 것은 오직 성경밖에 없습니다. 일주일에 6일 일하고 하루 쉬는 이러한 개념은 하나님의 창조에서부터 시작된 것입니다. 그러므로 일주일 중 하루를 안식하는 이 제도는 결국 하나님의 창조를 증명하고 있는 셈입니다.

하나님의 안식하심을 근거로 후에 십계명 중 제4계명에 안식일 규례가 공식적으로 입법화되었습니다.

(출애굽기 20:8~11) _ [8]안식일을 기억하여 거룩하게 지키라 [9]엿새 동안은 힘써 네 모든 일을 행할 것이나 [10]일곱째 날은 네 하나님 여호와의 안식일인즉 너나 네 아들이나 네 딸이나 네 남종이나 네 여종이나 네 가축이

나 네 문안에 머무는 객이라도 아무 일도 하지 말라 [11]이는 엿새 동안에
나 여호와가 하늘과 땅과 바다와 그 가운데 모든 것을 만들고 일곱째 날
에 쉬었음이라 그러므로 나 여호와가 안식일을 복되게 하여 그 날을 거룩
하게 하였느니라

그러므로 우리가 안식일을 지킨다는 것은 하나님의 창조 역사를 인정한
다는 것이고, 그분을 믿고 따른다는 신앙의 고백인 동시에 이것을 표면적
으로 나타내는 증거라 할 수 있습니다.

3. 복되고 거룩한 일곱째 날

하나님은 일곱째 날을 복되게 하셨고, 또 거룩하게 하셨습니다.

(창세기 2:3) _ 하나님이 그 일곱째 날을 복되게 하사 거룩하게 하셨으니
이는 하나님이 그 창조하시며 만드시던 모든 일을 마치시고 그 날에 안식
하셨음이니라

'거룩하다'(카다쉬)라는 말은 '깨끗하게 하다'(삼하 11:4), '구별하다'(출
27:26)라는 의미를 가지고 있습니다. 그러므로 본문은 하나님께서 천지를
창조하신 후에 안식하신 일곱째 날에게 복을 주셨으며, 그 결과로 이날이
깨끗하게 되고 성별(聖別)되었다는 것을 말해주고 있습니다. 그렇다고 여
섯째 날까지는 거룩하지 않고 일곱째 날만 거룩하다는 뜻이 아니라, 모든

날을 대표해서 하나님이 안식하신 일곱째 날을 복주시고 거룩하게 하셨다는 의미입니다.

안식일은 여호와 하나님의 안식일이고, 이날의 주인은 하나님이십니다. 이날은 우리가 정한 날이 아니라 하나님께서 정하신 날입니다. 그러므로 우리는 하나님께서 정하신 안식일을 기억하여 거룩하게 지켜야 합니다. 하나님께서는 이 하루를 구별하셔서 사람들이 이날을 하나님께 바치게 하심으로써 이 모든 것의 주인이 하나님이심을 스스로 선포하셨습니다. 그러므로 안식일은 하나님이 우리의 주인 되심을 선포하는 날입니다. 하나님이 나의 주인이라고 고백하고 선포하는 것이 그리스도인의 안식일입니다. 예수님도 당신이 안식일의 주인이라고 분명히 선포하셨습니다.

(마태복음 12:8) _ 인자는 안식일의 주인이니라 ; (눅 6:5)

그러므로 하나님께서 거룩하게 하신 이 안식일을 다른 용도로 사용해서는 안 됩니다. 나의 사정과 형편에 따라 안식일을 지키지 않아도 되는 것이 아니라 반드시 지켜야 하는 날입니다. 구약에서는 안식일을 지키지 않은 사람을 돌로 쳐 죽이라는 명령까지 있을 정도로 안식일 준수는 강력한 하나님의 규례였습니다(민 15:32~36).

구약시대 안식일을 지키는 것이 이스라엘이 하나님의 선민이라는 증표였듯이, 오늘날 우리들이 주일을 지킴으로 하나님이 창조주이심과 나의 주인이심을 인정하고 그리스도인이라는 증거를 삶으로 나타내며 살아야 합니다. 이것이 사도 바울이 말했던 것처럼 "살아도 주를 위해, 죽어도 주를 위해 사는 것"(롬 14:8)입니다.

4. 안식일이 주일로 대체된 이유

그렇다면 우리는 왜 안식일이 아니라 주일을 지키고 있는 것일까요? 기독교 역사 가운데 안식일과 주일은 오랫동안 병행해서 지켜왔습니다. 그러다가 유대교와 기독교 간의 차이가 분명해지면서 A.D. 321년경 안식 후 첫날 즉, 주님이 부활하신 날을 주의 날, 주일(土日)로 지키게 되었습니다. 그러나 예수님의 메시아 되심을 인정하지 않고, 주님의 부활을 인정하지 않는 유대교인들은 아직도 주일을 지키지 않고 토요일인 안식일만을 고집하고 있습니다.

하나님께서는 안식일을 지키라고 하시면서 그 이유를 조금씩 바꾸셨습니다. 맨 처음 안식일은 하나님의 창조기념일의 의미로 지키도록 명하셨지만, 출애굽 이후에는 애굽에서 이스라엘을 구원하신 것을 기념하기 위해서 안식일을 지키라고 하셨습니다. 창조에서 구원으로 안식일을 지켜야 하는 내용이 바뀐 것입니다. 그리고 구약시대 구원을 기념하던 날이었던 안식일이, 신약시대에 와서는 구원을 완성하신 날을 기념하는 날로 다시 바뀌었습니다. 즉, 구약의 창조기념일로 시작된 안식일이 구원을 완성한 기념일인 주일로 성취된 것입니다. 그래서 우리들은 예수님이 부활하신 날을 구원의 완성된 날로 기념하여 '주님의 날' 즉, 주일(土日)로 지키고 있습니다.

다시 정리하면 처음에 안식일은 하나님의 창조기념일의 의미로 지켰고,

출애굽시대에는 애굽에서 이스라엘 백성들을 구원하신 의미로 안식일을 지켰고, 신약시대에 와서는 하나님의 구원의 완성인 예수님의 부활하신 날을 안식일 즉, 주일(主日)로 지키고 있습니다.

하나님은 안식일 곧, 주일을 거룩하게 지키라고 명령하셨습니다. 즉, 이 날을 하루 떼어서 하나님을 기억하고 예배하는 시간으로 드리라는 것입니다. 이날에는 다른 오락이나 우리의 정욕을 위해 사용하는 것을 금하고 오직 하나님만을 예배하고 찬송하며 지내야 한다는 것입니다.

그런데 일주일 동안 일하고 주일도 쉬지 못하고 교회에 나오면 더 피곤하지 않을까요? 그렇지 않습니다. 주일에 교회에 나와 예배하는 사람에게는 하나님께서 특별한 은혜를 부어 주십니다. 사람은 기분이 좋으면 몸에서 엔돌핀이라는 물질이 형성되는데, 이것은 작은 고통을 못 느끼게 하는 마약물질인 모르핀보다 진정효과가 200배가 높다고 합니다. 그런데 이러한 엔돌핀보다 4000배나 효과가 높은 물질이 다이돌핀(Didorphin)인데, 이 다이돌핀이 하나님을 예배하고 찬송하고 은혜를 받을 때 우리 몸에서 만들어진다고 합니다. 우리가 교회에 와서 하나님을 예배하면 기쁘고 마음이 평안합니다. 이것은 영적인 휴식입니다. 그리고 예배를 통해 하나님과 교제할 때 생리적으로는 다이돌핀이 형성되어서 주일날 하나님을 예배해도 피곤하지 않고 오히려 새로운 활력소가 됩니다.

보통의 직장인들이 '월요병'이라는 것을 얘기하곤 합니다. 일요일 내내 이리저리 놀러 다니느라 피곤해서 정작 월요일에 출근해서는 병든 닭처럼 비실대는 것이지요. 그리스도인들은 주일은 하나님을 예배하는 데 집중하고, 나머지는 육신의 휴식을 취해야 합니다. 그래야 또 일주일 동안 열심히 일할 수 있을 것 아닙니까?

두 사람이 산 속에서 도끼로 나무를 베어내고 있습니다. 한 사람은 점심 시간을 뺀 나머지 시간을 계속해서 쉬지 않고 도끼질을 해댔습니다. 다른 한 사람은 50분 일하고 10분 동안 쉬면서 8시간을 일했습니다. 그런데 결과는 매우 놀라웠습니다. 쉬면서 일한 사람이 쉬지 않고 일한 사람보다 배나 더 많은 나무를 베어내었던 것입니다. 그 이유는 그 사람이 10분 동안 쉬면서 그냥 쉬는 것이 아니라 도끼날을 갈았기 때문이었습니다.

우리의 휴식이 바로 도끼날을 가는 것과 같습니다. 휴식을 잘 취하는 것도 거룩한 주일을 보내는 것이라는 것을 기억하시기를 바랍니다. 그렇다고 주일만 거룩하게 지내고 다른 날은 아무렇게나 지내도 된다는 말은 아닙니다. 월요일부터 토요일까지 모든 날이 귀하고 소중한 날들입니다.

(출애굽기 20:9) _ 엿새 동안은 힘써 네 모든 일을 행할 것이나

6일 동안에 우리는 주어진 사명과 자신과 가족을 위해 열심히 일해야 합니다. 그리스도인들은 직장에 가서도 최선을 다해야 합니다. 최선이란 자신이 감동할 만큼 노력한다는 의미라고 하더군요. 왜냐하면 그 직장이 하나님께서 나에게 주신 일터이며, 그 일이 나에게 주신 사명이기 때문입니다. 그러한 자세로 일하는 것이 그리스도인의 자세입니다.

월요일부터 토요일까지 열심히 일한 사람만이 주일을 거룩하게 지낼 자격이 있습니다. 며칠 동안 게으르고 나태하게 지내다가 주일만 정성껏 드리는 예배는 의미가 없습니다. 그것은 형식적이고 외식적인 예배 행위일 뿐

입니다. 그러므로 우리 성도들은 6일간 최선을 다해 사명을 감당하고 주일을 거룩한 주님의 날로 기념하여 드림으로써 주님 안에서 복되고 기쁜 안식을 누려야 할 것입니다. 이것이 창조 제7일째에 안식하신 하나님의 뜻에 부합하는 삶입니다.

10. 첫 사람, 아담 (창 2:4~7)

자연에 관한 다큐멘터리를 보면 참으로 신비하고 놀라운 동물들이 많이 있습니다. 예를 들어, '비버(beaver)'는 댐 공사를 하는 데 천부적인 능력을 발휘합니다. 날카로운 이빨로 나무를 갉아서 쓰러뜨린 후 입으로 물고 운반해서 댐을 짓습니다. 비버 한 마리가 약 400미터 정도의 댐을 4~5개 만들고 관리한다니 참으로 대단합니다.

그렇지만 비버가 아무리 신비하고 놀라운 능력을 가졌다 해도 인간에 비할 바는 못 됩니다. 이 세상에서 제일 신비로운 존재가 바로 사람일 것입니다. 다른 동물들은 생존을 위해 여러 가지 기이한 행동들을 하지만, 인간들은 생존이 아닌 자존을 위해 그보다 몇 배는 신기한 일들을 합니다. 나아가 복잡하고 난해한 인간의 감정을 어떻게 설명하고 표현할 수 있을까요? 지금까지 인간의 모든 감정을 제대로 표현한 사람은 없었고, 앞으로도 없을 것입니다. 아무리 대단한 능력의 작가라도 어떤 한 부분에 대한 감정을 잘 표현한 정도입니다. 이렇게 신비롭고 놀라운, 그리고 아주 섬세한 인간이 바로 하나님의 작품입니다.

1. 여호와 하나님이 천지를 창조하심

(창세기 2:4) _ 이것이 천지가 창조될 때에 하늘과 땅의 내력이니 여호와 하나님이 땅과 하늘을 만드시던 날에

앞서 창조 사역이 기록된 1장에서는 '엘로힘'이라는 하나님의 이름이 사용되었습니다. 하나님을 나타내는 이름이 여럿 있는데, 본문에서는 '여호와'란 이름이 등장합니다. '엘로힘'이 하나님의 전능하심과 권세를 나타내는 이름이라면, '여호와'는 언약을 세우시고 그 언약을 이루어 가시는 구원의 하나님을 강조하는 이름입니다. 여기서 '여호와 하나님'이란 이름이 사용된 것은 하나님께서 인간을 한 인격체로 간주하신다는 것과 인간이 여호와 하나님과 더불어 언약을 맺게 될 귀중한 존재임을 전제하고 있습니다.

피조물 중 하나님과 언약을 맺고 인격적인 교제를 나눌 수 있는 존재는 오직 인간밖에 없습니다. 이는 하나님께서 인간을 얼마나 존귀하게 여기셨는지를 알게 합니다. 그래서 장경동 목사님은 인간을 '하나님이 두고 보기에도 아까운 존재'라고 설명하더군요. 그만큼 인간은 하나님께 소중하고 사랑스러운 존재라는 의미입니다. 이것을 아는 사람은, 이러한 하나님의

사랑을 받는 우리는 참으로 행복한 사람들입니다. 부모로부터 사랑을 받아보지 못한 아이들은 커서도 다른 사람을 잘 사랑하지 못한다고 합니다. 그러나 우리들은 하나님의 사랑을 받고 있고, 또한 사랑받기 위해 존재한다는 것도 잘 알고 있습니다.

2. 인간이 창조되기 전 지구의 상태

5~6절은 인간이 출현하기 이전 지구의 모습 즉, 창조 제3일에서 5일 간의 내용이 소개되고 있습니다.

> (창세기 2:5) _ 여호와 하나님이 땅에 비를 내리지 아니하셨고 땅을 갈 사람도 없었으므로 들에는 초목이 아직 없었고 밭에는 채소가 나지 아니하였으며

창세기 1장 9절을 보면 창조 제3일에 식물들을 만드셨다고 기록되어 있습니다. 그런데 창세기 2장에서는 들에 초목이 없었고 밭에 채소가 나지 않았다고 말합니다. 이러한 묘사는 땅에 식물이 전혀 없었다는 것이 아니라 아직 사람이 창조되지 않았기 때문에 농사가 시작되지 않았다는 의미입니다. 5~6절에 보면 비는 전혀 내리지 않고 안개만이 땅에서 올라와 온 땅을 적셨다고 기록하고 있습니다.

(창세기 2:5~6) _ [5]여호와 하나님이 땅에 비를 내리지 아니하셨고 … [6]안 개만 땅에서 올라와 온 지면을 적셨더라

앞서 말씀드린 대로 지구가 하늘 위의 있는 물층으로 인해 온실과 같은 상태였기 때문에 비도 내리지 않았고, 바람도 없었고, 파도도 없는 고요하고 포근한 기후환경이었습니다. 그런데 비가 내리지 않았는데 어떻게 채소가 자라고 나무가 자랄 수 있었을까요? 6절에서 안개가 올라와 온 지면을 '적셨다'고 했는데, '적셨다'는 단어는 땅에서 올라오는 안개가 식물이 자랄 정도로 충분하게 공급되었다는 의미입니다. 당시에 비가 전혀 내리지 않았음에도 식물들이 살아갈 수 있었던 이유는 이렇게 땅을 적시는 충분한 안개와 솟아나는 샘물들 때문이었습니다.

하나님은 사람을 창조하기 전에 사람들이 살기에 완벽한 환경을 만들어 놓으신 겁니다. 이것은 인간에 대한 하나님의 자상하고 사랑스러운 배려이며, 오묘한 지혜임을 알 수 있습니다.

3. 하나님이 흙으로 사람을 만드심

하나님께서 흙으로 사람을 만들었습니다. 하나님께서는 온 세상의 모든 것들을 말씀으로 창조하셨고, 마지막으로 창조의 절정이며 주인공인 인간을 만들어 내셨습니다. 즉, 토기장이가 진흙으로 도자기를 빚듯이, 하나님께서 손수 흙으로 사람을 만들었습니다. 그런데 여기서 '흙'은 우리가

알고 있는 토기장이의 진흙이 아니라, '티끌이나 먼지'를 가리킵니다.

사람이 티끌과 같은 흙으로 지어졌다는 것은 인간의 육체가 본래 보잘 것없는 것이었음을 보여줍니다. 여기서 우리는 중요한 교훈을 하나 얻을 수 있습니다. 즉, 인간은 자신의 근원이 지극히 하찮은 티끌에 불과하다는 사실을 깨닫고 하나님과 다른 사람 앞에서 겸손해야 한다는 것입니다. 만일 사람이 이러한 사실을 망각하고, 자신의 보잘것없는 힘과 능력과 권세를 믿고 교만해진다면 하나님 보시기에 그처럼 어리석고 불쌍한 일도 없을 것입니다. "하나님은 교만한 자를 물리치시고 겸손한 자에게 은혜를 주시기" 때문입니다(약 4:6) 그러나 우리가 티끌로 만들어진 육체를 의지하지 않고 인간을 존귀하게 창조하신 하나님을 의지하면 가치 있는 삶을 살아갈 수 있습니다.

4. 생기를 불어넣으심으로 생령(生靈)이 됨

하나님께서 흙으로 만드신 사람에게 생기를 불어넣으심으로 '생령(生靈)' 이 되게 하셨습니다.

> (창세기 2:7) _ 여호와 하나님이 땅의 흙으로 사람을 지으시고 생기를 그 코에 불어넣으시니 사람이 생령이 되니라

흙으로 된 인간에게 하나님께서 생명의 숨결을 불어넣으심으로써 비로

소 살아 움직이는 생명체가 되었습니다. 아무것도 아닌 티끌과 같은 존재에게 하나님께서 생명을 주심으로 살아있는 인간이 된 것입니다. 이것은 우리의 생명의 주관자가 육신의 부모님이 아니라 하나님이심을 알게 합니다. 즉, 하나님은 우리에게 생명을 주시는 분이시며, 또한 우리의 생명을 취해가시는 절대 주권을 가지신 분이라는 사실을 알게 해 줍니다. 결국 인간은 하나님이 생명을 주시지 않고 호흡을 지켜주시지 않으면 살아갈 수 없는 존재이며, 하나님을 의지해야만 살아갈 수 있는 존재라는 말이기도 합니다. 그러므로 우리는 주 안에서 그분의 말씀대로 순종하여 살 때에만 진정한 행복을 맛볼 수가 있습니다. 그런 의미에서 하나님의 말씀 밖에 있는 사람들은 비록 숨은 쉬고 있지만 진정한 의미에서 살아있다고 할 수 없습니다.

(디모데전서 5:6) _ 향락을 좋아하는 자는 살았으나 죽었느니라

하나님의 생기를 받은 인간은 영혼을 지닌 생명체가 되었습니다. 동물들은 혼적인 존재입니다. 혼(魂)이란 인지, 인식, 감각 등의 지각능력으로서 세상을 살아가는 데 필요한 지능을 말합니다. 인간은 동물들이 가지고 있는 혼적인 요소 외에 영적 요소를 더 가진 영적인 존재입니다. 즉, 하나님을 의식하고 그분과 교제할 수 있는 존재라는 말입니다. 하나님이 인간에게만 생기를 불어넣어주심으로, 흙으로 만들어진 육체에 하나님의 생기가 들어감으로써 생령 즉, 영혼을 가진 존재가 되었습니다. 질그릇 같이 흙으로 만들어져 비천한 존재에 불과했던 인간이 하나님께서 생기를 불어넣으

심으로써 하나님과 교제할 수 있는 특별한 존재가 된 것입니다. 이것은 한 편, 인간은 오직 하나님 안에서만 존귀한 존재가 될 수 있다는 것을 교훈해 줍니다. 인간이 존귀한 것은 그 생명이 하나님으로부터 와서 하나님과 연결되어 있고 하나님의 형상대로 지음을 받았기 때문입니다. 따라서 존귀한 존재로서 살고 싶다면 항상 하나님 안에 거하며 하나님과 밀접한 교제를 나누며 살아야 합니다.

요즘은 애완동물을 가족처럼 사랑하는 사람들이 많이 있습니다. 강아지를 너무 사랑한 나머지 "착한 강아지는 천국에 갈 수 있나요?"라고 묻는 사람마저 있습니다. 동물들은 혼(魂)을 가지고 있기 때문에 사람과 교감할 수는 있습니다만, 인간을 제외한 다른 피조물들은 영(spirit)을 갖고 있지 않으므로 천국에 가는 일은 없습니다. 그런 점에서 동물을 사랑하는 마음은 아름답지만 우상시하는 것은 경계해야 합니다. 동물을 사랑하며 돌보되 사랑이 지나쳐서 동물 때문에 밥을 안 먹거나 병이 들어서는 곤란합니다. 요즘 '반려동물 상실증후군'이라는 것이 상당한 사회 문제가 되고 있다고 합니다. 이것은 집에서 기르던 애완동물이 죽거나 사라짐으로 인한 상실감 때문에 슬퍼하며 식음을 전폐하고, 우울증에 걸려 정상적인 생활을 할 수 없는 현상을 가리킵니다.

우리가 잊지 말아야 할 것은 애완동물은 엄연히 사람을 위해 창조된 존재라는 사실입니다. 개나 고양이가 귀엽고 사랑스러운 것은 사실이지만 그것이 결코 가정의 중심이 되어서는 안 됩니다. 동물들을 지나치게 사랑하거나 사람과 동일시하는 것은 하나님의 창조 질서에 어긋나는 일이고, 사람은 사람답게 동물들은 동물답게 살아가는 것이 하나님의 창조 질서에 부합하는 삶입니다. 인간은 다른 피조물들과는 달리 하나님과 교제하는 영적인 존재라는 것을 잊지 마시기 바랍니다.

5. 첫 번째 사람 아담, 하나님과 교제를 위한 존재

하나님이 만든 첫 번째 사람의 이름은 아담(Adam)입니다. 히브리어 아담 'אדם' 역시 사람이라는 뜻입니다. 즉, 아담이란 단어는 '사람 자체'를 가리키는 동시에, '첫 번째 사람의 이름'이기도 합니다.

1) 하나님과 교제를 위한 인간의 존재

하나님이 인간을 영혼을 가진 존재로 만든 것은 인간들과 교제하시기 위함이었습니다. 즉, 인간을 하나님과 교제할 수 있는 유일하고 존귀한 존재로 만드셨습니다. 그러므로 우리들은 항상 하나님 안에 거하며 하나님과 밀접한 교제를 나누어야 합니다. 이것을 다른 말로 '주 안에 거한다', '빛 가운데 거한다'라고 표현합니다. 주님 안에서 주님과 함께 교제하는 것이 신앙생활의 진수입니다. 이것을 위해서 하나님께서 인간을 창조하셨습니다.

그렇다면 어떻게 우리가 하나님과 교제할 수 있을까요? 일반적으로 교회에 나와 하나님을 예배하면서 하나님의 말씀을 듣고, 하나님을 우리 안에 모시고, 아멘으로 화답하며, 그 말씀에 순종함으로써 교제가 이루어집니다. 말씀을 통해 하나님이 우리에게 다가오시고, 우리는 기도와 순종으로 하나님 안으로 들어가는 겁니다. 그러한 교제를 통해 하나님의 뜻을 깨닫고 하나님이 주시는 은혜를 받게 됩니다. 기쁨과 평안과 형통과 자유를 누리게 됩니다. 담대한 믿음과 거룩한 삶과 모든 일에 대하여 감사의 삶을 살게 됩니다. 이것이 하나님과 교제로 인해 일어나는 일들입니다.

이렇게 하나님과 우리의 아름다운 교제가 가능하게 된 것은 예수님의 십자가 때문입니다. 타락으로 인해 하나님과 원수 된 우리가 예수 그리스도 십자가 대속으로 하나님과 화목하게 되고 본래 인간에게 주셨던 아름다운 영적인 교제가 회복된 것입니다. 하나님께서 아담을 만드시고 여호와 하나님과 교제할 수 있는 유일한 영적 지위에 올려 주셨습니다. 우리들 역시 예수 그리스도의 십자가 구속의 은혜로 하나님과 교제하는 은혜의 자리에 있습니다. 따라서 우리들은 하나님과의 영적인 교제가 끊어지지 않도록 해야 합니다. 언제나 순종하는 자세로 주님의 말씀에 귀를 기울이고, 무슨 일이든지 기도로 하나님의 뜻을 묻고 겸손하고 거룩한 삶을 유지해야 합니다. 내 뜻을 버리고 하나님의 뜻을 구하며 살아갈 때, 주님과의 아름다운 영적인 교제는 계속될 것입니다.

또한 교회에서 성도들 간 교제를 이루며 살아가야 합니다. 성도들 간 교제는 성령을 통해 일어나는 영적인 소통입니다. 하나님을 사랑하는 자는 반드시 성도들을 사랑하고 교제를 나누어야 합니다. 성도를 사랑하는 것이 하나님을 사랑하는 것이기 때문입니다. 하나님과만 교제하고 다른 성도들과 교제하지 않는다면, 그것은 반쪽짜리 신앙입니다.

(요한1서 1:3) _ 우리가 보고 들은 바를 너희에게도 전함은 너희로 우리
와 사귐이 있게 하려 함이니 우리의 사귐은 아버지와 그의 아들 예수 그
리스도와 더불어 누림이라

성도들 간 교제는 서로를 위해 기도하며 배려하는 사랑에서 비롯됩니다.
먼저 연약한 성도의 허물을 지적하고 비판하는 것이 아니라, 성숙할 때까
지 기다려 주고 상처를 안아주고 허물을 감싸 덮어주는 것입니다. 여러분
모두 첫 사람 아담을 만드신 하나님과 영적인 교제를 나누고, 다른 성도
들과 아름다움 교제를 나누며, 행복하고 형통한 삶을 살아가시기를 바랍
니다.

11. 선악과 언약 (창 2:8~17)

창세기를 공부할 때 가장 많이 받는 질문이 바로 이 선악과에 대한 내용입니다. "하나님께서 처음부터 선악과를 만들어 놓지 않았으면 인간이 죄를 짓지 않을 것인데, 인간이 죄를 지을 것을 뻔히 알면서도 왜 선악과를 만들어 놓았느냐?"는 항의 섞인 질문들이지요. 물론, 저도 주일학교 시절부터 이 부분에 대해서 무척이나 궁금했습니다. 그래서 주일학교 선생님이나 목사님께 질문을 드려봤습니다만 명확한 답변을 듣지 못했습니다. 오늘은 선악과에 대한 확실하고도 시원한 답변을 찾아보도록 하겠습니다.

1. 하나님께서 에덴동산을 창설하심

하나님이 동방의 에덴에 동산을 창설하시고 그곳에 사람을 살게 하셨습니다.

> (창세기 2:8) _ 여호와 하나님이 동방의 에덴에 동산을 창설하시고 그 지
> 으신 사람을 거기 두시니라

에덴동산은 하나님이 아담에게 거주지로 정해 주신 장소였습니다. 에덴
동산은 땅의 나무와 열매들을 만드신 창조 제3일에 하나님께서 만드신 곳
입니다. 에덴동산에 각종 과실나무가 나게 하시고 동산 중앙에는 생명나
무와 선악과나무를 두셨습니다.

> (창세기 2:9) _ 여호와 하나님이 그 땅에서 보기에 아름답고 먹기에 좋은
> 나무가 나게 하시니 동산 가운데에는 생명 나무와 선악을 알게 하는 나
> 무도 있더라

하나님께서 에덴동산에 아름답고 먹기에 좋은 나무들이 자라게 하셨습
니다. '먹기에 좋다는 것'은 맛이 있을 뿐 아니라 건강과 생명에도 큰 유익
이 있다는 의미입니다. 이로 보건대 에덴동산의 나무 열매는 동물성 음식
을 섭취하지 않고 그것만 먹어도 충분히 건강을 유지할 만큼 완전한 영양
공급원이었음을 알 수 있습니다. 하나님께서는 당신의 형상대로 지음 받
은 인간이 행복하고 즐겁게 살 수 있도록 에덴동산에 먹을 것을 풍부하게
마련하셨습니다.

에덴동산의 중앙에는 생명나무와 선악을 알게 하는 나무, 이렇게 두 종
의 나무가 있었습니다. 생명나무는 그 열매를 먹을 때마다 생기와 활력을

얻고 건강한 몸으로 살 수 있는 나무였습니다. 쉽게 말해서 중국 고사에 나오는 불로장생(不老長生)의 열매라고 해야 할까요? 선악을 알게 하는 나무에 대해서는 다음 절에서 자세히 살펴보겠습니다.

흔히 에덴동산을 가상의 공간으로 여기는 사람들이 많습니다. 하지만 에덴동산은 실제로 존재했던 곳입니다. 성경에 따르면 에덴동산에서 네 개의 강이 시작되었습니다.

> (창세기 2:10~11, 13~14) _ [10]강이 에덴에서 흘러 나와 동산을 적시고 거기서부터 갈라져 네 근원이 되었으니 [11]첫째의 이름은 비손이라 [13]둘째 강의 이름은 기혼이라 구스 온 땅을 둘렀고 [14]셋째 강의 이름은 힛데겔이라 앗수르 동쪽으로 흘렀으며 넷째 강은 유브라데더라

그때까지 비가 전혀 내리지 않았는데 무슨 강이 흘렀느냐고 생각할지 모르지만, 안개가 이미 충분하게 땅을 적셨고 또한 곳곳에서 샘물들이 솟아나서 강이 시작되었을 것입니다. 에덴을 적신 물이 얼마나 풍부했던지, 4개의 강이 되어 흘렀습니다.

첫 번째 강은 비손이고, 두 번째 강은 기혼인데 이곳은 지금 어디인지 알 수가 없습니다. 아마도 노아의 홍수 때에 지형이 틀어지면서 사라졌을 것으로 추정하고 있을 뿐입니다. 세 번째 강은 힛데겔, 곧 지금의 '티그리스 강'을 가리키고, 네 번째 강은 유프라테스 입니다. 티그리스 강과 유프라테스 강은 바로 메소포타미아문명의 발생지로서 지금의 이라크를 유유히 흐르고 있는 아주 중요한 강으로 알려져 있습니다. 성경은 에덴동산에서

발원한 이 강들이 네 개의 물줄기가 되어 사방으로 흘러갔다고 말합니다. 어떤 성경학자들은 현존하는 티그리스 강과 유프라테스 강에 대한 언급으로부터 에덴동산이 쿠웨이트, 페르시아만(灣), 그리고 이라크 남부 사이에 위치했을 것이라고 추정하기도 합니다만, 분명한 것은 에덴동산에서 4개의 강이 시작되었다는 사실입니다.

재미있는 것은 이러한 내용을 중국의 한자에서 찾아볼 수 있다는 사실입니다. 한자(漢字)의 시작은 주전 약 2200년경이고 히브리 성경은 주전 1500년경에 기록되었는데, 이는 한자가 만들어지고 나서 약 700년 이후의 일입니다. 노아의 홍수 이후에 천지창조의 내용이 구전으로 내려온 것이 중국의 한자 속에도 녹아져 내려왔습니다. 예를 들어, 우리가 알고 있는 밭이라는 의미의 '전'(田) 자는 원래 에덴동산의 네 개의 강을 상징하는 것이었고, 배를 가리키는 '선'(船) 자는 노아의 홍수 때 방주에 올라 구원받은 8명을 가리킨다고 설명합니다.

아무튼, 중요한 것은 성경이 에덴동산을 하나님께서 만드셨음을 기록하고 있으며, 에덴동산을 중심으로 4개의 강이 흘렀고, 그중에 2개의 강이 지금도 현존하고 있다는 사실입니다. 이러한 사실은 하나님이 창조하신 에덴동산의 실체를 확인해 주고 있습니다. 즉, 에덴동산이 전설이나 동화 속에 나오는 이야기가 아니라, 역사적 사실이라는 의미입니다.

2. 선악과(善惡果) 언약

하나님이 아담을 에덴동산에 두어 그곳을 다스리게 하셨습니다.

> (창세기 2:15) _ 여호와 하나님이 그 사람을 이끌어 에덴 동산에 두어 그
> 것을 경작하며 지키게 하시고

하나님이 에덴동산을 만들고 아담을 거기에 두시면서 그냥 놀고먹으라고 하지 않으셨습니다. 오히려 에덴동산을 경작하고 지키라고 명령하셨습니다. 물론 따사로운 햇빛과 안개가 풍성해서 나무들이 잘 자라고 저절로 열매가 맺히기 때문에, 사실 아담이 할 일은 별로 없었을 것입니다. 그럼에도 불구하고 하나님은 아담에게 에덴동산을 경작하고 지키라고 명령하셨습니다. 이것은 인간에게 고통을 주시려는 것이 아니라 일을 성실하게 수행함으로써 더 큰 행복을 누리게 하려는 뜻입니다. 그래서 바울도 "너희에게 명한 것 같이 자기 일을 하고 너희 손으로 일하기를 힘쓰라"(살전 4:11)고 했습니다. 노동은 하나님께서 우리에게 주신 신성한 것이며, 인간에게 성취감을 줍니다. 어떤 분이 은퇴한 뒤 2년을 놀다가 다시 직장을 구해서 출근하면서 마치 어린아이처럼 좋아하는 모습을 보았습니다. 그분은 일할 때는 몰랐는데 은퇴하고 나니 일하는 고마움을 알게 되었다면서, 이전보다 더 열심히 일하고 있다고 고백했습니다. 일할 수 있을 때 감사함으로 열심히 일해야 합니다.

하나님은 에덴동산을 아담에게 맡기시면서 한 가지 약속, 즉 '선악과 언

약'을 맺으셨습니다.

> (창세기 2:16~17) _ [16]여호와 하나님이 그 사람에게 명하여 이르시되 동
> 산 각종 나무의 열매는 네가 임의로 먹되 [17]선악을 알게 하는 나무의 열
> 매는 먹지 말라 네가 먹는 날에는 반드시 죽으리라 하시니라

하나님은 아담에게 에덴동산의 모든 나무 열매를 마음대로 먹을 수 있지만, 단 한 가지, 선악을 알게 하는 나무의 열매를 절대로 먹지 말라고 하셨습니다. 만약 하나님의 말씀을 어기고 선악을 알게 하는 나무 열매를 먹으면 반드시 죽는다고 경고하셨습니다. 다시 말해 하나님의 말씀에 순종하면 살고, 말씀을 어기면 죽는다는 것입니다. 이것을 신학 용어로 행위언약이라고 합니다.

재미있는 것은 위의 본문 말씀이 한자(漢字)에서도 드러나고 있다는 사실입니다. 무엇인가를 '금지하다'라고 말할 때 사용하는 한자 '금(禁)'자를 보겠습니다. 두 나무(林) 아래 가르칠 시(示) 자가 있습니다. 생명나무와 선악과나무, 두 나무 열매를 먹으면 안 된다고 하나님께서 가르치셨다는 의미입니다. 이것은 에덴동산에서 하나님과 아담이 맺은 언약이 사실이라는 반증이 아니겠습니까?

그렇다면 하나님은 왜 아담에게 선악과를 먹지 말라고 하셨을까요? 선악과 언약의 핵심은 단순히 과실을 먹는가의 여부가 아니라 인간은 하나님의 말씀에 순종해야 한다는 것입니다. 즉, 하나님은 창조주시요 인간은 그 하나님이 만드신 피조물이라는 사실을 기억하라는 것입니다. 선악과는

인간의 피조물 된 사실을 잊지 말라고 주신 사랑의 열매입니다. 인간이 자신의 존재 목적을 잊어버리는 순간 하나님을 배반하고 멸망의 길로 떨어지게 됩니다. 그래서 하나님께서 인간에게 자신의 존재 목적을 잊지 말라고 선악과를 주신 것입니다.

우리가 하나님의 창조주 되심을 인정한다면 그분의 명령에 순종하지 않을 이유는 아무것도 없습니다. 여러분이 하나님이 만드신 피조물이라는 사실을 인정한다면 불평할 이유가 아무것도 없습니다. 하나님과 사람 앞에서 불평을 늘어놓는다는 것은 하나님이 나의 창조주 되심을 부인하는 행위입니다. 그런데 우리들은 어떻습니까? 하나님은 '인간이 불순종하고 선악과를 따먹을 줄 뻔히 알면서도 선악과를 만드셨다느니, 그래서 인간이 죄를 지은 것은 어쩔 수 없는 일이었다느니' 등등의 소리를 해댑니다.

인간이 하나님의 형상대로 지음을 받았다고 해서 하나님과 동등하게 여기는 사람은 없습니다. 하지만 실제로 그렇게 행동하는 교만이 팽배해 있습니다. 누가 그랬을까요? 이스라엘 백성들이 광야에서 그랬고, 욥이 그랬고, 오늘날 저와 여러분이 그랬습니다. 이스라엘 백성들은 광야에서 모세에게 "왜 우리를 애굽에서 끄집어내서 이 고생을 시키냐?"고 불평을 해댔습니다. 욥은 "내가 차라리 태어나지 않았더라면 좋았을 것"이라고 한탄을 해댔습니다. 우리들은 "날이 갈수록 신앙생활 하는 것이 왜 이렇게 힘이 드냐고?", "왜 하나님은 하기도 싫은 일을 시키고, 꼴 보기 싫은 사람들을 사랑하라고 하느냐?"고, "수준이 맞지도 않는 사람들과 언제까지 함께 호흡하며 살아야 되느냐?"고 불평합니다. 이것이 바로 하나님과 우리 자신을 동등하게 여기는 행위들입니다.

본래 하나님께서 인간을 만드신 것은 하나님 안에서 하나님과 교제하기 위함이었습니다. 우리가 하나님과 교제할 수 있는 특권이 있다고 해서 하나님과 동등하다는 말은 절대 아닙니다. '하나님 안에서'라는 말은 '하나님께서 정하신 법칙 안에서, 인간이 자신의 본분을 지키는 범위 안에서'라는 의미입니다. 하나님의 뜻으로 정하신 인간의 본분을 벗어나는 것이 바로 불법입니다. 선악과는 바로 하나님이 정하신 인간의 본분을 잊지 말라는 경고의 말씀이었습니다. 그 말씀을 어기는 사람은 반드시 죽습니다. 그것이 하나님의 법칙입니다.

3. 피조물 인간의 본분

인간은 하나님이 만드신 피조물입니다. 따라서 인간은 하나님의 말씀에 순종해야 합니다. 이것은 내 의사와는 상관없이 하나님이 정하신 법칙입니다. 이것을 인정하는 것이 믿음의 시작입니다. 그래서 '신앙은 내 뜻을 버리고 하나님 뜻에 순종하는 것'이라고 반복하여 말씀드리는 것입니다.

선악과 열매를 '먹지 말라'는 것은 최초의 인간이 에덴에서 지켜야 할 최소한의 규범이었습니다. 아담이 순종하려는 마음만 있다면 선악과를 먹지 않는 것은 그리 어려운 일이 아니었습니다. 에덴동산에서는 수천 가지의 맛있고 건강에 좋은 열매들이 주렁주렁 달려 있었습니다. 아담과 하와가 매일매일 배부르게 먹고도 남을 만큼 충분히, 많이, 아주 넉넉히 있었습니다.

인간에게는 '하나님 말씀에 순종할 수도, 거부할 수도 있는 자유의지'가 주어졌습니다. '하나님의 말씀에 순종하여 에덴에서 생명을 가지고 영원히 살 것인가, 아니면 선악을 알게 하는 금지된 나무 열매를 먹고 죽음을 맞이할 것인가'를 선택해야 했습니다. 하나님께서는 인간에게 선악과라는 단 한 가지를 제외하고는 에덴동산에 있는 모든 나무의 열매는 먹고 싶을 때 언제든 먹을 수 있는 넉넉한 자유를 주셨습니다. 이처럼 인간은 원래부터 창조주 하나님으로부터 많은 자유와 특권을 부여받은 존재였습니다. 그러나 범죄로 말미암아 인간은 에덴을 상실하고 온갖 세상 질고에 시달리며 고통당하고 있습니다. 아담이 선악과 열매를 따먹은 이유는 하나님의 말씀을 중요하게 여기지 않았기 때문입니다. 자신이 피조물이라는 사실을 망각했기 때문입니다. 자신의 본분이 무엇인지 아는 사람은 교만할 수 없고 자만할 수도 없습니다. 그것을 잊어버리는 순간 우리는 교만하게 되고, 하나님을 대적하는 자리에 올라가는 것입니다.

하나님께서는 새로운 낙원을 창설하시고 당신의 조건에 부합하는 자들로 들어가게 하셨습니다. 그것은 바로 죄인을 대신해 죽으심으로 구속사역(救贖事役)을 성취하신 예수 그리스도를 구주로 믿고 하나님의 말씀에 순종하는 것입니다. 예수를 믿고 하나님의 뜻에 순종하는 자는 새로운 에덴동산, 하나님의 나라에 들어갑니다. 예수 그리스도를 나의 구원자로 믿는 자는 구원받고 이 땅에서도 복을 누리며 살게 됩니다. 그러나 예수와 하나님의 뜻을 거부하고 자신의 뜻대로 사는 자는 영원한 지옥불에 들어가고 맙니다.

지금은 에덴동산도 선악과도 없습니다. 그러나 하나님의 말씀에 순종하느냐 불순종하느냐의 선택은 매일 매시간 계속되고 있습니다. 여러분이 구원자 되시는 예수 그리스도를 믿고 그분의 말씀에 순종하여 살 것인가? 아니면 내 생각과 내 뜻에 따라 세상을 따라 살 것인가를 선택해야만 합니다.

> (신명기 30:15~16) _ [15]보라 내가 오늘 생명과 복과 사망과 화를 네 앞에 두었나니 [16]곧 내가 오늘 네게 명령하여 네 하나님 여호와를 사랑하고 그 모든 길로 행하며 그의 명령과 규례와 법도를 지키라 하는 것이라 그리하면 네가 생존하며 번성할 것이요 또 네 하나님 여호와께서 네가 가서 차지할 땅에서 네게 복을 주실 것임이니라

여러분 모두 창조주 하나님과 예수 그리스도를 믿고, 그 말씀에 순종함으로 이 땅에서 또 하늘나라에서 은혜와 평강과 형통의 복을 받아 누리시길 바랍니다.

12. 결혼 (창 2:18~25)

독일 정부가 실시한 조사에 의하면 오늘날 독일 여성들이 육아와 직장 생활을 병행하는 데 큰 부담을 호소하고 있으며, 남녀 모두 자녀 출산이나 육아보다는 취미생활, 커리어 계발 등 다른 요소들을 더 가치 있게 여기고 있어서 이를 위해 결혼을 하지 않거나 결혼해도 아이를 낳지 않는다고 합니다. 그래서 현재 독일이 '아이를 낳지 않는 나라 세계 1위'의 불명예를 안게 되었고, 결국 인구가 점점 줄고 있다고 합니다.

그런데 성경에서 결혼과 출산은 인간이 하나님의 창조 질서에 따라 마땅히 해야 할 일이라고 가르칩니다. 이번 장에서는 에덴동산에서 있었던 최초의 결혼식에 대한 말씀을 나누려고 합니다.

1. 아담이 모든 짐승들에게 이름을 지어줌

하나님께서 흙으로 각종 들짐승과 새들을 만드시고 아담에게로 이끌어 오셨습니다. 그리고는 아담에게 각종 동물들과 새들의 이름을 짓도록 하셨습니다.

> (창세기 2:19~20) _ [19]여호와 하나님이 흙으로 각종 들짐승과 공중의 각 종 새를 지으시고 아담이 무엇이라고 부르나 보시려고 그것들을 그에게 로 이끌어 가시니 아담이 각 생물을 부르는 것이 곧 그 이름이 되었더라 [20]아담이 모든 가축과 공중의 새와 들의 모든 짐승에게 이름을 주니라

아담은 하나님께서 이끌어온 각종 동물들에게 꼭 맞는 이름을 지어 주었습니다. 하나님의 형상대로 지음을 받은 아담은 하나님이 주신 직관력과 통찰력을 가지고 자신에게 나아온 각 동물들의 특징을 명확히 파악하여 적절한 이름을 부여한 것이지요. 아담은 코끼리, 기린, 사자, 호랑이, 토끼 등 모든 동물들의 이름을 지었을 것입니다. 수많은 동물들을 모두 다 파악하고 그것들의 특징에 맞는 이름을 짓는 것은 어려운 일입니다. 하지만 거기에서 그치는 것이 아닙니다. 그들을 모두 돌보고 관리하려면 한 번 외우고 마는 것이 아니라 계속 기억하고 연구해야 합니다. 그것이 바로 성경이 말하는 '안다'의 의미입니다.

아담은 하나님으로부터 받은 권위를 가지고 각 동물들의 이름을 지어 줌으로써 자신에게 주어진 첫 번째 직무를 수행하였으며, 이에 대해 각 동

물들이 복종하였습니다. 여기서 아담이 동물들의 이름을 지어주었다는 것은 아담이 동물들보다 훨씬 우월한 존재라는 것과 동물들이 아담에게 종속되었음을 의미합니다. 또한 이러한 일들이 하나님의 주권 하에 이루어졌는데, 이는 하나님께서 인간의 우월함을 인정하시고, 자연에 대한 보호의무와 치리권을 부여하셨음을 보여줍니다. 따라서 우리는 이러한 사건들을 통하여 인간이 동물과 다른 존귀한 존재임을 인식하는 동시에, 인간이 다른 동물들을 사랑하고 잘 다스려야 하는 의무가 있음을 깨달아야 할 것입니다.

2. 하나님이 아담을 돕는 배필로 하와를 지으심

하나님께서 동물들을 만드실 때마다 모두 쌍쌍으로 즉, 암컷과 수컷을 동시에 만드셨습니다. 그런데 사람을 만드실 때는 그렇게 하시지 않고 남자만 만드셨습니다. 하나님께서는 먼저 남자가 홀로 있게 하심으로써 여자가 얼마나 필요하며, 여자가 없는 자기 자신이 얼마나 부족하고 허전한지를 깨닫게 하셨습니다.

얼마 동안인지는 알 수 없지만, 아담은 에덴동산에서 홀로 지낼 수밖에 없었습니다. 아담이 처음에는 홀로 지내는 것이 외롭고 불편한 것인지를 몰랐었는데, 동물들의 이름을 지어주면서 뭔가 이상한 점을 발견하게 되었습니다. 그것은 동물들은 모두가 둘씩 쌍쌍인데, 아담 자신만 혼자라는 사실이었습니다. 그래서 하나님께서는 아담을 위해 돕는 배필을 지으리라고 작정하셨습니다. 아담이 혼자 지내는 것이 좋지 않고, 여자와 함께 사는 것이 좋을 것이라고 생각하셨기 때문입니다.

'돕는 배필(配匹)'이란 말은 '마주 보는 것처럼 돕는 자'란 의미입니다. 이런 의미에서 아내는 남편을 바라보고, 남편을 사모하고, 남편을 돕는 자가 되어야 합니다. 그렇다고 여자가 남자에게 종속되어야 한다는 의미는 아닙니다. 여자도 하나님의 형상대로 창조되었고, 남자와 동등한 존엄성을 지닌 존재입니다. 따라서 남자와 여자는 서로 존중하고 서로 사랑해야 할 의무가 있습니다.

하나님께서 아담에게 돕는 배필을 주신 이유는 인간은 남자와 여자로 구분되어 서로 도움이 필요하기 때문입니다. 처음부터 남편은 아내를 돕고, 아내는 남편을 돕는 존재로 만들어졌습니다. 부부가 서로에게 도움을 주며 돌보고 사랑할 때, 행복한 삶을 살아갈 수 있습니다. 또한 인간은 이 세상에서 살면서 다른 사람의 도움이 필요한 존재입니다. 서로 돕지 않으면 설 수조차 없는 존재가 바로 사람임을 사람 '인(人)'자가 보여줍니다. 받는 것도 섬김입니다. 남에게 도움받기를 싫어하는 사람은 교만한 사람입니다. 그러므로 우리는 다른 사람의 도움을 감사하게 받으며, 한편으로 다른 사람들의 필요를 돌보며 살아가야 합니다. 하나님이 서로 도우며 살아가도록 인간을 창조하셨기 때문입니다.

하나님께서 아담을 잠들게 하시고, 갈빗대 하나를 취하여 여자를 만드셨습니다.

> (창세기 2:21) _ 여호와 하나님이 아담을 깊이 잠들게 하시니 잠들매 그가 그 갈빗대 하나를 취하고 살로 대신 채우시고

인간이 수술을 할 때 마취제를 사용한 것은 1842년 미국의 의사 롱이 최초였습니다. 하지만 태초에 하나님은 아담의 몸에서 갈빗대를 빼내서 하와를 만드는 외과 수술을 마취제 없이 통증도 없이 완벽하게 해내셨습니다. 하나님께서 아담의 갈빗대로 여자를 만들어 아담에게 짝을 지어 주셨습니다.

> (창세기 2:22) _ 여호와 하나님이 아담에게서 취하신 그 갈빗대로 여자를 만드시고 그를 아담에게로 이끌어 오시니

하나님께서 다른 동물들은 암수를 함께 여러 쌍을 동시에 창조하셨으나, 사람은 남자를 먼저 창조하시고 그 갈빗대를 취하여 여자를 만드셔서 배필이 되게 하셨습니다. 하나님께서 여자를 갈빗대로 만드신 이유가 있습니다. 여자를 아담의 머리로 만드셔서 아담을 다스리게 하지도 않으셨고, 아담의 발로 만드셔서 아담에게 짓밟히게도 하지 않으셨습니다. 하나님은 아담의 옆구리로 여자를 만드셔서 그와 동등하게 하셨고, 아담의 팔 아래 부분으로 만드셔서 보호받게 하셨고, 아담의 심장 가까운 부분으로 만드

서서 남편에게 사랑받게 하신 것입니다.

아담이 하와를 여자라고 불러주었습니다. 하나님이 하와를 데려오자 아담은 너무나 좋아서 감탄을 연발합니다.

(창세기 2:23) _ 아담이 이르되 이는 내 뼈 중의 뼈요 살 중의 살이라

아담이 자신의 배필이 될 하와를 보고 요즘 말로 '닭살 멘트'를 날린 것이지요. 그리고 아담은 하와를 향해 "남자에게서 취하였은즉 여자라 칭하리라"고 말했습니다. 아담이 하와를 보고 '여자' 즉, '여자 사람'이라는 이름으로 부른 것입니다. 한자(漢字)의 '여(女)'를 보면 첫 번째(一) 사람(人)에게서 나왔다(丿)는 것을 가리키고 있습니다. 남편에게 있어 아내는 하나님께서 특별히 주신 선물로서 세상 어느 누구보다 소중한 존재입니다. 또한 남편 역시 아내와 함께 내밀한 사랑을 나누어야 할 유일한 존재입니다.

3. 아담과 하와가 결혼함

에덴에서 최초의 결혼식이 있었는데, 신랑은 아담, 신부는 하와, 주례는 하나님이셨습니다.

(창세기 2:24) _ 이러므로 남자가 부모를 떠나 그의 아내와 합하여 둘이
한 몸을 이룰지로다

하나님께서는 남자에게 "아내와 연합하여 둘이 한 몸을 이루라"고 말씀하셨습니다. 하나님이 결혼 및 가정 제도를 세우신 것입니다. 이것은 남녀의 결혼의 목적이 둘이서 한 몸을 이루는 데 있음을 말해 줍니다. 결혼은 두 인격체가 하나를 이루는 신비한 합일(合一)입니다. 따라서 두 남녀는 결혼을 통해 몸과 마음이 하나 되기를 힘써야 합니다. 하나님께서 하와를 아담과 같이 흙으로 만들지 않고 아담의 갈빗대로 만드신 이유는 서로 반쪽짜리 인생 둘이 합하여 한 몸을 이루도록 하기 위함입니다.

'둘이 한 몸을 이룰지로다'라는 말에는 부부가 서로 성적(性的)으로 하나가 된다는 의미와 더불어, 결혼한 부부는 다시는 결코 둘로 나누어질 수 없다는 의미도 포함하고 있습니다. 따라서 부부는 상대에 대한 성적인 의무에서도 충실해야 할 뿐 아니라 음행을 범한 경우를 제외한 어떠한 경우에도 상대를 버리는 일이 없어야 한다는 것입니다.

(마태복음 19:6) _ 그런즉 이제 둘이 아니요 한 몸이니 그러므로 하나님이 짝지어 주신 것을 사람이 나누지 못할지니라

그리고 '부모를 떠나'라는 말은 결혼이 지금까지 부모에게 속해 있던 상태에서 육체적, 인격적으로 책임 있는 존재로서 부모로부터 독립된 존재로 탈바꿈한다는 의미입니다. 또한 '연합하다'라는 말은 결혼한 남녀가 단지 육체적, 형식적 연합이 아니라 상호 붙좇아 하나가 되는 경지에 이르러야 함을 보여줍니다. 이러한 원리에 의해 이루어지는 결혼은 그 자체로서 고귀한 가치를 지닙니다. 더 나아가 이는 그리스도의 보혈로 사신바 되었으

며 그리스도의 신부로 비유된 성도가 신랑으로 비유된 예수와 어떤 원리로 연합하여 일체가 되어야 하는지를 보여주기도 합니다.

(에베소서 5:31~32) _ [31]그러므로 사람이 부모를 떠나 그의 아내와 합하여 그 둘이 한 육체가 될지니 [32]이 비밀이 크도다 나는 그리스도와 교회에 대하여 말하노라

죄를 짓기 전 아담과 하와는 벌거벗은 몸으로 생활했습니다.

(창세기 2:25) _ 아담과 그의 아내 두 사람이 벌거벗었으나 부끄러워하지 아니하니라

당시 아담과 하와는 추위나 더위를 막기 위한 의복이 전혀 필요하지 않았으며, 벌거벗었으나 부끄러워하지 않았고, 부끄러워할 이유도 없었습니다. 인간이 옷을 입게 된 것은 범죄 이후에 수치심으로 인해 자신들의 치부를 가리기 위해서였습니다. 죄를 범하기 이전에 그들에게 피차에 숨길만 한 허물이나 죄가 없었고, 그 영육이 순결하였기 때문에, 벌거벗었지만 전혀 부끄러워하지 않고 순진무구한 사랑의 기쁨을 누린 것입니다. 에덴동산에서의 아담과 하와의 신혼생활이 매우 달콤했다는 말입니다.

4. 결혼 제도의 중요성

하나님은 우리의 행복을 위해 결혼 제도를 만드셨습니다. 우리는 오직 사랑하기 때문에 결혼하는 것이 아니라 그 사랑을 완성하는 하나님의 법도에 순종하여 결혼하는 것입니다. 표면적으로는 내가 상대방을 선택한 것이지만, 사실은 하나님이 짝지어 주신 것입니다. 따라서 결혼한 남녀는 끝까지 책임을 져야 합니다.

남자에게 있어서 아내는 자기의 '뼈 중의 뼈요, 살 중의 살'입니다. 아내에게 있어서 남편은 '자신의 근본'입니다. 아내가 남편에게서 나왔기 때문입니다. 남편과 아내는 서로 다르지 않으며, 하나입니다. 결혼은 자신의 뼈와 근본을 찾아 하나를 이루는 신비하고도 거룩한 예식입니다. 따라서 우리는 결혼을 신성하게 여기고, 결혼으로 맺어진 부부관계를 귀중히 여겨야 하겠습니다.

결혼하면 내 몸이 내 것이 아닙니다. 절반은 상대방의 것입니다. 성적(性的)으로 아내의 몸은 남편의 것이고, 남편의 몸은 아내의 것입니다. 그래서 바울이 고린도전서 7장 4절에서 "아내가 자기 몸을 주장하지 못하고 오직 그 남편이 하며 남편도 이와 같이 자기 몸을 주장하지 못하고 오직 그 아내가 하나니"라고 말했던 것입니다. 남편과 아내가 서로에 대해 소홀하면 문제가 생깁니다. 그러므로 남편과 아내는 항상 서로에 대해 관심을 가지고 소통하며 책임을 다해야 합니다.

참으로 감사하게도 하나님께서는 남자와 여자를 부족하게 만드셨습니다. 그 대신 서로 모자란 부분을 채우고 보완함으로써 완전한 하나가 되게 하셨습니다. 따라서 부부는 상대방의 약점을 지적하는 것이 아니라 모자란 부분을 채워주어야 합니다. 그것이 돕는 배필의 역할입니다. 개성과 성격이 서로 다른 남녀가 만나 결혼합니다. 그렇지만 일상에서 부딪치며 서로의 단점을 알게 되고, 그것을 보완해가게 됩니다. 대부분의 부부는 성격이 꼭 맞기는커녕 정반대의 사람을 만납니다. 그래서 아주 쉽게 상대방의 단점을 보고 싸우게 됩니다. 여기서 싸움을 피하고 서로의 장단점을 보완하다 보면 부부가 다듬어지고 완전해지는 것입니다. 그것이 우리에게 돕는 배필을 허락하시고 함께 살도록 허락하신 하나님의 뜻입니다.

2부

타락

13. 유혹과 범죄 (창 3:1~7)

프랑스에는 '삶은 개구리 요리'(그르뉘이, Grenouille)가 있다고 합니다. 이 요리의 핵심은 미지근한 물에 살아있는 개구리를 넣고 서서히 가열하는 것입니다. 이미 뜨거운 물에 개구리를 넣으면 개구리가 당연히 냄비를 박차고 나오기 때문이지요. 조금씩 가열하면 개구리는 자신이 삶아지는 것도 모른 채 '아~좋다' 하면서 서서히 죽어간다고 합니다. 유감스럽게도 사탄이 우리를 유혹하는 방법도 이와 같습니다.

하나님께서는 아담과 하와를 에덴동산에서 살게 하시고, 선악과 언약을 맺으셨습니다. 금단(禁斷)의 열매인 선악과를 에덴동산 중앙에 두심으로 자유의지를 지닌 인간이 자발적인 순종을 통해 하나님께 영광을 돌리며 보다 성숙한 인격체로 발전해나가기를 원하셨습니다. 그런데 아담과 하와는 하나님과 맺은 선악과 언약을 잘 지켰을까요?

1. 사탄이 하와를 유혹함

하나님께서 지으신 들짐승 중에서 뱀이 가장 간교(奸巧)하였다고 성경이
말합니다.

> (창세기 3:1) _ 그런데 뱀은 여호와 하나님의 지으신 들짐승 중에 가장
> 간교하니라

여기서 '간교하다'라는 말은 '슬기롭다', '영리하고 신중하다'는 것을 의
미합니다. 뱀은 본래 하나님으로부터 슬기롭고 영리함을 선물로 받았습니
다. 그런데 자신에게 주어진 이 선물을 악용함으로써 사악하고 교활하게
되었음을 알 수 있습니다. 이것은 우리에게 주어진 재능이 문제가 아니라
그것을 어떻게 활용하는가가 중요함을 보여줍니다. 뱀이 여자에게 다가와
말로 유혹했습니다.

> (창세기 3:1) _ 뱀이 여자에게 물어 이르되

사탄 마귀는 우리가 생각하는 것보다 훨씬 더 교활하고 뛰어난 존재입
니다. 마귀는 인간에게 직접 다가와서 유혹하지 않고 뱀을 사주해서 연약
한 여자를 먼저 유혹하고 있습니다. 여자를 먼저 유혹하는 이유는 아담은
하나님과 직접 언약을 맺은 당사자이지만, 하와는 아담을 통해서 하나님
과의 언약을 전해 들었기 때문일 것입니다. 또 한편으로는 남자는 이성적

이지만, 여자는 감성적이라는 이유도 있었을 것으로 보입니다. 마귀의 사주를 받은 뱀이 하와가 전혀 예상치 못한 질문을 하면서 다가왔습니다.

(창세기 3:1) _ 하나님이 참으로 너희에게 동산 모든 나무의 열매를 먹지 말라 하시더냐

뱀은 하나님께서 "선악과를 절대로 먹지 말라"고 말씀하신 것을 마치 하나님께서 동산의 "모든 나무 열매를 먹지 말라고 하신 것이냐"로 바꿔 질문함으로써 하와로 하여금 분별력을 잃도록 미혹하고 있습니다. 마귀는 이렇게 하나님과 우리 사이에 작은 틈을 만들려고 합니다. 교회에서도 종종 비슷한 경우를 만납니다. 즉, "우리 목사님은 나에게 관심이 없어, 날 사랑하지 않나봐"라는 불평의 말을 듣곤 합니다. 하지만 이것은 결코 사실이 아닙니다. 우리 안에 '섭섭이'가 들어오는 것이 바로 마귀의 유혹입니다. 마귀는 우리 안에 '욕심'이나, '섭섭함', '불평' 등을 통해서 역사합니다. 그러므로 유혹은 들어오는 순간 바로 물리쳐야 합니다. 불평을 없애고 감사해야 유혹을 이깁니다.

뱀의 질문을 받은 여자는 과연 뭐라고 대답했을까요?

(창세기 3:2~3) _ [2]여자가 뱀에게 말하되 동산 나무의 열매를 우리가 먹을 수 있으나 [3]동산 중앙에 있는 나무의 열매는 하나님의 말씀에 너희는 먹지도 말고 만지지도 말라 너희가 죽을까 하노라 하셨느니라

여자는 '선악과를 먹지 말라는' 하나님의 경고의 말씀을 잘 알고 있었습

니다. 그런데 그 말씀을 붙들고 있지는 않았습니다. 이어진 대화를 보면 분명해집니다. 여자는 '신실하신 하나님'이라는 의미를 가진 '여호와'를 '생략'하고 있습니다. 하와는 아직 죄를 범하지는 않았지만, 사탄과 대화하면서 사탄의 말투를 닮아가고 있습니다. 악은 그 모양이라도 버려야 하는데(살전 5:22), 오히려 사탄의 흉내를 내고 있습니다.

뿐만 아닙니다. 여자는 '선악과를 먹지 말라'는 하나님의 명령에다 '만지지도 말라'를 '추가'했습니다. 하와가 하나님의 말씀에 자신의 생각을 더하는 잘못을 저지른 것입니다. 또한 여자는 '먹으면 정녕 죽으리라'는 하나님의 명령에 '너희가 죽을까 하노라'는 말로 하나님의 말씀을 '약화'시키는 잘못마저 저지르고 있습니다. 하와는 '하나님의 명령을 어기면 진짜로 죽는다'고 생각한 것이 아니라, '어쩌면 죽을지도 모른다'는 식으로 반신반의(半信半疑)하는 불신앙적 태도를 보인 것입니다.

다시 한 번 강조합니다. '하나님의 말씀을 정확하게 믿으십시오'. 인간은 모두 사탄을 닮거나 혹은 예수님을 닮거나, 둘 중 하나의 삶을 살게 됩니다. 하와처럼 대충 믿거나 반신반의하는 신앙은 유혹이 다가오면 온전히 견딜 수 없습니다.

1) 뱀의 속임수 1 : 선악과를 먹어도 죽지 않을 것이다.

여자가 하나님의 말씀에 반신반의하는 틈을 보이자, 사탄이 바로 쐐기를 박습니다.

(창세기 3:4) _ 뱀이 여자에게 이르되 너희가 결코 죽지 아니하리라

뱀이 여자에게 '선악과를 먹어도 결코 죽지 않는다'고 하나님의 말씀을 부정한 것입니다. 이처럼 사탄은 하나님의 진리의 말씀을 부정하여 사람들로 하여금 멸망에 이르게 하는 미혹의 영이며 거짓의 아비입니다. 오늘날에도 사탄은 '죄의 삯은 사망'이라는 하나님의 말씀을(롬 6:23) 정면으로 거스르고, 마치 죄악이 큰 기쁨을 가져오는 것처럼 미혹하여 사람들을 지옥의 자식으로 만들고 있습니다.

(잠언 9:17~18) _ [17]도둑질한 물이 달고 몰래 먹는 떡이 맛이 있다 하는도다 [18]오직 그 어리석은 자는 죽은 자들이 거기 있는 것과 그의 객들이 스올 깊은 곳에 있는 것을 알지 못하느니라

2) 뱀의 속임수 2 : 하나님과 같이 될 것이다.

(창세기 3:5) _ 너희가 그것을 먹는 날에는 너희 눈이 밝아져 하나님과 같이 되어 선악을 알 줄 하나님이 아심이니라

작년에 한 러시아 선교사님이 저에게 러시아산 차가버섯을 선물로 주셨습니다. 그래서 어떤 종류인지 인터넷을 찾아봤더니 차가버섯을 마치 만병통치약처럼 취급하고 있더군요. 고혈압, 당뇨, 고지혈증 환자는 물론 암 환자도 차가버섯만 먹으면 모두 낫는다고 말합니다. 물론 먹으면 몸에 좋은 건강식품인 것은 맞지만, 차가버섯이 만병통치약은 아니잖습니

까? 그 광고는 상품을 팔기 위한 상술로써 소비자를 현혹하는 거짓말일 뿐입니다.

뱀이 하와에게 선악과를 먹으면 눈이 밝아질 것이라며 하와의 욕망과 호기심을 자극하고 있습니다. 즉, 아담과 하와가 선악과를 먹으면 하나님과 같이 위대해질 것을 염려해서 하나님께서 아담과 하와에게 선악과를 먹지 말라고 명령하셨다는 것입니다. 이처럼 뱀은 선악과를 먹었을 때에 엄청난 효험이 나타날 것이라며 하와를 유혹하고 있습니다. 하지만 부정과 간사가 가득하고 거짓의 아비인 사탄의 그 말은 새빨간 거짓말입니다. 누가 뭐래도 하나님의 말씀이 아니라면 하지 마십시오. 그것이 하나님의 은혜 안에 거하는 비결입니다.

2. 아담과 하와, 그리고 선악과

뱀의 유혹을 들은 하와는 어떻게 반응했을까요?

(창세기 3:6) _ 여자가 그 나무를 본즉 먹음직도 하고 보암직도 하고 지혜롭게 할 만큼 탐스럽기도 한 나무인지라

뱀의 유혹을 받고 난 여자가 선악과를 바라보았을 때 이전과는 느낌이 전혀 달랐습니다. 실제로 선악과가 달라진 것이 아니라, 선악과를 바라보는 여자의 관점이 달라진 것이지요. 전에는 아무 느낌도 없이 선악과를 바

라보았는데, 오늘은 왠지 선악과가 맛있어 보이고, 먹기만 하면 지혜가 충만해질 것 같은 느낌이 들고, 모든 일이 잘 풀릴 것 같은 느낌을 받았던 것입니다. 요한1서 2장 16절의 경고대로, 여자에게 '육신의 정욕과 안목의 정욕'이 발동된 것입니다. 이것은 하나님으로부터 온 것이 아니라 세상 즉, 마귀로부터 온 것이 분명합니다. 여자는 자신이 먼저 선악과를 먹고 남편에게도 주었습니다.

(창세기 3:6) _ 여자가 그 열매를 따먹고 자기와 함께 있는 남편에게도 주매 그도 먹은지라

뱀의 유혹을 받은 여자는 결국 선악과를 따먹고 말았습니다. 맛이 있었나 봅니다. 그래서 옆에 있는 아담에게도 주었습니다. 아담도 여자와 함께 선악과를 먹었습니다. 아담과 하와는 이렇게 하나님의 명령을 어기고 말았습니다. 아담과 하와는 하나님이 주신 자유의지를 통해 순종할 수 있었음에도 하나님의 말씀을 어기고 선악과를 먹음으로써 죄가 이 세상에 들어오게 된 원인이 되고 말았습니다. 물론, 이 일이 있기 전 천사가 타락하는 영적인 죄가 있었습니다. 하나님의 보좌를 옹위하던 천사가 교만하여 자기 지위를 지키지 않고 자기 처소를 떠났는데(유 1:6), 그가 바로 마귀라고 불리는 사탄이었습니다(요일 3:8; 벧후 2:4). 사탄 역시 하나님처럼 되고 싶었습니다.

다시 말해, 하나님이 죄를 창조하신 것이 아니라 하나님과 같이 되려는 '교만'이 죄를 탄생시켰고, 다시 하나님과의 언약을 깨뜨리고 하나님과 같

이 되려는 아담과 하와의 '교만'이 죄를 세상에 들어오게 한 것입니다. 비록 인간은 사탄의 꾀임에 넘어간 것이지만, 결국 사탄과 같이 자신의 의지로 하나님의 말씀을 거역하고 죄를 범하였습니다. 이로 인해 인간과 하나님 간 관계가 깨졌습니다. 하나님과 인간의 아름다운 영적인 교제와 인격적인 관계가 무너진 것입니다. 하나님과의 관계가 깨어진 인간에게는 비참한 결과가 찾아오게 됩니다.

3. 눈이 밝아지고 자신의 수치를 보게 됨

아담과 하와가 선악과를 먹는 순간 그들의 눈이 밝아졌습니다.

(창세기 3:7) _ 이에 그들의 눈이 밝아져 자기들이 벗은 줄을 알고

선악과를 먹자마자 그들은 지금까지 보지 못했던 것을, 보아서는 안 되는 것을 보게 되었습니다. 자신의 의지와는 상관없이 아담과 하와의 영적인 눈이 열렸습니다. 아담과 하와는 자신들이 벌거벗고 있다는 사실과 그것이 수치스러운 일이라는 것을 알게 되었습니다. 방금 전만 해도 벌거벗은 것이 아무렇지도 않았는데, 선악과를 먹자마자 수치심을 느끼게 된 것은 그들의 영혼이 죄악으로 더러워졌기 때문입니다. 그래서 아담과 하와는 수치심을 없애려고 무화과나무 잎을 엮어 치마를 만들어 입었습니다.

하지만 나뭇잎으로 몸을 가린다고 벌거벗은 아담과 하와의 영적 수치가 가려질 수 있겠습니까? 하나님의 영광을 위하여 살아가던 아담과 하와는 죄를 지은 이후에는 이제 '자신을 위하여' 나뭇잎으로 치마를 만들어 입었습니다. 하나님의 영광이 아닌 자신만을 위한 이기적인 삶이 시작된 것이지요. 이 세상을 혼탁하게 만드는 모든 죄의 배후에는 바로 이 '이기심'이 도사리고 있습니다.

그런데 하나님께서는 왜 아담과 하와에게 이 열매를 따먹지 말라고 하셨을까요? 하나님께서 아담과 하와에게 먹지 말라고 하신 선악과에는 악이 들어있지 않았습니다. 다만, 하나님께서 그들의 순종의 여부를 시험하시기 위해 선악과를 먹지 말라고 하신 것입니다. 아담과 하와는 하나님의 말씀에 순종함으로 하나님의 권위를 인정하고 그분을 높여드려야 했습니다. 그것이 피조물 된 인간의 본분이자 창조주 하나님께 대한 최고의 예의이기 때문입니다. 아무리 하나님께서 인간을 사랑하신다 해도 인간이 하나님과 같아질 수는 없습니다. 인간이 '하나님과 같이 되고자 하는 욕심'은 하나님 없이 혼자서 스스로 살겠다는 교만입니다. 하나님 없이 살고자 하는 것, '내게는 하나님이 필요 없다'라고 말하는 것, 그것이 바로 최초의 아담의 죄이며, 교만한 사람들의 죄입니다.

(이사야 14:13~14) _ [13]네가 네 마음에 이르기를 내가 하늘에 올라 하나님의 뭇 별 위에 내 자리를 높이리라 내가 북극 집회의 산 위에 앉으리라

4. 회복, 예수 그리스도와 십자가

하나님의 말씀을 어기고 선악과를 따먹은 인간들에게 사망이 찾아왔습니다. 이때부터 모든 인간은 사망의 그늘에서 벗어날 수가 없게 되었습니다. 하지만 하나님께서는 죄로 인해 사망의 올무에 걸린 인생들을 용서하시고, 다시금 하나님의 백성으로 삼아주시기 위해 예수 그리스도를 이 세상에 보내 주셨습니다. 이 땅에 오신 예수님은 인간의 모든 죄를 지시고 십자가에서 대속제물로 죽으셨습니다. 그래서 누구든지 십자가에 달려 죽은 예수를 믿으면 하나님의 용서와 구원을 얻습니다. 태초에 인간이 에덴동산에서 하나님과 누리던 그 친밀함을 회복할 수 있습니다.

이상에서 믿음은 하나님과의 관계 맺음이라고 할 수 있습니다. 즉, 창조 시에 맺었던 아름다운 관계로의 회복이 바로 하나님께서 우리에게 원하시는 믿음이며, 우리를 향한 하나님의 구원인 것입니다.

우리는 아담의 하와의 실패를 거울삼아 마귀의 유혹을 이겨야 합니다. 아담과 하와는 죄가 없는 완전한 존재였음에도 불구하고 하나님의 말씀을 소홀히 여기고 영적으로 깨어있지 못함으로 사탄의 유혹에 넘어가 범죄자가 되었습니다. 하물며 죄로 오염되어 부패한 우리들이야 얼마나 더 쉽게 사탄의 유혹에 넘어지겠습니까? 우리들은 하나님의 말씀 위에 굳게 서지 못할 때 즉시 사탄의 공격대상이 될 수밖에 없습니다. 그래서 베드로는 우리에게 '근신하라, 깨어라'고 강력하게 경고하고 있습니다(벧전 5:8).

이렇게 사탄이 우리를 공격할 때, 하나님은 말씀은 우리에게 갈 길을 일러주고 그 길을 안전하게 지켜줍니다.

(시편 119:105) _ 주의 말씀은 내 발에 등이요 내 길에 빛이니이다

내 생각과 내 뜻을 버리고 하나님의 말씀을 따를 때에 마귀의 유혹을 물리칠 수 있습니다. 여러분 모두, 내 생각과 내 뜻을 버리고 오직 하나님의 말씀에 순종함으로 에덴에서 맺은 하나님과의 깊은 교제를 회복하시기를 바랍니다.

14. 네가 어디 있느냐? (창 3:8~13)

어떤 집사님 부부가 서로 싸우고 일주일동안 말 한마디 안하고 지냈답니다. 화해를 하고 난 뒤 아내가 남편에게 물었습니다.

"며칠 동안 어땠어요?"
"말하며 뭘 해, 지옥이었지."

이 간단한 대화에 공감하는 분들이 많을 겁니다. 미국 속담에 "부부가 다투면 더블침대도 좁지만, 부부가 사랑하면 날선 검 위에서도 잘 수 있다"는 말이 있습니다. 그만큼 인간은 관계가 중요하고, 그 관계에 따라 행복하기도 불행하기도 하다는 의미입니다.

우리의 삶 가운데서도 인간관계 때문에 속이 상하고 힘들어하는 일이 생깁니다. 부부, 부모와 자식, 형제, 친구, 직장 동료 등 여러 갈등이 우리를 어렵게 합니다. 그중 무엇보다 성도들이 가장 힘들고 고통스러운 때는 하나님과의 관계가 틀어졌을 때입니다. 하나님과의 관계가 원활하지 못하면 하늘로부터 오는 은혜의 통로가 막히기 때문입니다.

이 장에서는 하나님의 말씀을 어기고 선악과를 먹은, 죄인 된 아담과 하와에게 하나님이 찾아오실 때 그들이 하나님을 어떻게 대면하는지를 확인할 수 있습니다. 즉, 범죄로 하나님과의 관계가 틀어진 인간들의 참담한 현실을 엿볼 수 있습니다.

1. 하나님의 낯을 피해 숨은 아담과 하와

하나님의 말씀에 불순종하고 선악과를 따먹은 아담과 하와의 눈이 밝아졌습니다. 전에는 몰랐던 수치와 부끄러움을 알게 되었고, 죄로 인한 두려움이 생겨났습니다. 아담과 하와는 벌거벗은 것 때문에 부끄러웠고, 자신들의 불순종으로 인한 두려움에 떨었습니다. 그때 언약에 신실하신 하나님께서 범죄자들을 찾아오셨습니다. 정확히 어떤 것인지 모르지만 하나님께서 동산을 거니시는 소리가 아담과 하와에게 들렸습니다.

> (창세기 3:8) _ 그들이 그 날 바람이 불 때 동산에 거니시는 여호와 하나님의 소리를 듣고 아담과 그의 아내가 여호와 하나님의 낯을 피하여 동산 나무 사이에 숨은지라

여호와 하나님이 오시는 소리를 들은 아담과 하와는 반갑게 맞이하기는커녕 낯을 피하여 동산 나무 사이에 숨고 말았습니다. 여기서 '낯을 피하는 것'은 인격을 무시하고 관계를 끊어버린다는 것을 의미하는 상징적 표현입니다. 아담이 죄를 범한 후에 더 이상 하나님과의 친밀한 관계를 유지하지 못하고 오히려 하나님을 피해야 하는 비참한 지경에 빠진 것입니다. 이렇듯 사람은 관계가 끊어지면 얼굴 보기가 민망하고 두려워지기 마련입니다. 예를 들어 학생이 숙제를 안 하면 그 수업을 피하고 싶어 하고, 남에게 한 약속을 지키지 못하면 그 사람을 길에서 마주칠까봐 두려워집니다. 이것이 죄를 범한 인간의 모습이지 않습니까?

하나님의 낯을 피하여 숨어 있는 아담과 하와를 향하여 하나님께서 큰 소리로 부르셨습니다.

(창세기 3:9) _ 여호와 하나님이 아담을 부르시며 그에게 이르시되 네가 어디 있느냐

"네가 어디 있느냐?" 이것은 죄를 지은 인간을 불쌍히 여겨 찾아오셔서 회개할 것을 촉구하시는 '하나님의 사랑의 부르심'이었습니다. 예수님도 수고하고 무거운 짐을 진 죄인들을 향해 사랑의 음성으로 부르셨습니다.

(마태복음 11:28) _ 수고하고 무거운 짐 진 자들아 다 내게로 오라 내가 너희를 쉬게 하리라

"네가 어디 있느냐?" 하나님께서 지금 아담이 어디 있는지를 몰라서 물으신 것이 아니라 아담에게 '네가 지금 무엇을 했으며, 이제 어떻게 행동할 것인지를 생각해보라'는 것입니다. 따라서 아담은 자신의 죄를 돌아보고 겸허히 하나님 앞에 나아와 회개를 했어야 옳습니다. 그러나 아담은 하나님의 자비로우신 부르심에도 불구하고 회개의 기회를 놓치고 말았습니다. 하나님의 부르심에 아담은 두려워서 숨었다고 대답했습니다.

(창세기 3:10) _ 이르되 내가 동산에서 하나님의 소리를 듣고 내가 벗었으므로 두려워하여 숨었나이다

아담은 자신이 벗었으므로 두려워하여 숨었다고 말했습니다. 나뭇잎으로 최소한의 수치를 가리고 있었기에, 벗었기 때문에 두렵다는 말은 합당하지 않습니다. 아담이 숨은 것은 하나님의 명령을 어기고 선악과를 따먹은 불순종으로 인한 두려움 때문이었습니다. 아담은 선악과를 먹고 두려움을 느꼈음에도 그것이 자신의 죄 때문임을 고백하지는 않았습니다. 여호와 하나님의 눈은 이 세상 어디든 충만하시고(렘 23:24), 악인과 선인을 감찰하십니다(잠 15:3). 따라서 죄를 범한 자가 숨을 만한 곳은 이 세상 어디에도 없습니다.

(시편 139:7~8) _ [7]내가 주의 영을 떠나 어디로 가며 주의 앞에서 어디로 피하리이까 [8]내가 하늘에 올라갈지라도 거기 계시며 스올에 내 자리를 펼지라도 거기 계시니이다

여러 가지 비리 때문에 검찰에 출두하거나 법정에 서는 사람들을 보십시오. 자신들의 잘못을 솔직하게 시인하고 죄의 대가를 받으려는 사람들은 별로 없습니다. 그저 변명하고 감옥에 가지 않으려고 발버둥치는 모습들뿐입니다. 자신의 잘못을 시인하고 용서를 구하는 사람이 진정으로 용기 있는 사람입니다.

2. 하나님이 아담과 하와에게 범죄에 대하여 물으심

하나님이 아담에게 선악과 언약을 깨뜨렸는지 물으셨습니다.

> (창세기 3:11) _ 누가 너의 벗었음을 네게 알렸느냐 내가 네게 먹지 말라 명한 그 나무 열매를 네가 먹었느냐

하나님은 아담에게 벗은 것을 누가 알게 하였는지, 선악과를 먹었는지 대답하라고 말씀하셨습니다. 금단의 열매인 선악과를 아담이 먹었음이 분명하므로 변명의 여지가 없음을 보여 주신 것입니다. 이 정도면 증거가 충분하니 아담은 자신의 잘못을 고백하고 용서를 빌어야 했습니다. 하나님께서는 지금 아담에게 죄를 고백하고 용서를 빌라고 기회를 주신 것입니다.

1) 아담의 핑계

그러나 아담은 회개하는 대신에 핑계를 댑니다.

> (창세기 3:12) _ 아담이 이르되 하나님이 주셔서 나와 함께 있게 하신 여
> 자 그가 그 나무 열매를 내게 주므로 내가 먹었나이다

아담은 자신의 죄를 뉘우치기는커녕 이 모든 잘못이 하나님으로부터 시작되었다고 억지를 부립니다. 즉, 하나님이 하와를 나에게 주지 않았더라면 오늘과 같은 일이 일어나지 않았을 것이라고, 그렇기 때문에 하와를 아담에게 주셔서 죄를 짓도록 한 하나님이 이 일의 원인이라는 것입니다.

아담은 일차적인 책임을 하나님께 미루더니, 이차적인 책임이 여자에게 있다고 변명합니다. 아담 자신은 선악과를 따먹고 싶은 생각이 전혀 없었는데, 여자가 먼저 따먹고 자신에게 주었기 때문에 어쩔 수 없이 먹게 되었다는 것입니다. 그러므로 선악과를 따먹은 책임은 자신에게 있는 것이 아니라 하나님과 여자에게 있다는 것이지요. 하와를 보고 "내 뼈 중의 뼈요, 살 중에 살"이라고 닭살 멘트를 날리던 아담이 모든 범죄의 시작이 '저 여자 때문'이라고 핑계를 대고 있습니다. 설사 하와가 잘못했더라도 남편으로서 책임을 져야 했습니다. 더욱이 받아서 먹은 것은 스스로 결정한 일입니다. 그러나 아담은 핑계만 댔습니다. 참으로 비겁하기 짝이 없는 아담입니다.

2) 여자의 핑계

하나님이 이번에는 여자에게 어찌 선악과를 먹었는지 물으셨습니다.

(창세기 3:13) _ 여호와 하나님이 여자에게 이르시되 네가 어찌하여 이렇게 하였느냐

이것은 하나님께서 하와에게 회개를 촉구하는 단도직입적인 질문이었습니다. 그런데 여자는 뭐라고 대답할까요? 여자는 뱀이 꾀므로 선악과를 먹었다고 대답했습니다.

(창세기 3:13) _ 여자가 이르되 뱀이 나를 꾀므로 내가 먹었나이다

하와 역시 회개하는 대신에 범죄의 책임을 뱀에게 전가했습니다. 자신은 선악과를 먹을 생각이 전혀 없었는데 뱀이 자기를 꼬이는 바람에 할 수 없이 먹었단 겁니다. 하와 자신은 잘못이 없고, 모든 죄의 원인이 뱀에게 있다는 것입니다. 잘못된 것은 조상 탓이고, 잘된 것은 모두 나 때문이라는 거지요. 그런데 뱀이 선악과를 따서 하와에게 주었습니까? 아니면 하와가 선악과를 직접 따먹었습니까? 창세기 3장 6절은 분명히 "하와가 선악과를 따 먹었다"고 기록하고 있습니다.

(창세기 3:6) _ 여자가 그 열매를 따먹고 자기와 함께 있는 남편에게도

주매 그도 먹은지라

　이렇게 증거가 분명한데도 하와는 뱀에게 책임을 전가하고 변명하기에 급급합니다. 이와 같이 인간은 할 수만 있으면 자신의 죄과를 남에게 전가하려 합니다. 그러나 이러한 책임 전가가 죄의 책임을 없애지는 못합니다. 오히려 또 하나의 죄를 범하게 할 뿐입니다. 여기서 '나를 꾀므로'라는 하와의 말은 '나로 하여금 길을 잃게 만들었다'라는 말입니다. 이와 같이 범죄는 하나님만 바라보고 바른 길을 가야 할 사람이 하나님에게서 눈을 뗌으로써 바른 길을 잃어버리고 잘못된 길로 가는 것을 의미합니다. 이제 아담과 하와는 생명의 길을 잃어버리고 사망의 길로 들어서게 되었습니다.

　여러분은 아담과 하와가 자신의 범죄를 인정하고 회개하는 대신에 다른 사람에게 죄를 전가하고 책임지지 않으려는 모습을 보면서 어떤 생각이 드십니까? 여러분은 아담과 하와처럼 자신의 죄의 책임을 남에게 전가하십니까? 아니면 다른 사람을 핑계하지 않고 자신의 잘못에 대해 스스로 책임을 지고 있습니까? 하나님은 아무리 큰 죄를 지었어도 우리가 그 죄를 고백하고 회개하면 용서해 주신다고 약속하셨습니다.

　(이사야 1:18) _ 여호와께서 말씀하시되 오라 우리가 서로 변론하자 너희의 죄가 주홍 같을지라도 눈과 같이 희어질 것이요 진홍 같이 붉을지라도 양털 같이 희게 되리라

　(요한1서 1:9) _ 만일 우리가 우리 죄를 자백하면 그는 미쁘시고 의로우사 우리 죄를 사하시며 우리를 모든 불의에서 깨끗하게 하실 것이요

하나님이 우리에게 원하시는 것은 우리가 온전하여 아무런 죄도 짓지 않는 것이 아닙니다. 우리가 육신의 연약함과 믿음의 연약함으로 인하여 죄를 지었다 할지라도 하나님 앞에 나와 죄를 고백하고 진심으로 용서를 구하면, 하나님께서 우리의 죄를 용서하시고 사죄의 은총을 내려주실 것입니다. 이것을 위해 예수님이 십자가에 달려 죽으셨습니다. 우리의 죄가 아니었다면 하나님의 아들 예수께서 십자가에 죽으실 이유가 전혀 없었습니다. 예수님의 십자가, 이것이 우리를 향한 하나님의 마음이며 사랑입니다.

예수 믿는다는 것은 바로 이러한 하나님의 죄 용서의 은혜 안에 거하는 것입니다. 사람이 아무리 좋은 일, 착한 일을 해도, 예수 그리스도를 불신하면 그 행위들은 오직 자기 의를 이룰 뿐입니다. 그것은 하나님과 관계없이 행한 일이니 종국에는 불의가 될 수밖에 없습니다. 하나님을 믿지 않는 자는 당연히 하나님 앞에서 회개해야 한다는 것을 모릅니다. 하나님 앞에 회개하지 못하니 당연히 죄사함을 받을 수가 없습니다. 그렇지만 믿는 자는 언제든 회개함으로 사죄의 은총을 받을 수 있습니다. 이것이 구원받은 우리가 주님 안에서 누리는 은혜요 특권입니다.

사람이 죄를 지으면 하나님과 멀어지고 하나님과의 관계가 틀어집니다.

(이사야 59:1~3) [1]여호와의 손이 짧아 구원하지 못하심도 아니요 귀가 둔하여 듣지 못하심도 아니라 [2]오직 너희 죄악이 너희와 너희 하나님 사이를 갈라 놓았고 너희 죄가 그의 얼굴을 가리어서 너희에게서 듣지 않으시게 함이니라 [3]이는 너희 손이 피에, 너희 손가락이 죄악에 더러워졌으며 너희 입술은 거짓을 말하며 너희 혀는 악독을 냄이라

하나님과의 관계가 잘못되면 하나님으로부터 오는 은혜와 평강을 받아 누릴 수 없습니다. 그때에 하나님은 우리의 기도도 듣지 않으시고 우리에게 얼굴을 돌리시지도 않습니다. 그것은 우리의 손에 피와, 우리 입술에 거짓말과, 악독을 발하는 죄 때문입니다.

아담과 하와는 하나님이 손을 내밀 때 죄를 고백하고 회개하지 않았습니다. 그 결과 하나님과의 관계가 깨지고 에덴동산에서 쫓겨나고 말았습니다. 그리고 결국에는 사망의 그늘에 앉아 고통스런 인생을 살게 되었습니다. 이 모든 것이 하나님이 내민 손길을 거부하고 회개하지 않았기 때문입니다.

말씀을 들을 때, 기도할 때, 예배 중에 내 속에 있는 죄 때문에 부끄럽고 두려운 생각이 든다면, 그때 하나님께서 여러분을 부르시는 음성을 들으십시오.

"네가 어디 있느냐?"

그리고 바로 그 순간 죄악을 고백하고 회개하십시오. 그것이 우리가 살 수 있는 유일한 길입니다. 죄를 고백하고 회개하는 자에게 하나님께서 죄 사함과 긍휼의 은총을 내려주십니다.

15. 죄에 대한 심판 (창 3:14~19)

미국 뉴욕에 '라 과르디아 공항'이 있습니다. 이 공항은 뉴욕 시의 전 시장(市長)인 '피오렐로 라 과르디아'의 이름을 딴 것인데, 그는 공화당의 정치인으로서 민주당 출신 루스벨트 대통령 시절 연정과 협치를 이끌어내서 대공황을 극복하고 뉴욕 시의 경제를 회복시킨 인물로 유명합니다. 그에 대한 유명한 일화가 있습니다.

대공황으로 실업자가 급증했던 1935년 겨울, 한 할머니가 빵 한 개를 훔쳐서 법정에 끌려왔습니다. 담당 판사가 물었습니다. "왜 그런 일을 했습니까?" "죄송합니다. 판사님! 저는 최근 직장을 잃었고 집에는 버림받은 두 딸과 두 손녀가 같이 살고 있습니다. 저도 모르게 이런 일을 저지르고 말았습니다." 판사는 잠시 후 판결을 내렸습니다. "아무리 사정이 딱해도 훔치는 것은 위법행위입니다. 법은 만인에게 평등합니다. 그래서 저는 이 노인에게 10달러의 벌금 또는 10일간의 구류를 선고하는 바입니다. 그러나 이것은 우리 모두의 책임이기도 합니다. 따라서 이 판결을 맡은 저 자신에게도 10달러의 벌금을 부과합니다. 그리고 여기 있는 우리 모두 50센트씩, 십시일반으로 이 벌금형에 동참해 주시기 바랍니다." 판사는 자기 앞에 놓은 모자에 10달러를 넣은 다음 그 모자를 방청석으로 돌렸습니다. 판사는 거두어들인 돈에서 벌금 10달러를 제외하고 남은 47달러 50센트를 노인에게 주었습니다. 그 돈을 손에 쥐고 법정을 나서는 할머니의 눈에서는 하염없이 눈물이 흘렀고, 이 모습을 지켜보던 사람들은 기립박수로 응원했습니다. 판사는 공의가 무엇인지를 보여주었고 뉴욕의 시민들은 그를 사랑하고 존경하게 되었습니다. 그래서 이후 그의 이름을 딴 공항을 지었으니, 그가 바로 피오렐로 라 과르디아입니다.

하나님은 공의로 재판할 것을 명령하셨습니다.

(레위기 19:15) _ 너희는 재판할 때에 불의를 행하지 말며 가난한 자의 편을 들지 말며 세력 있는 자라고 두둔하지 말고 공의로 사람을 재판할지며

재판할 때 사정이 딱하다고 봐주거나 세력가라고 두둔하지 말고 공의로 판결하라는 것입니다. 그래야 모든 사람이 법을 지키는 정의롭고 공평한 세상이 되기 때문입니다. 그런데 하나님이 가장 사랑하는 인간이 죄를 지었습니다. 하나님께서 죄인 된 인간들을 어떻게 해야 할까요? 그냥 다 용서하고 없던 일로 해야 할까요? 아니면 공의로운 심판을 내려야 할까요?

1. 뱀에 대한 심판

인간을 유혹하여 하나님과 인간의 관계를 깨뜨린 뱀에게 저주가 선포되었습니다.

(창세기 3:14) _ 네가 모든 가축과 들의 모든 짐승보다 더욱 저주를 받아
배로 다니고 살아 있는 동안 흙을 먹을지니라

하나님의 명령에 따라 인간의 지배를 받아야만 했던 뱀이 오히려 하나님과 인간의 관계를 파괴해버렸습니다. 이것은 용서할 수 없는 큰 죄입니다. 그래서 하나님은 뱀에게 저주를 선포하셨습니다. 뱀이 하나님의 저주를 받았다는 것은 하나님이 은혜 베푸시기를 포기하셨다는 말입니다. 하나님의 관심과 사랑에서 멀어지는 것, 하나님과의 관계가 끊어지는 것이 바로 저주입니다. 뱀은 이제 평생, 그 생명이 다하는 날까지 기어다니며 땅의 티끌을 먹게 될 것입니다. 원래는 날아다녔는지도 모르지만, 땅을 기어다니는 가장 낮고 비참한 운명에 처해졌다는 의미입니다. 하나님의 뜻을 저버리는 자들은 이와 같이 비참한 운명에 빠지게 될 수밖에 없습니다.

2. 하나님이 원시복음을 선포하심

뱀은 여자와 원수가 되고, 뱀의 후손들과 여자의 후손들이 서로 원수가

되는 저주를 받았습니다.

<blockquote>(창세기 3:15) _ 내가 너로 여자와 원수가 되게 하고 네 후손도 여자의 후손과 원수가 되게 하리니</blockquote>

이때부터 뱀은 온 인류에게 혐오를 받으며 미움을 받게 되었습니다. 그리고 여인의 후손과 뱀의 후손 사이에 전쟁이 선포되었습니다. 사탄의 꼬임에 빠져 죄를 범한 인간은 사탄에 대해 원한을 가지게 되었고, 그 결과 이 세상은 사탄의 세력과 인간의 후손들 사이의 치열한 전쟁터가 되고 말았습니다. 사탄은 계속해서 인간의 마음을 유혹하고 넘어뜨리고자 공격하고, 하나님의 백성들은 하나님이 주시는 말씀의 은혜를 힘입어 마귀에 맞서 싸웁니다. 이 전쟁은 주님이 세상을 심판하러 오실 그날까지 계속될 것입니다.

1) 뱀은 여자의 후손의 발꿈치를 상하게 할 것입니다.

<blockquote>(창세기 3:15) _ 너는 그의 발꿈치를 상하게 할 것이니라 하시고</blockquote>

여기서 뱀의 후손은 사탄을 추종하는 악한 천사들과 불의한 세력을 가리키고, 여자의 후손은 하나님을 경외하는 경건한 자들과 그들의 머리 되시는 그리스도를 가리킵니다(갈 3:16). 뱀의 후손이 여자의 후손의 발꿈치를 상하게 한다는 것은 그리스도의 고난과 죽으심을 상징하고, 이것은 구체

적으로 사탄이 예수 그리스도의 구속 사역을 방해하려는 시도들을 의미합
니다.

실제로 사탄은 여자의 후손 예수 그리스도를 이 땅에 오시지 못하게 하
려고 헤롯을 통해 유아 학살(마 2:16)을 시행했을 뿐 아니라, 광야에서 예수
를 시험한 것을 비롯하여(마 4:1~11), 그리스도의 구속 사역을 지속적으로
방해하였고, 결국은 그리스도를 십자가에 매달아 죽게 하였습니다. 그러
나 이러한 사탄의 공격은 그리스도의 발꿈치를 상하게 하는 것에 불과한
것으로 그리스도의 구속 사역을 중단시키지는 못하였지요.

2) 여자의 후손은 뱀의 머리를 상하게 할 것입니다.

(창세기 3:15) _ 여자의 후손은 네 머리를 상하게 할 것이요

머리를 상하게 한다는 것은 상대방에게 치명적인 공격을 하여 회생 불가
능하게 만든다는 의미입니다. 사탄은 가룟 유다의 배신을 통하여 예수 그
리스도를 십자가에 달려 죽게 하였습니다(마 26:1~16). 이때만 해도 사탄이
승리한 것처럼 보였습니다. 그러나 하나님의 아들 예수 그리스도는 사망
권세를 깨뜨리고 부활하셨습니다. 이것이 바로 여자의 후손 예수 그리스
도께서 사탄의 머리를 깨뜨리는 쾌거입니다.

이때부터 지금까지 사탄은 그리스도의 군사인 그리스도인들에게 계속해
서 패배하고 있습니다. 여자의 후손이 사탄에 대해서 승리를 선언하는 이
구절을 '원시복음(原始福音)'이라고 합니다. 이때 이미 우리 죄를 위한 예수

그리스도의 십자가 대속의 은혜가 선포된 것입니다. 아담은 하나님의 명령에 불순종하고 하나님 앞에서 죄를 지었지만, 하나님은 이미 아담과 그의 후손들을 죄에서 구원하기 위한 방편을 마련해 주셨습니다.

> (갈라디아서 4:4~5) _ [4]때가 차매 하나님이 그 아들을 보내사 여자에게서 나게 하시고 율법 아래에 나게 하신 것은 [5]율법 아래에 있는 자들을 속량하시고 우리로 아들의 명분을 얻게 하려 하심이라

3. 여자에 대한 심판

뱀에게 저주와 심판을 내리셨던 하나님께서 여자에게 잉태와 해산의 고통을 더하게 하셨습니다.

> (창세기 3:16) _ 또 여자에게 이르시되 내가 네게 임신하는 고통을 크게 더하리니 네가 수고하고 자식을 낳을 것이며 너는 남편을 원하고 남편은 너를 다스릴 것이니라 하시고

남녀가 결혼하면 하나님께서 여자에게 새로운 생명을 갖는 잉태의 선물을 주십니다. 그때부터 여자는 예민해지고, 모든 부담감과 어려움을 홀로 감수해야 합니다. 10개월 동안 입덧과 싸우며 무거운 배를 이끌고 여러 가지 염려와 불안감 속에 살아가게 됩니다. 여자는 아기를 낳을 때가 되면 해산의 고통을 감당해야 합니다. 사람들은 종종 이 세상에서 제일 큰 고통

으로 여인의 해산을 꼽습니다. 온 몸의 뼈가 다 부서지는 고통이라고 묘사하기도 하더군요. 그만큼 해산의 고통이 크다는 말이지요. 과거에는 아기를 낳다가 죽음을 맞는 일도 자주 있었고, 의술이 발달한 요즘도 가끔 일어나는 일입니다. 원래는 하나님께서 잉태의 기쁨과 순산의 은혜를 베푸셨지만, 인간이 선악과를 따먹은 범죄로 인해 잉태와 해산의 고통이 가중되었습니다. 나아가 여인이 아기를 해산하면 그때부터 육아전쟁이 시작되지 않습니까? 제가 가끔씩 손자를 돌보는데, 1시간 정도는 무난하지만 2시간이 넘어가면 많이 힘듭니다. 에너지 넘치는 아이들을 돌보는 일은 생각보다 아주 어렵고 힘에 부칩니다. 그러니 매일매일 아기를 돌봐야 하는 엄마들은 얼마나 고생이 많겠습니까?

뿐만 아니라 하나님이 남녀를 동등하게 창조하셨지만, 이제부터는 여자가 남자의 다스림을 받게 될 것입니다. 물론 그렇다고 남자가 여자를 지배하고 여자가 남자에게 예속되어야 한다는 말이 아닙니다. 다만, 여자는 굶주린 자가 먹을 것을 찾아다니듯 남자의 사랑을 갈망하게 된다는 의미입니다. 이제부터 여자는 남자를 그리워하고, 남자를 의지하며 살아가게 될 것입니다.

4. 아담에 대한 심판

하나님의 말씀에 불순종한 아담으로 인해 땅이 저주를 받게 되었습니다.

(창세기 3:17~18) _ [17]아담에게 이르시되 네가 네 아내의 말을 듣고 내가 네게 먹지 말라 한 나무의 열매를 먹었은즉 땅은 너로 말미암아 저주를 받고 너는 네 평생에 수고하여야 그 소산을 먹으리라 [18]땅이 네게 가시덤불과 엉겅퀴를 낼 것이라

땅이 저주를 받았다는 것은 땅에 대한 하나님의 은혜의 손길이 멈추었다는 뜻입니다. 창조하시고 섭리하시는 하나님의 보살핌이 없다면 그 무엇이든 황폐해질 수밖에 없습니다. 이제 저주 받은 땅은 가시덤불과 엉겅퀴를 낼 것입니다. 아마도 가시덤불과 엉겅퀴는 인간이 타락하기 이전에는 아름다운 식물이었을 것입니다만, 인간의 타락으로 인해 일종의 돌연변이가 되어 인간을 괴롭히는 잡초가 되었습니다. 이처럼 인간의 타락은 창조 시 아름다웠던 자연계를 퇴화시켜 인간을 적대하는 결과를 가져왔습니다. 오늘날 우리가 온갖 자연재해에 시달리는 것도 원천적으로 인간 타락의 결과입니다.

이제 아담은 평생토록 수고하고 땀을 흘려야 땅의 소산을 먹을 수 있게 되었습니다.

(창세기 3:17~19) _ [18]네가 먹을 것은 밭의 채소인즉 [19]네가 흙으로 돌아갈 때까지 얼굴에 땀을 흘려야 먹을 것을 먹으리니 [17]너는 네 평생에 수고하여야 그 소산을 먹으리라

처음 에덴동산은 수고하고 보살피지 않아도 잘 정돈되어 있는 아름다운 곳이었습니다. 싹이 나고 잎이 나고 열매가 맺히는 모든 것이 하나님의

은혜 가운데 순조롭게 이루어졌습니다. 따라서 아담과 하와가 죄를 짓기 이전의 노동은 즐겁고 행복한 일이었습니다. 그러나 이제 하나님의 형벌로 인해 노동은 땀 흘리며 수고하는 것으로 바뀌었습니다. 이제 인간은 열심히 땀을 흘리며 노동을 해야 먹고 살 수 있게 되었고, 심지어는 열심히 땀 흘려도 수고의 대가가 없을 수도 있게 되었습니다. 실로 수고하여도 이에 상응하는 결과를 얻지 못하는 것 역시 인간의 범죄의 결과입니다.

이제 아담과 하와의 삶이 짧아질 것이고, 결국 죽게 될 것입니다. 아담과 하와가 하나님과 함께 영원히 살도록 지음을 받았지만, 죄를 지은 탓에 흙으로 지음 받은 인간은 다시 흙으로 돌아가게 될 것입니다.

(창세기 3:19) _ 너는 흙이니 흙으로 돌아갈 것이니라 하시니라

아담이 흙으로 돌아간다는 것은 인간이 죽음을 맞이하게 되었다는 사실을 의미합니다.

인간은 세 단계의 죽음을 맞이하게 됩니다. 첫 번째는 영혼과 육신이 분리되는 죽음, 두 번째는 하나님과의 관계가 끊어지는 죽음, 세 번째는 영원한 죽음으로 지옥의 형벌에 처해지는 것입니다. 인간이 가장 슬퍼해야 할 죽음은 하나님과 나의 관계가 끊어지는 것입니다. 하나님과의 관계가 끊어진 인간의 영혼은 살았으나 죽은 것입니다. 몸뚱이는 이리저리 걸어 다니고 있지만, 하나님을 믿지 않는 사람은 그 영혼이 죽은 것입니다. 교회에는 나오지만 자기 뜻대로 살아가는 사람 역시 영적으로 죽은 사람입니다. 하나님의 뜻대로 사는 사람만이 하나님 나라 백성의 자격이 주어지는데,

하나님의 뜻대로 살지 않으니 이런 사람은 하나님의 나라에 갈 수 없습니다. 이것이 인간에게 닥친 가장 비참한 형벌이었습니다.

5. 결론

원래 인간에게는 에덴동산에서 평화롭고 행복하게 살 수 있는 권리와 자유가 주어졌습니다. 단, 하나님의 말씀에 순종하여 선악과를 먹지 않는 조건이었습니다. 그러나 인간은 단 하나의 조건인 그 선악과를 따먹음으로 죄를 범하였고, 그 결과 하나님과의 관계가 끊어지고 해산의 고통과 평생토록 노동을 해야 살 수 있는 형벌이 주어졌습니다. 더욱 안타까운 것은 인간이 죽음을 향해 달려가는 존재가 되었다는 사실입니다.

하지만, 하나님은 우리를 죽음에 던져 놓고 외면하지 않으십니다. 예수 그리스도를 통해 우리를 구원하셨습니다. '구원'은 범죄로 인해 죽어야만 하는 우리들이 예수님의 십자가 희생으로 죄사함을 받고 하나님과의 관계가 회복되었다는 것을 의미합니다. 하나님과의 관계가 끊어짐으로 죽었던 우리 영혼이 예수님의 십자가로 인해 다시 살게 된 것입니다. 이 모든 것이 우리로 인해 일어난 것이 아니라 하나님의 은혜로 이루어진 것입니다. 구원은 오직 하나님의 은혜요, 우리에게 주신 복(福) 중에 가장 큰 복입니다. 그래서 우리가 하나님의 은혜에 감사하다고 고백할 수 있습니다. 아담의 범죄로 인해 죽을 수밖에 없는 우리들을 예수의 십자가 은혜로 살리셨습니다.

16. 에덴에서 쫓겨남 (창 3:20~24)

아담과 하와는 하나님이 금지하신 선악과를 따먹음으로 죄를 범하고 말았습니다. 이로 인해서 이 세상에 죄악이 들어오게 되었고, 하나님과의 교제가 단절되었습니다. 이 세상에 수고와 고통이 생겨났고, 결과적으로 인간은 죽음을 맞이하게 되었습니다. 이 모든 것이 인간의 죄로 인한 하나님의 심판의 결과였습니다. 그럼에도 불구하고 우리가 잊지 말아야 할 것은 하나님은 언제나 사랑과 공의의 하나님이시라는 사실입니다.

이번 장의 주요 내용은 하나님께서 죄를 지은 인간에게 심판을 내리신 후에 그들로 하여금 다시 한 번 용기를 내서 살아갈 수 있도록 베푸시는 사랑의 손길에 관한 것입니다.

1. 아담이 아내를 하와라고 부름

하나님으로부터 심판을 선고받은 후, 아담이 자기 아내의 이름을 지어 불렀습니다. 이제까지는 그저 '여자'라고만 불렀던 아내에게 '모든 산 자의 어미'라는 의미를 가진 하와(Eve)라는 이름을 지어 줍니다.

> (창세기 3:20) _ 아담이 그의 아내의 이름을 하와라 불렀으니 그는 모든 산 자의 어머니가 됨이더라

아담은 뱀의 꼬임에 속아 선악과를 먹는 죄를 범한 여자의 이름을 하와 즉, '생명'이라고 불렀습니다. 만약 하나님께서 아담에게 하와라고 부를 것을 명령하셨다면 그것은 하나님이 베푸신 은혜이고, 아담이 스스로 하와라고 불렀다면 그것은 하나님의 은혜에 대한 확신의 행동이었을 것입니다. 즉, 하나님께서 여자의 후손이 뱀의 머리를 부숴버린다는 은혜언약에 대한 확신을 가지고 자신의 아내가 후손을 낳음으로 영원한 생명에 이를 것을 굳게 믿고서 하와라고 부른 것입니다. 히브리서 11장의 표현대로 말해보면, 아담은 믿음으로 아내의 이름을 하와라고 부른 셈입니다.

'모든 산 자의 어미'라는 말은 하와가 바로 모든 인류의 어머니가 된다는 것과 죄악으로 생명력을 잃어버리고 영원히 죽을 수밖에 없는 사탄의 자녀들과 구분되는 구원받을 자들의 어머니가 된다는 의미가 포함되어 있습니다. 그런 의미에서 그리스도의 십자가 구속을 믿는 우리들은 모두 하와의 후손이며, 하나님의 은혜언약 속에 포함된 사람들이라고 할 수 있습니다.

2. 죄인을 위해 지은 가죽옷

(창세기 3:21) _ 여호와 하나님이 아담과 그의 아내를 위하여 가죽옷을
지어 입히시니라

아담과 하와가 범죄 후에 스스로 무화과 나뭇잎으로 치마를 해 입었습니다만, 하나님께서는 긍휼히 여기시고 친히 짐승의 가죽으로 옷을 지어 아담과 하와에게 입히셨습니다. 아담과 하와가 나뭇잎으로 해 입은 치마는 미니스커트 정도의 크기인데, 하나님께서는 짐승의 가죽으로 윗몸 전체와 무릎까지 내려오는 외투를 지어 입히셨습니다. 이제 에덴동산을 떠나 험한 세상에서 살아가야 하는 인간에게 하나님께서 은혜를 베푸신 것입니다.

하나님이 아담과 하와에게 가죽옷을 지어 입히신 것에는 여러 가지 의미가 있습니다. 먼저 가죽옷은 '인간의 수치를 가리고 보호하기 위한 것'이었습니다. 사실 무화과 잎사귀는 인간의 수치를 가려줄 수도, 안전을 지켜줄 수도 없었습니다. 그래서 하나님은 인간을 에덴에서 추방하기 전에 가죽옷을 입히심으로 그들의 수치를 가려주심은 물론 변화된 환경에서 안전하게 살아가도록 보호하셨습니다.

또 한 가지는 인간의 수치를 가리기 위한 가죽옷을 만들기 위해 아무런 죄도 없는 '짐승의 희생'이 요구되었다는 것입니다. 이것은 인간의 추악한 죄를 가리기 위한 의의 옷을 만들기 위해 아무런 죄가 없음에도 십자가에서 죽임을 당하신 우리 주 예수 그리스도의 대속(代贖)을 예표(豫表)합니다. 즉, 하나님께서 인간의 죄를 가려주시기 위해 죄 없는 짐승을 희생시키셨듯

이, 죄 없는 당신의 독생자 예수 그리스도를 희생양 삼아 우리를 구원하실 것을 미리 보여주신 것입니다. 그러므로 인간이 죄책감과 수치심을 벗어버리고 죄에서 구원받을 길은 오직 우리를 대신해 십자가에서 피를 흘리신 예수 그리스도의 의를 힘입는 길밖에 없습니다.

> (고린도후서 5:21) _ 하나님이 죄를 알지도 못하신 이를 우리를 대신하여 죄로 삼으신 것은 우리로 하여금 그 안에서 하나님의 의가 되게 하려 하심이라

하나님께서는 아담과 하와가 보는 앞에서 짐승을 잡아 가죽옷을 만들어 입히셨습니다. 아담과 하와는 자신들의 죄 때문에 대신 죽어가는 짐승의 피 흘림을 목격했을 것이며, 죄의 결과가 이렇게도 끔찍하다는 사실과 죽음이 무엇인가를 알게 되었을 것입니다. 하나님께서는 인간이 죄를 범하자마자 피 흘림을 통한 속죄의 방법을 제시하셨고, 구약시대에 진행된 짐승의 피를 흘리는 희생제사가 바로 이때부터 시작되었음을 엿볼 수 있습니다.

이 모든 것은 아담과 하와의 뜻이 아니라 하나님의 뜻대로 이루어졌습니다. 아담과 하와는 죄에서 구원해 주실 것을 하나님께 요청하지 않았습니다. 그러나 하나님은 자비와 사랑에 근거한 은혜로 그들에게 가죽옷을 지어 입히셨습니다. 이것은 사도 바울이 로마서에서 말한 대로 죄를 범한 인간의 구원에 있어서 인간은 완전히 무능력하므로 오직 하나님의 자비에 힘입어야 함을 보여줍니다(롬 3:10~12). 다시 말해 인간이 구원을 위해 할 수

있는 것은 아무것도 없으며, 오직 구원의 은혜를 베푸신 하나님께 감사하고 그 뜻에 순종하며 사는 것뿐이라는 말입니다.

3. 에덴동산에서 추방당한 아담과 하와

하나님께서는 선악을 알게 된 사람이 생명나무 열매를 먹고 영생할 것을 우려하셨습니다.

> (창세기 3:22) _ 여호와 하나님이 이르시되 보라 이 사람이 선악을 아는 일에 우리 중 하나 같이 되었으니 그가 그의 손을 들어 생명 나무 열매도 따먹고 영생할까 하노라 하시고

하나님께서는 인간이 선악과를 따먹지 않고 에덴에서 영원히 행복하게 살기를 바라셨으나 그러한 기대가 무너졌음에 너무나 안타까워하시며 탄식하셨습니다. 선악과를 먹음으로 인하여 이제 아담과 하와는 하나님께서 창조 시에 부여하신 능력인 선을 알고 행하는 것뿐만 아니라, 악에 대해서도 알고 행하는 존재가 되었습니다. 아담과 하와는 선악과를 먹음으로 알아서는 안 되는 것 즉, 불행하게 되는 것까지 알게 되었던 것입니다.

이제 하나님께서는 인간이 죄를 지은 상태에서 영원히 사는 것이 결코 바람직하지 않음을 아시고 그들이 영생할 수 있는 원인 자체를 제거하기로 작정하셨습니다. 즉, 아담과 하와가 죄를 지은 상태에서 생명나무 열매를

따먹음으로써 영원히 죽지도 못하고 죄의 고통 속에서 살아갈 것을 염려하시고 방책을 마련하신 겁니다. 그렇게 하나님께서는 아담과 하와를 에덴동산에서 쫓아내셨습니다. 그러나, 하나님이 아담과 하와를 에덴에서 내쫓으신 것은 그들을 미워해서가 아니라 인간이 죄를 지은 상태로 영원히 고통 속에 사는 것을 방지하기 위함이었습니다.

이러한 사건을 통하여 죄를 미워하시는 하나님의 거룩하심과 인간이 죄 가운데서 영원히 사는 것을 막으시려는 하나님의 자비를 동시에 깨닫게 됩니다. 하나님이 인간을 에덴동산에서 내보내시며 그 근본인 토지를 갈게 하셨습니다.

(창세기 3:23) _ 여호와 하나님이 에덴 동산에서 그를 내보내어 그의 근원이 된 땅을 갈게 하시니라

원래 인간은 흙으로 만들어졌고, 그래서 흙을 일구며 살아가는 존재였습니다. 변한 것은, 죄를 짓기 전에는 그것이 행복한 일이었지만, 범죄 이후에는 땅이 저주를 받았기 때문에 인간이 땅을 갈고 농사를 짓는 것은 힘들고 어려운 노동이 되고 말았다는 사실입니다. 이제 인간은 평생토록 땀 흘리며 노동을 해야 먹고 살 수 있는 존재가 되고 말았습니다. 그런데 인간이 노동하는 자체는 복이지 저주가 아닙니다. 하나님께서도 친히 인간과 세상을 창조하는 일을 하셨을 뿐 아니라, 창조하실 때부터 인간을 일하는 존재로 만드셨기 때문입니다. 다만 노동을 하면서 기쁨과 행복을 누리던 존재에서 땅이 저주를 받아 가시와 엉겅퀴를 내는 바람에 고통이 가중된

것뿐입니다. 그럼에도 하나님께서 인간에게 땅을 가꾸고 일을 할 수 있도록 허락하신 것은 너무나 감사한 일입니다.

우리가 열심히 땀 흘려 일하는 것은 하나님의 창조 사역에 부합하는 행위입니다. 하나님은 인간을 창조하시고 일할 것을 명령하셨습니다(창 2:15). 예수님도 요한복음 5장 17절에서 "아버지께서 일하시니 나도 일한다"고 하셨고, 사도 바울은 데살로니가후서 3장 10절에서 "일하기 싫으면 먹지도 말게 하라"고 했습니다. 데살로니가전서 4장 11절에서는 "자기 일을 하고 너희 손으로 일하기를 힘쓰라"고 권면하기도 했습니다. 그러므로 우리에게 주어진 일에 최선을 다해야 합니다. 비단 생계를 위해서만이 아닙니다. 주어진 사명을 완수함으로써 자아를 실현하고 성취감과 함께 기쁨을 누리게 되기 때문입니다.

사실 생계를 위한 노동이 힘들다고 하지만, 사람이 일하지 않는 것처럼 고통스러운 일도 없습니다. 참으로 우리가 일할 수 있다는 것은 하나님이 주신 복입니다. 나아가 참된 안식을 누리는 기쁨 역시 일하는 자에게 주어지는 특권입니다. 그러므로 여러분에게 주어진 일을 감사함과 기쁜 마음으로 감당하시기 바랍니다.

4. 그룹들과 불 칼로 에덴을 지키심

하나님은 아담과 하와를 에덴에서 내보내신 후 그룹들과 불 칼로 생명나무의 길을 지키게 하셨습니다.

(창세기 3:24) _ 하나님이 그 사람을 쫓아내시고 에덴 동산 동쪽에 그룹
들과 두루 도는 불 칼을 두어 생명 나무의 길을 지키게 하시니라

아담과 하와가 에덴동산에 접근할 수 있는 길을 원천적으로 막아놓으신
것입니다. 원래 그룹(Cherub)은 보좌 곁에서 하나님을 시중하며(시 18:10), 하
나님의 명령을 받아 심판하는(겔 10:2~3) 역할을 하는 '천사들'을 가리킵니
다. 하나님은 천사들에게 아담과 하와가 에덴동산에 접근하지 못하도록
지키게 하신 것입니다. 두루 도는 불 칼은 천사들이 휘두르는 칼이 아니라,
뜨거운 열과 밝은 빛을 발하면서 빠른 속도로 돌아가는 것으로, 접근하면
목숨을 잃을 수밖에 없는 강력한 그 무엇이라고 설명할 수 있습니다. 즉,
하나님께서 인간이 접근할 수 없게 철저한 방법으로 에덴동산을 지키도록
하신 것입니다.

이것은 죄인이 에덴동산으로 들어가 생명나무 열매를 따먹고 영원히 사
는 불행을 막기 위한 조치였습니다. 이로 인해 인간은 이 세상에서는 영원
한 생명을 누릴 수 없게 되고 말았습니다. 이제 인간에게 이 세상은 기쁨과
소망을 주는 곳이 아니라 수고와 고통이 계속되다가 죽음을 향해 나아가
는 나그네길이 되고 말았습니다. 이 모든 것이 최초의 인간 아담과 하와의
범죄로 인한 끔찍한 결과입니다.

우리는 본문을 통해 죄의 원인과 그 결과의 끔찍함을 보았습니다. 따라
서 우리는 시편 1편의 말씀처럼 악인의 꾀를 좇지 않고, 죄인의 길에 서지
아니하며, 오만한 자의 자리에 앉지 말라는 말씀과 "악은 모든 모양이라
고 버리라"(살전 5:22)는 말씀을 기억하고, 모든 죄의 길에서 떠나야 할 것입

니다.

이제 아담과 하와는 쫓겨나고 에덴동산은 폐쇄되었습니다. 인간 스스로 하나님이 세우신 낙원, 곧 에덴동산에 들어갈 수 있는 길은 사라지고 말았습니다. 그렇다면 이제 인간은 영원히 에덴동산에 들어갈 수가 없게 된 것일까요? 그렇지 않습니다. 하나님이 새로운 에덴동산에 들어갈 수 있는 길을 준비해 주셨습니다. 하나님께서는 최초의 인간이 죄를 지은 현장인 에덴동산을 폐쇄하는 대신 이 세상의 낙원과는 구별되는 새로운 낙원을 하늘나라에 창설하셨습니다. 그리고 그곳에 들어가는 자마다 생명나무 과실을 먹고 영생할 수 있도록 하셨습니다.

(요한계시록 22:2) _ 길 가운데로 흐르더라 강 좌우에 생명나무가 있어 열두 가지 열매를 맺되 달마다 그 열매를 맺고 그 나무 잎사귀들은 만국을 치료하기 위하여 있더라

그러므로 우리는 이 세상이 아니라 하늘 낙원에 소망을 두고 살아야 합니다(골 1:5). 하나님께서는 하늘 낙원에 들어가는 문을 예수 그리스도 안에서 활짝 열어놓으셨습니다.

(마태복음 11:28) _ 수고하고 무거운 짐 진 자들아 다 내게로 오라 내가 너희를 쉬게 하리라

(요한복음 14:6) _ 예수께서 이르시되 내가 곧 길이요 진리요 생명이니 나로 말미암지 않고는 아버지께로 올 자가 없느니라

예수 그리스도를 믿고 그 안에 거하는 사람은 하늘 낙원에 들어갈 수 있습니다. 자신의 죄를 회개하고 예수 그리스도를 구주로 믿기만 하면 하나님의 은혜로 하나님의 나라에서 영원히 살 수 있는 자격이 주어지는 것입니다.

우리는 아담의 죄로 말미암아 이 땅에서 땀 흘리며 수고해야 하는 고단한 삶을 살아가고 있습니다. 하지만 예수 그리스도는 우리를 죄에서 구원하여 주심으로 하늘 낙원에 들어가도록 해 주셨습니다. 세상살이가 벅찰 때마다 하늘을 보십시오. 우리를 위해 예비하신 하늘 낙원에 소망을 가지고 힘을 내십시오. 그리고 하루하루를 감사함으로 살아가시기를 주님의 이름으로 부탁드립니다.

17. 가인과 아벨의 제사 (창 4:1~7)

서대문구에 있는 한 교회는 주일 아침 7시에 1부 예배를 드리는데, 매주 열대여섯 명의 교인들이 등산복 차림으로 나와 예배를 드린다고 합니다. 분명 빨리 예배 마치고 등산하러 가려는 것일 텐데, 과연 하나님이 이들의 예배를 받으실지 모르겠습니다.

예수님은 요한복음 4장 23절에서 하나님을 예배할 때 "영과 진리로 예배하라"고 말씀하셨습니다. '영으로 예배한다'는 것은 온 마음을 다해 드리는 예배를 의미하고, '진리로 예배한다'는 것은 하나님이 가르쳐준 방법으로 예배한다는 것을 말합니다. 즉, 외식적이거나 형식적이지 않은 진심으로 드리는 예배, 믿음으로 드리는 예배를 가리키지요. 창세기 4장은 가인과 아벨의 서로 다른 예배를 통해서 우리가 어떻게 하나님을 예배할지를 알려줍니다.

1. 가인과 아벨의 탄생

에덴동산에서 쫓겨난 아담과 하와 부부에게 하나님께서 아들을 선물로 주셨습니다.

> (창세기 4:1) _ 아담이 그의 아내 하와와 동침하매 하와가 임신하여 가인을 낳고 이르되 내가 여호와로 말미암아 득남하였다 하니라

하와는 매우 기뻐하면서 '내가 여호와로 말미암아 득남하였다'고 고백했습니다. 하나님의 말씀을 거역함으로 죽음을 선고받고 에덴동산에서 쫓겨났지만, 그럼에도 불구하고 자신들의 대를 이어 인류 역사를 이어갈 후사를 얻게 되었음에 감사하고, 생명의 근원이 하나님께 있음을 믿음으로 고백한 것입니다.

그런데 오늘날 많은 사람들이 자녀를 자신의 노력의 결과 내지 소유물처럼 생각합니다. 그래서 가정마다 많은 문제가 발생합니다. 하지만 그것은 틀린 생각입니다. 자녀는 생명의 근원이신 하나님께서 인간에게 주시는 은혜의 선물입니다. 하와는 그 사실을 알았기 때문에 하나님께 감사하며 고백하고 있습니다.

> (시편 127:3) _ 보라 자식들은 여호와의 기업이요 태의 열매는 그의 상급이로다

아담과 하와는 첫 번째 낳은 아들의 이름을 가인이라고 불렀습니다. 가인은 '얻은 자'라는 의미인데, 하나님께서 은혜로 주신 아들이란 뜻이 담겨 있습니다. 하나님은 아담과 하와의 범죄 이후에 가인이란 아들을 주심으로써 "네가 수고하고 자식을 낳을 것이며"(3:16)라는 당신의 언약을 지키셨습니다. 하나님은 인간의 배반에도 불구하고 당신의 언약을 지키시는 신실한 분입니다.

아담과 하와가 하나님의 은혜로 두 번째 아들을 낳고 아벨이라고 불렀습니다. 아벨(헤벨)이라는 이름은 '허무'라는 뜻을 가지고 있는데, 아마도 해가 뜨면 금방 증발해버리는 아침이슬처럼 덧없는 인생의 유한함을 반영한 것으로 보입니다. 아담과 하와는 이때쯤 인생이 참으로 허무하다는 사실을 깨닫고 둘째 아들의 이름을 '허무'라는 뜻을 가진 아벨이라고 지었던 것으로 보입니다.

가인과 아벨 형제는 장성하여 각자 직업을 갖게 되었는데, 형 가인은 농사(農事)를 짓게 되었고 동생 아벨은 양(羊)을 치는 일을 하게 되었습니다.

> (창세기 4:2) _ 그가 또 가인의 아우 아벨을 낳았는데 아벨은 양 치는 자였고 가인은 농사하는 자였더라

2. 가인과 아벨의 제사(祭祀)

가인과 아벨은 아버지 아담에게 배운 대로 여호와 하나님께 제물을 드

리며 예배했습니다.

(창세기 4:3~4) _ ³세월이 지난 후에 가인은 땅의 소산으로 제물을 삼아
여호와께 드렸고 ⁴아벨은 자기도 양의 첫 새끼와 그 기름으로 드렸더니

가인과 아벨이 똑같이 여호와 하나님께 자신의 소산물로 제물을 드리며
예배하였습니다. 가인은 자신이 농사해서 지은 농산물을 제물로 드렸고,
아벨은 양의 첫 새끼와 기름을 드렸습니다. 그런데 문제 발생했습니다. 하
나님이 아벨은 제물은 받으시고, 가인의 제물은 받지 않으신 것입니다.

(창세기 4:4~5) _ ⁴여호와께서 아벨과 그의 제물은 받으셨으나 ⁵가인과
그의 제물은 받지 아니하신지라

가인과 아벨이 똑같이 제물을 드렸는데, 왜 하나님은 아벨과 그의 제물
은 받으시고, 가인과 그의 제물은 안 받으셨을까요? 하나님이 아벨을 편
애하시고, 가인을 차별하신 것일까요? 가인은 자기가 농사한 것을 나름대
로 준비해서 하나님께 제물로 드렸고 아벨은 양 새끼와 기름을 드렸는데,
도대체 뭐가 잘못되어서 가인의 제물을 안 받으셨을까요? 히브리서 11장
4절이 이에 대한 단서를 제공해 줍니다.

(히브리서 11:4) _ 믿음으로 아벨은 가인보다 더 나은 제사를 하나님께
드림으로 의로운 자라 하시는 증거를 얻었으니 하나님이 그 예물에 대하
여 증언하심이라

한마디로 정리하면 아벨은 믿음으로 제물을 드렸고, 가인은 믿음으로 드리지 않았다는 말입니다. 그렇다면 왜 아벨의 제물은 믿음의 제물이고, 가인의 제물은 믿음의 제물이 아닐까요?

여기서 앞서 살펴본 주님의 말씀을 기억해봅시다. 예수님은 요한복음 4장 23절에서 '영과 진리로 예배하라'고 명령하셨습니다. 온 마음을 다하고 진리를 따라 즉, 정해진 법칙을 따라 예배를 드리라는 것이었지요. 이제 가인과 아벨이 드린 예배를 '영과 진리로 예배하라'는 기준에 맞추어 생각해봄으로 하나님이 기뻐하시는 참된 예배가 어떤 것인지를 살펴보도록 하겠습니다.

아벨은 아담에게 배운 대로 양의 첫 새끼와 기름으로 하나님께 제물을 드렸습니다. 원문을 보면 '그의 양 첫 새끼들과 그것들의 기름들'이라고 기록되어 있습니다. 다시 말해, 아벨은 '가장 좋은 새끼 양들과 그로부터 얻은 기름들'을 하나님께 제물로 드렸습니다. 아벨은 온 마음을 다해, 가장 좋은 것으로 하나님이 기뻐하시는 제물을 드렸고, 정해진 법칙에 따라 양의 새끼를 잡고 피를 흘려서 제물을 드렸습니다. 이러한 피의 제사가 하나님께 합당한 예배입니다. 왜냐하면 피의 제사는 하나님께서 예언하신 여자의 후손인 메시아 예수 그리스도의 십자가 속죄 사건을 예표하기 때문입니다. 이것이 믿음으로 드리는 예배요, 진리 안에서 드려지는 참된 예배입니다. 앞서 하나님은 아담에게 가죽옷을 지어 입히시면서 이러한 희생제사의 법칙을 세우셨습니다. 하나님은 이것을 아담에게 지시하셨고, 아담은 가인과 아벨에게 분명히 가르쳤을 것이고, 아벨은 아버지 아담에게 배운 대로 하나님의 원하시는 제사를 드렸던 것입니다. 이러한 제사에 대해 히브리서 11장은 "아벨이 믿음으로 하나님께 드렸다"고 기록한 것입니다.

반면 가인은 믿음으로 하나님께 예배를 드리지 않았습니다. 가인은 온 마음을 다하지도 않았고, 하나님이 정하신 법칙에 따라 제물을 드리지도 않았습니다. 분명히 하나님은 피의 제사를 명하셨음에도 가인은 자기가 농사한 소산으로 제물을 드렸습니다. 가인은 하나님을 경외하지 않았고, 하나님의 뜻대로 순종하려는 마음도 없었습니다. 그저 제사를 드리라고 하니 할 수 없이 형식적으로 제사를 드렸을 뿐입니다. 가인은 자기 생각과 판단에 의한 행동했을 뿐 하나님의 뜻에는 관심조차 없었던 것입니다. 어떤 분은 가인은 농사꾼이니 농산물로 제물을 드릴 수밖에 없었지 않느냐고 묻습니다. 하나님께 대한 경외심과 믿음이 있었더라면 양 새끼 몇 마리 구하는 것이 그리 어려운 일이겠습니까? 다음에 나오는 가인의 행동을 보면 그가 하나님을 경외하지 않았다는 것이 여실히 드러납니다.

3. 가인의 분노와 하나님의 책망

가인은 자신의 제물을 안 받으신 하나님께 화가 나서 얼굴이 붉으락푸르락 해졌습니다.

(창세기 4:5) _ 가인이 몹시 분하여 안색이 변하니

설교를 들을 때 사람들은 세 가지 유형의 반응을 보인다고 합니다. 가장 먼저, 바른 태도인데, 눈을 똑바로 뜨고 설교자를 바라보면서 말씀에 아멘으로 화답하는 유형입니다. 이런 사람에게 하나님은 풍성한 은혜를 부어 주십니다. 두 번째는 무관심한 태도로 일관하고, 딴 생각하고, 그리고 꾸벅꾸벅 조는 유형입니다. 이들은 하나님께 관심도 없고, 말씀을 듣고 그대로 살아볼 생각이 전혀 없는 사람들입니다. 이런 예배를 하나님이 기뻐 받으시겠습니까? 마지막으로, 세 번째는 설교를 듣고 마음속으로 화를 내는 유형입니다. 오늘 가인과 같이 말입니다. 왜 그럴까요? 그들은 감춰둔 속마음을 들켰기 때문에, 죄를 지적받았기 때문에 자존심이 상해서 화를 내는 것입니다. 자기 방식을 하나님이 인정하지 않으시기 때문에 속이 상한 것입니다. 나름대로 최선을 다했는데, 하나님이 왜 나를 인정하지 않느냐는 것입니다.

다시 한 번 말씀 드립니다. 신앙은 내 뜻을 버리고 하나님의 뜻을 따르는 것입니다. 자기 생각, 자기 나름대로의 방식은 하나님의 뜻과 정반대라는 것을 알아야 합니다. 내 방식이 아니라 하나님이 말씀하시고 하나님이 정하신 방식대로 예배해야 합니다. 내 생각이 살아 있으면 하나님의 뜻대로 살아갈 수 없습니다. 하나님의 뜻대로 순종하지 않는 사람은 하나님의 자녀도 아니고, 하나님과 상관없는 사람입니다.

가인이 하나님께 얼굴을 붉혔다는 것은 하나님에 대한 존경심과 경외심이 없다는 증거입니다. 결국 하나님이 꼭 집어서 가인의 잘못된 생각과 행동에 대해서 책망하셨습니다.

(창세기 4:6~7) _ [6]여호와께서 가인에게 이르시되 네가 분하여 함은 어찌 됨이며 안색이 변함은 어찌 됨이냐 [7]네가 선을 행하면 어찌 낯을 들지 못하겠느냐

사실 가인이 분해하고 안색이 변한 것은 동생 아벨에 대한 시기심 때문이었습니다. 하나님께서 동생 아벨의 제물만 받고 자신의 제물을 받지 않으시자, 가인은 자존심이 상하고 분하고 화가 나서 얼굴색이 변했습니다. 가인은 하나님께 제사를 잘못 드린 자신을 돌아보고 회개했어야 마땅함에도 불구하고, 도리어 하나님을 원망하고 동생에 대한 시기심으로 인해 마음의 분노를 일으킨 것입니다.

결국 이러한 시기심은 인류 최초의 살인이라는 비극을 낳고 말았습니다. 그래서 예수님은 "형제를 향해 노하는 자마다 심판을 받게 된다"(마 5:22)고 말씀하셨고, 사도 요한도 "그 형제를 미워하는 자마다 살인하는 자"(요일 3:15)라고 하였던 것입니다. 성경에 형제를 사랑하라는 말은 있어도(요 5:12; 요일 4:7), 미워하라는 구절은 없습니다.

하나님은 가인에게 "마음속의 분노를 다스림으로써 더 큰 죄악을 짓지 말라"고 경고하십니다.

(창세기 4:7) _ 선을 행하지 아니하면 죄가 문에 엎드려 있느니라 죄가 너를 원하나 너는 죄를 다스릴지니라

인간은 누구나 마음속에 죄의 소원 즉, 죄를 지으려는 욕망을 가지고 있습니다. '죄가 문에 엎드린다'는 것은 죄가 먹이를 덮치려고 기회를 노리는

맹수처럼 우리 마음 한쪽에서 도사리고 있다는 말입니다. 우리가 악한 생각을 조금만 가져도 즉시 충동하여 우리로 하여금 죄를 범하게 하려고 말입니다.

그러므로 성도들은 죄에게 지지 말고 죄를 다스려야 합니다. 여기서 '죄의 소원'은 가인이 동생 아벨을 살해하려는 의도를 가졌음을 가리키고, 죄를 다스리라는 말은 살인적인 시기심을 삭이고 오히려 회개함으로 강렬하고도 악한 죄의 세력이 그의 마음을 지배하지 못하도록 하라는 말입니다. 이것은 우리들을 향하여 강렬한 죄의 욕망을 제어하고 극복할 것을 권면하는 말씀입니다. 따라서 우리는 죄가 침투하여 우리를 사로잡지 못하도록 죄를 경계하고 죄의 욕망과 유혹을 억제해야 합니다. 그러나 죄를 다스리는 것은 우리의 힘만으로는 해결하기 어렵습니다. 오직 대장 되시는 그리스도 예수 안에서 성령의 도우심을 입을 때만 가능합니다(엡 6:10~11). 우리가 죄를 억제하고 다스리기 위해서는 두 가지 방법이 있습니다. 하나는 소극적인 방법으로 죄를 범하지 않기 위해 노력하는 것이고, 다른 하나는 적극적인 방법으로 선을 행하는 것입니다. 스포츠 경기에서 최선의 공격은 최선의 방어라는 말이 있듯이, 우리가 최선을 다해 선을 행할 때 죄가 틈타지 못하게 됩니다.

똑같이 예배를 드렸지만 아벨의 제물은 하나님께 열납되고, 가인의 제물은 외면당했습니다. 영과 진리로 드리는 예배는 하나님이 기뻐 받으시지만, 형식적이고 의무적으로 드리는 예배는 하나님이 받지 않으신다는 것을 기억하시기 바랍니다. 평소 하나님이 기뻐 받으실 만한 예배를 드리고 있는지 살펴보시기 바랍니다. 그리고 온 마음을 다해 하나님이 기뻐하시는 예배를 드리시고 하나님과 교제하고 하나님이 내려주시는 풍성한 은혜 안에 거하시기를 바랍니다.

18. 최초의 살인 (창 4:8~15)

아담의 죄로 인해 타락하고 부패한 인간의 마음속에는 시기심이 자리 잡게 되었습니다. 다시 말해, 현재 우리들의 악한 마음은 누군가로부터 배우는 학습(學習)에 의한 것이 아니라 본성에서 비롯된 것입니다. 성경에는 시기심으로 인해 죄악을 저지른 사람들이 여럿 등장하는데, 본문에 나오는 가인, 다윗을 시기했던 사울 왕, 요셉을 팔아넘긴 형제들이 그 대표적인 예입니다. 시기는 바울이 로마서 1장 29절에서 지적한 바와 같이 타락한 인간의 마음에서 나오는 죄악상의 한 단면입니다. 따라서 우리 안에 시기심이 없을 수는 없습니다. 단지 그 시기심이 우리 안에서 발동되었을 때에 그것을 어떻게 처리하느냐가 중요합니다.

앞서 가인이 하나님께서 아벨의 제사만 받으시고 자신의 제물을 받지 않자 분노했었습니다. 그래서 하나님께서 "죄의 소원은 네게 있으나 너는 죄를 다스리라"고 경고하셨습니다. 이와 같이 어떤 나쁜 생각이 마음속에 일어날 때 우리는 말씀을 통해 그것을 지적받게 됩니다. 그러한 때에 곧바로 죄를 고백하고 회개하면 모든 것이 해결됩니다. 그러나 자신의 생각을 합리화하면 해결방법은 생기지 않고 오히려 화를 불러일으키게 됩니다.

만약 가인이 마음의 시기와 죄악 된 마음을 지적받았을 때 솔직하게 인정하고 회개하면서 하나님의 도우심을 구했더라면 분명히 문제가 해결되고 마음의 평안을 얻었을 것입니다. 그러나 가인은 회개하는 대신에 시기심과 분노를 더욱 키워갔습니다. 동생 아벨 때문에 자신의 제물이 하나님께 열납(悅納)되지 못했다는 생각이 굳어졌고, 결국에는 동생을 죽이기로 마음먹고 실행하려고 작정하는 단계에까지 이르고 말았습니다. 가인은 시기심과 분노를 다스리지 못하고 마침내 악에게 굴복하고 만 것입니다.

1. 최초의 살인

죄의 유혹에 굴복한 가인은 동생 아벨을 죽였습니다.

> (창세기 4:8) _ 가인이 그의 아우 아벨에게 말하고 그들이 들에 있을 때에 가인이 그의 아우 아벨을 쳐죽이니라

가인은 거짓말로 아벨을 꾀어 들로 나오도록 유인했습니다. 어쩌면 하나님의 이름이나 아담의 이름을 들먹이며 아벨 혼자서 들로 나오도록 했을 것입니다. 가인은 몰래 숨어 있다가 아벨이 오는 것을 보고 갑자기 달

려들어 돌로 쳐 죽였습니다. 동생에 대한 시기심과 미움이 사무쳐 결국 혈육인 동생 아벨을 죽이고 만 것입니다. 그의 마음 문 앞에 엎드리고 있던 죄를 다스리지 못하고 죄의 지배를 받게 된 결과였습니다. 결국, 죄는 한 가정을 파괴하고 형제의 관계마저 파괴하고 말았습니다. 이와 같이 작은 죄라도 그대로 방치하면 적은 누룩이 온 밀가루를 부풀리는 것과 같이 순식간에 인간의 삶을 지배하여 하나님과는 물론 공동체와 자신마저 파괴하고 맙니다.

(야고보서 1:15) _ 욕심이 잉태한즉 죄를 낳고 죄가 장성한즉 사망을 낳느니라

그러므로 우리들은 죄가 침투할 수 있는 어떤 빌미도 제공하지 말아야 합니다.

2. 죄를 부인하는 가인

하나님이 가인에게 아벨이 어디 있느냐고 물으셨습니다.

(창세기 4:9) _ 여호와께서 가인에게 이르시되 네 아우 아벨이 어디 있느냐

하나님은 아벨이 어떤 일을 당했는지 몰라서가 아니라 가인이 먼저 스

스로 회개하고 돌이키기를 원하셔서, 짐짓 모르는 척하며 물어보신 것입니다. 그러나 가인은 퉁명스럽게 대답합니다.

> (창세기 4:9) _ 그가 가로되 내가 알지 못하나이다 내가 내 아우를 지키는 자니이까

아마도 가인이 아벨을 쳐 죽일 때 그곳에는 아무도 없었을 것입니다. 그래서 가인은 자신이 완전범죄를 했다고, 심지어 하나님도 모른다고 생각했던 것 같습니다. 그러니 그렇게 뻔뻔하게 아벨이 어디 있는지 모른다는 거짓말로 하나님을 속이려고 했던 것입니다. 그러나 이것은 마치 손바닥으로 제 눈을 가리고 하늘이 없다고 말하는 것과 같은 어리석은 일입니다. 하나님은 안 계신 곳이 없으며, 인간의 마음까지 감찰하시고 아시는 분이며(렘 17:10), "모든 행위와 모든 은밀한 일을 선악 간에 심판하시는 분"(전 2:14)이십니다. 그러므로 우리는 죄를 저질렀을 때 하나님을 속이려 하지 말고 모든 것을 아시는 하나님 앞에 죄를 낱낱이 고백하고 회개함으로 용서를 구해야만 합니다. 그러면 자비가 무한하신 하나님께서 죄를 용서하시고 회복의 길을 열어주실 것입니다.

3. 살인자 가인이 받은 심판

하나님은 가인에게 죽은 아벨의 핏소리가 호소하고 있다고 말씀하셨습

니다.

> (창세기 4:10) _ 이르시되 네가 무엇을 하였느냐 네 아우의 핏소리가 땅
> 에서부터 내게 호소하느니라

아무 죄도 없이 억울하게 죽은 아벨이 하나님께 쉬지 않고 부르짖고 있습니다. 하나님은 억울한 자의 호소를 외면하지 않고 반드시 갚아주십니다(살전 4:6). 따라서 우리들은 아무리 약하고 보잘 것 없는 사람이라 해도 그들을 억울하게 해서는 안 됩니다. 그들의 억울함이 하나님께 상달되면, 하나님께서 직접 우리에게 그대로 갚으실 것이기 때문입니다.

하나님은 동생을 죽인 죄를 뉘우치지 않고 변명만 늘어놓는 가인에게 저주를 선포하셨습니다.

> (창세기 4:11~12) _ [11]땅이 그 입을 벌려 네 손에서부터 네 아우의 피를
> 받았은즉 네가 땅에서 저주를 받으리니 [12]네가 밭을 갈아도 땅이 다시는
> 그 효력을 네게 주지 아니할 것이요 너는 땅에서 피하며 유리하는 자가
> 되리라

죄 없는 아벨의 피를 흘려 땅을 더럽혔으므로 가인은 땅의 저주를 받게 되었습니다. 그 결과 가인은 아무리 열심히 땅을 일궈도 소득을 얻을 수 없었습니다. 땅을 의지하며 살았던 농부 가인이 땅에서 소득을 얻을 수 없다는 것은 비참한 일이었습니다. 이제 가인은 땅을 근거로 농사하는 생활을 버리고 여기저기 떠도는 방랑자의 삶을 살아가야 했습니다. 하나님께

죄를 지은 인간은 어디로 피하여도 마음의 안식을 얻지 못하고 고뇌와 정함이 없는 곤고한 삶을 살아갈 수밖에 없습니다(렘 11:11).

4. 여전히 이기적인 가인의 간구

가인은 자신이 받은 죄벌이 감당하기에 너무 무겁다고 하나님께 호소하였습니다.

> (창세기 4:13) _ 가인이 여호와께 아뢰되 내 죄벌이 지기가 너무 무거우니이다

참 뻔뻔하고 이기적인 모습이 아닐 수 없습니다. 정작 자신은 살인죄를 저질러 놓고 자신에게 내려진 죄벌이 너무 무겁다고 엄살을 부리고 있으니 말입니다. 죄를 범했을 때 솔직하게 자신의 죄를 고백하고 하나님께 용서를 구했다면 다소 정상을 참작하는 바람도 있겠지만, 가인은 그렇게 하지 않았습니다. 다시는 죄를 짓지 않겠다는 각오도 없었습니다. 가인은 오직 하나님의 형벌로 인해 자신이 죽임을 당할까봐 두려워하고 있습니다.

> (창세기 4:14) _ 주께서 오늘 이 지면에서 나를 쫓아내시온즉 내가 주의 낯을 뵈옵지 못하리니 내가 땅에서 피하며 유리하는 자가 될지라 무릇 나를 만나는 자마다 나를 죽이겠나이다

가인은 하나님의 낯을 보지 못하는 것이 두렵고, 다른 사람들에게 살해당할까봐 두려운 것입니다. 가인은 앞으로 하나님이 베푸시는 관심과 은총을 받지 못하는 것을 두려워하고 있습니다. 그가 비록 살인이라는 끔찍한 죄를 저지르고 자기중심적으로 살아왔지만, 하나님을 경외하지 않고 그분의 뜻을 따르지도 않지만, 하나님의 은혜는 필요하다는 것이지요. 참으로 이기적이고 이중적인 가인의 모습입니다.

또한 가인은 만나는 사람마다 자신을 죽이려 할 것을 두려워했습니다. 여기서 '나를 만나는 자'란 아담의 다른 후손들을 가리킵니다. 아담과 하와는 가인과 아벨에 이어 다른 자식들을 여럿 낳았을 것이고, 앞으로도 낳게 될 것입니다. 그들은 가인이 아벨을 죽인 사실을 알았고, 그들이 아벨의 원수를 갚으려 할 것이기 분명하기 때문에 가인은 두려워서 하나님께 긍휼을 베풀어달라고 호소한 것입니다. 아무 죄도 없는 동생 아벨을 죽였으면서 정작 자기는 죽기가 싫다는 것입니다.

이러한 이기적이고 이중적인 못된 심리는 가인 혼자만의 것이 아닙니다. 죄로 인해 타락한 모든 인간 속에 내재된 죄악의 쓴 뿌리일 뿐입니다. 오늘날 기독교인들 가운데 상당수에게서 이러한 가인의 모습을 엿볼 수 있습니다. 즉, 하나님 뜻대로 살지 않고 자기중심적으로 살면서도 하나님과 교회를 떠나지 못하는 사람들이 많다는 얘기입니다. 교회에 안 나오자니 마음이 찜찜하고, 나와서 예배를 드리자니 온통 귀에 거슬리는 말 뿐이어서 지루하기가 짝이 없습니다. "자기를 부인하고 자기 십자가를 져라, 양보해라, 희생해라, 내 뜻을 버리고 하나님 뜻대로만 순종하고 살아라" 등이 마냥 듣기 좋은 말은 아니겠지요. 하지만 한 발은 세상(욕구)에 다른 한 발은 하나님(은혜)께 두고 어기적대는 이기적 신앙을 벗어나야 합니다.

5. 하나님이 가인을 긍휼히 여기시다

하나님은 가인에게 긍휼을 베풀어 주셨습니다.

> (창세기 4:15) _ 여호와께서 그에게 이르시되 그렇지 아니하다 가인을 죽이는 자는 벌을 칠 배나 받으리라 하시고 가인에게 표를 주사 그를 만나는 모든 사람에게서 죽임을 면하게 하시니라

"나를 만나는 자가 나를 죽일 것입니다"라는 가인의 호소를 들은 하나님께서는 그에게 표(標)를 주어서 죽음을 당하지 않도록 조치를 내려 주셨습니다. 하나님은 가인이 비록 죄를 범했지만 죽음의 공포에서 벗어나도록 내적 확신을 주셨으며, 만약 가인을 죽이는 자가 있다면 하나님이 직접 원수를 갚아주실 것까지도 보장해 주신 것입니다. 하나님은 공개된 재판의 자리(분명 아담과 하와 그리고 다른 자녀들이 함께 모인 곳)에서 모두에게 가인을 죽이지 말 것을 명령하시면서 누구나 알 수 있는 어떤 물건을 주어 그에 대한 표시를 삼으셨습니다. 하나님은 그들에게 어떠한 일이 있어도 가인을 해하지 말 것을 공표하셨습니다. 이것은 죄인을 향한 하나님의 자비가 얼마나 크고 놀라운가를 잘 보여줍니다.

사실 가인은 하나님으로부터 그러한 은혜와 자비를 입을 자격이 전혀

없었습니다. 가인은 자신의 뜻과 방법대로 하나님께 제사를 드렸고, 하나님께 합당하지 않다는 것을 알면서도 회개하기는커녕 계속해서 자기의 뜻과 방법대로 살기를 고집했습니다. 그러다가 결국에는 인류 최초로 형제를 살해하는 엄청난 죄악에 이르게 되었습니다. 더 나아가 그에 대한 하나님의 심판마저 원망합니다. 한마디로 가인은 구제불능의 존재였습니다. 그럼에도 하나님은 그를 즉각 멸망시키지 않고 자비를 베풀어 주셨습니다. 가인이 살인한 이후에도 하나님은 그를 찾아오셨고, 그를 저주하는 가운데서도 그에게 보복이 가해지지 않을 것을 약속하셨으며, 그것을 확증하는 표까지 주셨습니다. 이처럼 하나님은 극악한 죄인이라도 오래 참으시며 끝까지 은혜를 베푸는 분입니다. 하나님의 자비하심에는 끝이 없습니다. 그래서 시편 기자는 노래합니다.

(시편 108:4) _ 주의 인자하심이 하늘보다 높으시며 주의 진실은 궁창에까지 이르나이다

하나님께서 형제를 살해한 가인을 보호하여 주셨다는 사실은 하나님의 은혜가 인간의 행위와 상관없이 하나님의 뜻에 의해 무조건적으로 주어진다는 것을 의미합니다. 오늘날 우리들 역시 완전히 부패한 죄인으로서 스스로는 아무 공로 없으나 하나님의 자녀로 부름 받아 구원을 얻었습니다. 즉, 전적인 하나님의 은혜를 누리며 살고 있다는 겁니다.

다만, 여기서 한 가지 간과해서는 안 될 것이 있습니다. 그것은 "하나님의 오래 참으심과 자비로우심을 악용하여 회개하지 않고 계속해서 죄 가

운데 거하는 것은 하나님을 멸시하는 행위로써 하나님의 심판의 날에 임할 진노를 머리 위에 쌓는 것과 같다"는 사실입니다(롬 2:4~5). 그러므로 우리들은 하나님께서 오래 참고 기다리심으로 자비를 베푸실 때에 모든 죄악의 행실을 끊고 하나님께 속히 회개하고 돌아와야 할 것입니다. 하나님은 무한히 자비하셔서 회개하는 자는 용서하시지만, 그 마음이 강퍅하여 회개하지 않고 계속해서 죄를 범하는 자들에게는 심판 날에 그에 합당한 형벌로 보응하신다는 사실을 잊지 말아야 할 것입니다.

> (요엘 2:13) _ 너희는 옷을 찢지 말고 마음을 찢고 너희 하나님 여호와께로 돌아올지어다 그는 은혜로우시며 자비로우시며 노하기를 더디하시며 인애가 크시사 뜻을 돌이켜 재앙을 내리지 아니하시나니

그리고 만약 당신의 마음에서 시기심이 일어난다면 이렇게 해보십시오. 먼저 그 죄를 고백하십시오. 그리고 상대방을 위하여 매일 기도하십시오. 마지막으로 하나님께서 내게 베풀어 주신 은혜를 기억하며 감사를 드리십시오. 그렇게 하면 시기심은 봄바람에 눈 녹듯 사라져버릴 것입니다. 물론 단번에 해결되지 않을 수 있습니다만, 실망하지 말고 계속해서 시도하십시오. 성령님께서 도와주실 것입니다.

6. 결론

지금 어느 길로 가고 있습니까? 혹시 가인과 같이 하나님의 뜻을 무시하고 내 생각 내 뜻을 고집하며 살아가고 있지는 않습니까? 우리는 하나님의 은혜로 하나님의 자녀 된 사람들이며, 내 뜻을 버리고 하나님의 뜻에 순종하며 살아야 하는 그리스도인입니다. 하나님의 뜻과 방법대로 살아가는 신본주의적 삶을 통해 하나님께 의롭다는 인정을 받고 영생의 복을 받아 누리시기를 바랍니다.

19. 가인의 후예들 (창 4:16~24)

이 세상을 살아가는 인간을 크게 두 부류로 나눈다면, 하나님의 뜻대로 살아가는 사람들과 자기 뜻대로 살아가는 사람들로 나눌 수 있습니다. 이를 두고 사도 바울은 '육에 속한 사람과 영에 속한 사람'으로 구분했습니다.

하나님이 처음 인간을 거룩한 존재로 만드셨지만, 아담의 범죄로 인하여 인간들 사이에 하나님께 순종하고 그를 경외하는 구원받은 무리와 하나님을 거부하고 본성대로 행하여 멸망하게 된 구원받지 못한 자들의 구분이 생겨났습니다. 제19장의 본문은 하나님을 떠난 가인과 가인의 후예들에 대한 이야기입니다. 과연 그들의 삶은 어떠한 모습이었는지 같이 살펴보도록 하겠습니다.

1. 가인이 쌓은 에녹 성

가인은 하나님 앞을 떠나 에덴 동편 놋 땅으로 갔습니다. 즉, 가인은 자기가 원하는 대로 살고 싶고, 인간 중심의 인본주의적 삶을 살고 싶어서 의도적으로 자신을 하나님으로부터 멀리 분리시켜 떠나간 것입니다. 가인은 그곳에서 자신이 의도한 대로 자기가 원하는 것을 이루며 살았습니다. 자손을 얻고 계보를 형성함은 물론 나름대로 문화와 문명을 창출할 수 있었습니다. 그러나 하나님을 떠난 가인과 그의 후손들이 이룩한 문화와 문명은 부패하고 타락한 것뿐이었습니다. 이것은 하나님을 떠난 인간이 스스로 어떠한 선도 이룰 수 없다는 것을 잘 보여줍니다.

가인이 아내를 맞이하고 아들을 낳았습니다. 아마도 가인은 자신의 누이와 결혼했을 것입니다. 물론 후에는 근친결혼을 엄격히 금했지만(레 20:11~17), 결혼 대상이 제한적일 수밖에 없는 인류 초기 단계에는 하나님께서 이를 잠정적으로 허용하셨기 때문입니다. 가인이 자신의 아내와 동침하여 아들을 낳고 에녹이라고 불렀습니다. 시기심 때문에 동생을 죽이고 뻔뻔하게 하나님 앞에서 거짓말까지 해댄 가인에게 아들까지 주신 것은 사랑이 많으신 하나님께서 은혜를 베푸신 결과였습니다.

가인은 그곳에 정착해서 성(城)을 쌓았습니다. 가인이 성을 쌓은 것은 범죄 이후 그의 마음을 사로잡고 있는 공포심 때문이었을 것입니다. 즉, 가인은 하나님으로부터 죽임을 면하는 표를 받았음에도 불구하고 이를 신뢰하지 못하고 스스로 자구책을 마련하는 불신앙을 보였던 것입니다. 앞서 하나님께서 분명 가인에게 땅에 정착하지 못하고 방랑자로 살 것이라 선포하셨는데, 가인은 이를 거부하고 놋 땅에 정착하고자 성을 쌓았던 것으로 보입니다. 이처럼 가인은 범죄 이후에도 돌이키지 않고 계속해서 하나님의 뜻을 거역하고 살았습니다. 그러나 하나님을 떠난 인생은 실패할 수밖에 없음을 성경이 증거하고 있습니다.

> (시편 127:1~2) _ [1]여호와께서 집을 세우지 아니하시면 세우는 자의 수고가 헛되며 여호와께서 성을 지키지 아니하시면 파수꾼의 깨어 있음이 헛되도다 [2]너희가 일찍이 일어나고 늦게 누우며 수고의 떡을 먹음이 헛되도다 그러므로 여호와께서 그의 사랑하시는 자에게는 잠을 주시는도다

2. 하나님을 떠난 가인의 후예들

창세기 4장 19절은 인류 역사상 일부다처제라는 악한 삶의 방식이 시작됨을 보여주고 있습니다.

> (창세기 4:19) _ 라멕이 두 아내를 맞이하였으니 하나의 이름은 아다요 하나의 이름은 씰라였더라

하나님께서 태초에 인간을 창조하실 때 남자를 위하여 돕는 배필로 여자를 창조하였으며, 둘이 결합하여 한 몸이 되도록 명하셨습니다 (2:18~24). 그리고 인류는 비록 범죄 이후 타락하였지만 일부일처의 전통이 당시까지는 잘 지켜져 왔었는데, 가인의 후손 라멕 때에 이 아름다운 전통

이 무너져버리고 말았습니다.

라멕은 아다와 씰라, 두 아내를 거느리게 되었습니다. 라멕이 두 아내를 취한 이유는 안목의 정욕 때문이라고 할 수 있습니다. 라멕의 아내인 '아다'는 그 이름의 뜻이 '단장하다' 또는 '아름답다'라는 의미이며, '씰라'는 '딸랑거리는 자' 또는 '악기를 다루는 자'라는 의미입니다. 즉, 아다라는 여인은 몸단장에 많은 시간과 정신을 쏟는 허영심이 많은 여인이었고, 씰라는 인간의 귀를 즐겁게 하는 자로서 악기 연주와 아부를 잘하는 여인이란 의미입니다. 라멕은 이러한 여인들을 취하여 육체의 쾌락을 즐기며 자신의 위세를 뽐냈을 것입니다. 그러나 언젠가는 사라질 여인의 아름다움에 취해 하나님의 창조 질서를 어긴 라멕은 실로 영적으로 우둔하고 어리석은 자였습니다. 라멕은 "모든 육체는 풀이요 그 모든 아름다움은 들의 꽃 같으니"(사 40:6,7)라는 말씀을 기억해야 했습니다. 이 세상의 모든 것들은 쇠하고 스러져 갑니다. 영원한 것이 없습니다. 여러분은 언젠가는 사라질 눈에 보이는 것에 마음을 주지 말고 하나님께 마음을 두시기 바랍니다.

본문 18절부터 22절까지에서 가인의 후손들의 이름과 그들의 삶이 소개되고 있습니다. 진화론적 사관을 가진 자들은 인류의 문명이 아주 미개한 데서 점점 발전했다고 봅니다만, 성경은 창조 시부터 사람들이 상당한 문화를 향유하고 있음을 보여 줍니다(22절). 이러한 사실은 인류 초기에 농업과 목축업이 등장하고, 성을 쌓고, 도시생활을 하며, 악기를 가지고 연주했으며, 철로 기계를 만들었다는 역사 기록에서도 확인되고 있습니다.

가인이 아다에게서 낳은 야발은 가축을 치는 목축업자인데, 그는 여기저기 이동하면서 장막(텐트)을 치고 살았다고 성경이 기록하고 있습니다. 또한 야발이 가축을 먹이는 자들의 조상이 되었다는 것은 그가 매우 부자였다는 사실을 상기시킵니다. 나아가 야발이 부자였다는 사실로부터 이 세상에 부자와 가난한 자, 곧 빈부격차가 생겼음을 짐작할 수 있습니다. 이때부터 이미 인간들은 부를 축적하기 위해 노력하고, 또 이러한 경쟁에서 탈락한 가난한 자가 상대적으로 상실감을 갖는 현상이 나타났습니다.

야발의 동생 유발은 여러 가지 악기를 잘 다루는 음악가였습니다. 여기서 수금은 현악기를 가리키고, 퉁소는 입으로 소리를 내는 관악기를 가리킵니다. 따라서 유발은 현악기나 관악기를 잘 다루는 음악적 재능이 출중한 자였음을 보여줍니다.

야발과 유발의 이복동생인 두발가인은 각종 철을 잘 다루는 능숙한 대장장이였습니다. 특히 그는 날카로운 무기를 즐겨 만들었다고 기록하고 있습니다.

두발가인의 누이의 이름은 '아름답다' '즐겁다'라는 의미를 가진 나아마였습니다. 나아마가 어떤 여자인지 정확히 알 수 없지만, 일반적으로 자손의 명단에서 여자의 이름을 기록하지 않는 고대인들의 관습으로 볼 때, 여자인 나아마의 이름이 기록된 것은 그녀가 어떤 면에서든지 특출했던 인물이었음을 짐작하게 합니다. 다만, 긍정적인 면보다는 부정적인 측면이 강한데, 이는 나아마의 이름이 의미하는 바와 더불어 세속화된, 쾌락을 추구하는 타락한 문화로 가득 찬 당시 놋 땅의 상황을 고려한 결과입니다. 즉, 나아마는 아름다움을 추구하여 자신을 꾸미고 쾌락을 추구한 여자였을 것으로 보입니다.

3. 라멕의 복수의 노래

23~25절은 성경에 등장하는 최초의 시 형식의 글입니다. 성경에서 보통 시(詩)나 노래는 하나님을 찬양하는 데 사용되고 있습니다. 그런데 이 라멕의 시는 우리에게 매우 큰 충격을 안겨줍니다. 라멕의 시는 인간의 타락상을 반영하는 호전적이고 잔혹한 내용의 시이기 때문입니다. 그래서 이 라멕의 시는 '칼의 노래'라고 불립니다. 먼저, 라멕은 자신의 두 아내를 향해 자신의 호기를 뽐내며 노래를 부릅니다.

> (창세기 4:23) _ 라멕이 아내들에게 이르되 아다와 씰라여 내 목소리를 들으라 라멕의 아내들이여 내 말을 들으라

라멕은 인류 최초로 두 아내를 취하여 결혼의 신성함을 파괴하고 하나님의 창조 질서를 어지럽히는 죄를 범하였으면서도 오히려 이를 자랑스럽게 여기고 그들에게 자신의 악함을 과시하는, 실로 패역한 자였습니다. 하나님을 알지도 못하고 믿지도 않는 라멕이 자기 죄를 자랑하듯 말하고 있습니다.

> (창세기 4:23) _ 나의 상처로 말미암아 내가 사람을 죽였고 나의 상함으로 말미암아 소년을 죽였도다

라멕은 자신이 당한 약간의 상처 때문에 앞길이 창창한 젊은이를 잔인

하게 살해했다고 말합니다. 다른 사람의 생명을 빼앗아 놓고도 아무런 죄의식을 느끼지 못하고 있음은 물론, 이를 회개하지 않고 오히려 자랑하며 노래까지 지어 부르고 있습니다. 이것은 그 당시 사람들이 얼마나 타락하고 부패했는지를 잘 보여주는 증거입니다.

그런데 이것은 오늘날, 가인의 영적인 후손인, 하나님을 모르는 사람들에게서 흔히 볼 수 있는 모습이기도 합니다. 일례로 요즘 가장 핫한 뉴스 중 하나가 학교, 학원 등에서 발생하는 청소년들 간 폭행문제입니다. 정도를 지나쳐 심각한 범죄에 해당하는 폭행을 가하고도, 가해 학생들이 행위를 뉘우치기는커녕, 오히려 유명세를 타게 됐다고 낄낄거리며 마치 영웅적인 일을 한 듯 말하는 것을 듣고 크게 충격을 받은 기억이 있습니다.

아무튼 라멕의 범죄행위는 여기서 그치지 않습니다. 라멕은 하나님의 말씀을 무시하고 왜곡하는 참담한 일까지 벌이고 맙니다.

(창세기 4:24) _ 가인을 위하여는 벌이 칠 배일진대 라멕을 위하여는 벌이 칠십칠 배이리로다 하였더라

하나님께서 죄 없는 동생을 죽인 가인을 해치는 자에게 칠 배의 벌을 내리신다면, 해를 가한 자를 죽인 자신에게 복수하려는 자에게 칠십칠 배의 벌을 내려야 맞다는 것입니다. 하나님의 긍휼하신 보호하심을 자신의 잔인한 복수의 논리로 바꾸었습니다. 살인과 복수를 즐기며, 나아가 자랑하며 흥겹게 노래하기까지 하는 이 모든 것이 하나님을 무시하는 라멕의 교만함에서 나온 것입니다. 성경에서 교만은 하나님의 뜻에 순종하지 않는

것을 말하며, 하나님과 동등해지려다 타락한 천사, 곧 사탄으로부터 온 것입니다(사 14:12~15). 그러므로 교만은 우상숭배와 같은 죄로서 하나님의 심판을 불러일으키게 됩니다.

> (이사야 2:11) _ 그 날에 눈이 높은 자가 낮아지며 교만한 자가 굴복되고 여호와께서 홀로 높임을 받으시리라

하나님을 떠난 가인과 그 후손들은 나름대로 생육하고 번성하여 문화를 발전시키고 문명을 이루었습니다. 그러나 그들이 이루어 놓은 문화와 문명에는 세속적인 죄와 폭력과 교만의 썩은 냄새만 가득할 뿐이었습니다. 사랑과 겸손의 아름다운 향기는 도무지 없었습니다. 그러므로 그들은 노아의 홍수 때에 하나님으로부터 버림받아 모두 멸망당하고 말았습니다. 오늘날 가인의 영적 후손들의 삶의 방식 역시 세상 풍조를 따른 것입니다. 하나님의 말씀을 무시한 채 자기 생각과 뜻대로 살아가는 것, 인본주의적인 사상과 부와 쾌락을 추구하는 삶이 바로 멸망당할 가인의 후예들의 모습입니다.

그러면 내가 가인의 후예인지 아니면 그리스도의 사람인지를 어떻게 구분할 수 있을까요? 간단합니다. 매일 내가 생각하고 추구하는 것이 무엇인지 생각해보면 됩니다. 내가 하고 싶은 것을 생각하고 그것을 추구하며 살아가고 있는지, 아니면 하나님과 그분의 말씀에 순종하려는 마음과 실천이 뒤따르는지를 보면 내가 어떤 사람인지 드러납니다.

인본주의적인 생각과 육신의 삶을 추구하는 가인의 후예들의 결말은 멸

망입니다. 지금도 가인의 영적 후손들은 이 세상에서는 나름대로 번성하고 향락을 누리며 살아가고 있습니다. 진실한 믿음의 사람들보다 더 부자로, 더 많은 것들을 누리며 살아가고 있습니다. 그들은 마치 하나님이 안 계신 것처럼 행동하고, 하나님보다 사람의 가치를 최고로 높이는 인본주의적 삶을 살아가고 있습니다. 그러나 이들 역시 홍수로 멸망한 가인의 후손들과 같이 결국에는 하나님의 심판을 받아 영원히 멸망을 당하게 될 것입니다.

그러므로 예수 그리스도를 구주로 믿는 우리들은 가인의 후예들처럼 하나님이 없는 인본주의적인 삶을 살아서는 안 됩니다. 하나님의 자녀로 부르심을 받고 예수 그리스도의 제자 된 우리들은 하나님과 그분의 말씀 안에 거하는 신본주의적 삶을 통해 아름답고 경건한 문화를 세워가며, 이 땅에 거룩한 하나님의 나라가 임하게 하고, 그리스도의 계절이 오도록 해야 할 것입니다. 그것이 하나님이 기뻐 받으시는 삶이며, 하나님께 영광을 돌리는 삶입니다. 우리가 하나님 중심으로 살아갈 때 주님이 우리와 동행하시고, 성령께서 우리를 선하고 아름다운 삶으로 인도하실 것입니다.

20. 새로운 시작 (창 4:25~26)

아담과 하와가 죄를 범했을 때, 하나님께서는 그들에게 가죽옷을 지어 입히심으로 여자의 후손인 예수 그리스도의 십자가를 통한 구속(救贖)을 약속해 주셨습니다. 다시 말해, 구속의 약속은 아담과 하와의 거룩한 씨를 통해 이어져서 결국에는 여자의 후손으로, 다윗의 자손이라는 이름으로 인간 역사에 등장하게 됩니다. 아담과 하와에게 한 약속이 예수 그리스도에게로 이어져 우리를 죄에서 구원하는 하나님의 역사를 '구속사(救贖史)'라고 하고, 다른 말로 '약속의 씨'에 관한 이야기라고 부르기도 합니다.

아담의 아들 가인은 아벨을 살해함으로 하나님의 거룩한 씨의 계보에서 탈락하였고, 아벨은 가인의 손에 살해당해 이 세상에서 사라져버리고 말았습니다. 그러면 이제 하나님께서는 이 약속의 씨를 어떻게 보존해가실까요? 간혹, 우리들의 관점에서는 미래에 대한 아무런 소망이 없어 보일 때가 있습니다. 하지만, 전능하신 하나님께서는 우리 인생에 대한 계획과 준비

를 모두 갖고 계십니다. 제20장의 본문에는 신실하신 하나님께서 약속을
이루어가는 방식이 드러나 있습니다. 우리 인생들을 향한 하나님의 간섭하
심의 역사가 어떻게 이루어지는지를 살펴보도록 하겠습니다.

1. 아벨을 대신한 셋의 탄생

아담과 하와는 아벨이 가인에게 죽임을 당하자 매우 참담하였을 것이
고, 이후 가인마저 하나님의 저주를 받아 놋 땅으로 떠나버렸을 때, 절망
에 빠졌을 겁니다. 참으로 인생의 허무함을 느끼고 삶의 소망마저 잃어버
릴 지경이었을 것입니다. 자식의 죽음만큼 부모에게 가슴 아픈 일은 없기
때문이지요. 하나님께서 슬퍼하는 아담과 하와를 위로하시고 그들에게
다시 아들을 낳도록 은혜를 베푸셨습니다. 아담과 하와는 아벨의 죽음과
죄악이 넘치는 현실에 주저앉아있을 수만 없었습니다. 그들은 하나님의 위
로와 권면에 따라 동침하였고, 아담의 나이가 130세가 되었을 때 아벨을
대신하여 주신 아들 셋을 낳았습니다.

> (창세기 4:25) _ 아담이 다시 자기 아내와 동침하매 그가 아들을 낳아 그
> 의 이름을 셋이라 하였으니 이는 하나님이 내게 가인이 죽인 아벨 대신에
> 다른 씨를 주셨다 함이며

아담과 하와는 세 번째 아들의 이름을 '하나님이 주셨다'는 의미로 셋이

라고 지었습니다. 즉, 아벨을 대신하여 주신 이 아들은 자신들의 소유가
아니라 하나님께서 맡겨주신 생명이라는 인식을 갖고 있었던 것입니다. 이
것은 자식을 낳은 모든 인간들이 가져야 할 바람직한 생각입니다. 자식이
나의 소유물이 아니라 하나님께서 내게 맡겨주신 생명이라는 마음을 가질
때 하나님께서 원하시는 대로 바르게 양육할 수 있기 때문입니다.

(시편 127:3) _ 자식들은 여호와의 기업이요 태의 열매는 그의 상급이로다

경건한 후손 아벨의 죽음과 불의한 가인과 그의 후손들의 세속적인 번
성과 죄악 된 삶들은 하나님의 구원의 빛이 꺼져버린 듯한 느낌을 갖게 하
기에 충분한 것이었습니다. 그러나 본문은 일찍부터 하나님께서 예언하신
'여자의 후손'을 나오게 할 혈통으로 셋이 출생하였다는 보도를 통해 죄악
된 세상 가운데서도 구속의 역사가 단절됨이 없이 진행되고 있다는 사실을
잘 말해 줍니다.

실제로 하나님의 구원 사역은 가인과 그의 후손들의 온갖 방해와 책동에
도 불구하고 예수 그리스도께서 오셔서 구속을 성취하시기까지 한순간도
단절됨이 없이 계속되어 왔습니다. 특별히 사탄의 무리들은 여자의 후손
으로 이 땅에 오신 예수 그리스도를 죽임으로써 하나님의 구원 사역을 결
정적으로 방해하고 하나님의 계획을 무너뜨리려고 했지만, 하나님은 오히
려 그들의 간계를 인류의 구속을 이루시는 결정적 기회로 삼으셨습니다(행
2:22~26).

(사도행전 2:23~24) _ ²³그가 하나님께서 정하신 뜻과 미리 아신 대로 내준 바 되었거늘 너희가 법 없는 자들의 손을 빌려 못 박아 죽였으나 ²⁴하나님께서 그를 사망의 고통에서 풀어 살리셨으니 이는 그가 사망에 매여 있을 수 없었음이라

이것이 이 세상의 주관자 되시는 하나님께서 일하시는 방식입니다. 그럼에도 세상의 많은 사람들은 하나님을 믿지도 않고 인정하려 들지도 않습니다. 그들은 하나님의 뜻에는 전혀 관심이 없고, 자신의 욕심을 채워줄 것들로 우상을 삼고, 자신의 생각과 자신의 방식대로 욕심을 부리며 쾌락을 추구하며 살아가고 있습니다. 그들의 행사는 성공 같아 보이지만 결국은 실패하고 멸망을 당하게 될 것입니다(전 1:14). 왜냐하면 세상의 가치관을 따라 사는 것은 곧 하나님의 원수가 되는 것이기 때문입니다. 그래서 야고보는 세상과 벗이 되고자 하는 자는 하나님과 원수 되는 것이니 겸손한 마음으로 하나님께 복종하는 삶을 살라고 권면했던 것입니다(약 4:4). 그러므로 우리들은 내 인생의 주인이 하나님이시라는 것을 인정하고 내 뜻은 버리고 하나님의 뜻에 순종하며 살아가야 합니다. 그러면 선하시고 능력 많으신 하나님께서 우리를 선하고 순탄한 길로 인도하실 것입니다.

2. 셋의 아들 에노스

세월이 흘러 아벨 대신에 하나님의 구속 역사의 혈통으로 선택된 셋이 아

들을 낳았습니다. 셋이 후손을 낳았다는 것은 하나님의 구원 역사를 위한 경건한 약속의 씨가 이어졌음을 의미합니다. 셋은 아들을 낳고 이름을 '에 노스'로 지었습니다.

(창세기 4:26) _ 셋도 아들을 낳고 그 이름을 에노스라 하였으며

'에노스'란 이름은 '유한하고 연약한'이란 의미인데, 아마도 셋의 아들 에 노스가 날 때부터 유약했던 것 같습니다. 셋이 유약하게 태어난 아들을 보면서 인간이란 스스로 자랑할 것이 없는 유한한 존재임을 깨닫고 하나 님 앞에 끊임 없이 겸손할 수밖에 없었던 것입니다. 가인은 성을 쌓고 아들 의 이름을 따서 에녹성이라고 지음으로 교만함을 드러냈지만, 셋은 스스 로 하나님의 도우심이 없이는 살 수 없는 존재라는 것을 시인하는 겸손함 을 드러냈습니다. 인간은 스스로의 힘으로는 일어설 수 없는 무력한 존재 라는 사실을 겸허히 인정할 때 전능하신 하나님께 겸손히 나아갈 수 있고, 하나님만을 전적으로 의지할 수가 있습니다. 이것이 믿음의 사람이 살아 가는 삶의 방식입니다.

제가 군대생활 3년을 마치고서 얻은 것은 '할 수 있다'는 자신감이었습니 다. 그때 당시 가진 것이라곤 빈손뿐이었음에도 언제나 자신감이 충만했 습니다. 두려울 것이 없었습니다. 그래서 가난 중에도 실망하지 않고 도전 하여 오늘날까지 하나님의 일꾼으로 평생을 살게 되었습니다. 이와 같이 사람들은 살면서 자신감을 갖는 것이 매우 중요합니다. 그러나 자신감이 지나치면 교만이 되는데, 교만은 참으로 위험한 것입니다. 일반 사회에서

도 교만한 사람을 두고, '재수 없다'라는 말로 비꼽니다.

그리스도인에게 교만은 일반 사회에서보다 더 위험합니다. 그것은 하나님 없이도 살아갈 수 있다는 생각입니다. 겸손한 그리스도인은 하나님이 없이는 살 수 없다고 고백합니다. 가인은 교만했지만, 셋은 겸손했습니다. 그래서 인생의 연약함을 인정하고 하나님의 도우심을 구하며 살았고, 그러한 셋의 겸손함이 아들의 이름을 '유약하고 연약한'이란 뜻의 에노스라고 불렀던 것입니다. 우리도 셋과 같은 겸손한 자세로 살아가야 합니다.

3. 사람들이 여호와의 이름을 부름

셋이 아들을 낳고 에노스라고 불렀을 때에 비로소 사람들이 여호와의 이름을 불렀습니다.

(창세기 4:26) _ 그 때에 사람들이 비로소 여호와의 이름을 불렀더라

사람들이 여호와의 이름을 불렀다는 것은 단순히 하나님의 이름을 불렀다는 의미가 아니라 기도와 감사와 찬양이 있는 공식적인 예배를 하나님께 드렸음을 의미합니다(대상 16:8). 분명 셋과 에노스 이전, 아담이나 아벨도 하나님께 경건한 제사를 드렸습니다만 하나님께 대한 회중의 공식적인 예배 형식은 바로 셋의 시대에서야 시작되었던 것입니다.

초대교회가 부흥하게 된 것은 그들이 날마다 모여 말씀을 듣고 기도하

고 찬양했기 때문입니다. 초대교회 성도들은 날마다 마음을 같이하여 성전에 모이기를 힘쓰고, 집에서도 모여 찬송하며 교제를 나누었고, 그리스도의 제자로서의 신실한 삶을 살았기에 믿지 않는 사람들에게서도 칭송을 받았습니다. 그리고 그 결과 많은 사람들이 예수 그리스도를 믿고 구원을 받았다고 성경이 증거하고 있습니다.

(사도행전 2:46~47) _ [46]날마다 마음을 같이하여 성전에 모이기를 힘쓰고 집에서 떡을 떼며 기쁨과 순전한 마음으로 음식을 먹고 [47]하나님을 찬미하며 또 온 백성에게 칭송을 받으니 주께서 구원 받는 사람을 날마다 더하게 하시니라

한국교회가 불과 100년 만에 부흥과 성장을 이룬 것 역시 하나님의 놀라운 은혜의 역사입니다. 그 가운데 한국교회의 예배 열풍이 부흥과 성장의 밑거름이 된 것 또한 사실입니다. 주일예배, 주일 밤 예배, 새벽기도, 수요예배, 금요철야, 작정기도회, 부흥사경회 등 성도들은 시간이 날 때마다 모였고, 말씀을 듣고 예배를 드리고, 시간이 날 때마다 전도를 했습니다. 초대교회나 한국교회의 부흥은 모두 성도들이 하나님께 대한 예배로 충만할 때에 일어난 일들입니다. 이것은 지금도 마찬가지입니다. 우리들이 하나님께 영과 진리로 예배하는 데 충실할 때, 우리 가슴 속에 그리고 교회마다 부흥의 불길이 일어날 것을 믿습니다.

4. 결론

가인의 후손들은 하나님 없이 도시를 건설하고 악기를 개발하고 각종 기계와 무기를 제작하는 등 세속적인 문명을 화려하게 발전시켜나가면서 자신들의 이름을 알렸습니다. 가인의 후손들은 자신들이 좋아하는 세속적인 것들을 추구하고 또한 마음껏 누리며 살았습니다. 다시 말해 자기가 하고 싶은 일은 다 해보면서 살았다는 말입니다. 세상 사람들은 골프도 치고, 외국 여행도 하고, 술집도 가고, 클럽도 다니면서 마음껏 살아갑니다. 온갖 불법을 저지르면서도 아무런 양심의 가책조차 없이 자유롭게 살아갑니다.

여러분은 혹시 '욜로족'을 아십니까? 욜로는 영어로 'You Only Live Once'의 첫글자들을 모아 만든 약자(略字)로서, '한 번 뿐인 인생이니 현재를 즐기며 살자'는 의미라고 합니다. 즉, 아끼고 모아서 부자가 되는 방식을 과거의 유물로 여기고, 대신 기회가 있을 때 충분히 즐기며 살아보자는 의미에서 욜로족이 생겨났다는 것이지요. 옛날 노래의 '노세 노세 젊어서 노세 늙어지면 못노나니'라는 가사와 같은 뜻입니다. 이것이야말로 세상 사람들의 가치관과 삶의 방식을 여실히 보여주는 것이라고 할 수 있습니다.

그러나 하나님의 자녀인 우리들은 하나님이 명하신 거룩한 삶을 위해 주일을 지키고, 법규를 지키고, 양심을 지키며 살아가느라 늘 풍족하지 못한 삶을 살아야 합니다. 그런 점에서 '꿈은 이루어진다'는 휘황찬란한 비전을 세우고 그것을 향해 돌진하는 세상 사람들이 보기에 우리 그리스도인들은 융통성도 없이 답답하고 쪼잔하고 가련해 보일 수도 있습니다. 그러나 더 멀리, 끝을 보아야 비로소 누구의 삶이 복된 것인지 알 수 있습니다.

가인의 후손들의 족보는 16~24절 이후에는 다시는 등장하지 않습니다. 하나님 없이 산 가인의 후손들의 결말은 홍수 심판으로 인한 멸망이었기 때문입니다. 지금도 이 세상에는 가인을 따라 하나님을 떠나 죄악의 길을 걷는 그의 영적 후손들이 있습니다. 가인의 영적 후손들은 오늘날 셋의 후손들보다 더 화려한 삶을 살고 있습니다. 그러나 그들의 화려하고 세속적인 삶은 세상의 종말과 함께 끝나고, 그들은 지옥에서 영원한 저주의 삶을 살게 될 것입니다.

가인의 후손들이 홍수로 멸망당할 때, 셋의 후손인 노아와 그 가족은 구원을 받아 거룩한 씨의 혈통을 이어나갔고, 결국 그 씨에서 '여자의 후손'인 그리스도께서 탄생하심으로 구원의 소망까지 가지게 되었습니다. 우리 역시 하나님의 거룩한 자녀가 되었고, 그리스도 안에서 새로운 피조물이 되었습니다.

(고린도후서 5:17) _ 그런즉 누구든지 그리스도 안에 있으면 새로운 피조물이라 이전 것은 지나갔으니 보라 새 것이 되었도다

우리가 새로운 피조물이 되었다는 의미는 내 생각대로 살면서 내 뜻을 이루는 것을 삶의 목적으로 삼았던 것에서 하나님의 뜻과 영광을 위해 살아가는 존재로 바뀌었다는 말입니다. 욕심과 정욕의 삶을 버리고 오직 하나님의 뜻대로 순종하며 사는 새로운 삶의 목적을 가지고 되었다는 말입

니다.

거룩한 씨의 혈통을 지닌 우리 그리스도인들은 이 세상에서는 화려한 삶을 살아가지 못합니다. 그렇지만 마지막 날 하나님이 예비하신 천국에 들어가 영원한 안식을 누리게 될 것입니다. 그러므로 우리들은 이 세상에 사는 동안 장차 사라질 가인의 후손들이 누리는 화려하고 세속적인 삶을 부러워할 필요가 전혀 없습니다. 우리에게 주어진 삶에 만족하고 충성을 다하면 그만입니다. 우리가 그렇게 거룩한 삶을 살아갈 때 하나님께서 우리를 기뻐하시고, 우리와 함께 하시고, 우리에게 크신 은총을 베풀어 주실 것입니다.

21. 아담에서 노아까지 (창 5:1~29)

이번 장은 족보이야기로 시작하려고 합니다. 족보(族譜)는 일가(一家)의 계통을 적은 책을 말하는데, 이를 통해서 같은 혈통인지 촌수는 어떻게 되는지 등 동족 사이의 관계를 알 수 있습니다. 전통적으로 족보는 대략 4가지로 분류하는데, 본관(本貫)은 각기 다르지만 시조가 같은 여러 파속이 함께 통합해 만든 '대동보'가 있고, 어느 한 파속만의 명(名)과 사적을 수록하여 만든 '파보'가 있으며, 본인을 중심으로 시조로부터 자기의 직계 존속과 비속의 이름과 사적을 기록한 '가승보'와, 모든 성씨의 족보에서 큰 줄기를 추려내어 집대성한 '만성보'가 있습니다.

갑자기 족보이야기를 꺼내는 이유는 제21장의 본문에는 인류 최초이자 매우 특별한 족보가 기록되어 있기 때문입니다. 즉, 아담부터 노아까지 모두 10대의 족보가 등장하고 있습니다. 이번 장에서는 아담과 그의 후손들의 족보를 살펴보면서 몇 가지 교훈을 얻고자 합니다.

1. 족보를 기록한 이유

성경은 하나님의 말씀을 기록한 책인데, 왜 사람의 족보를 5장 전체에 자세히 기록했을까요? 그 이유는 세 가지로 나누어 생각해볼 수 있는데, 첫째로 성경을 읽는 사람들이 쉽게 이해하도록 돕기 위해서고, 두 번째는 족보에 나오는 모든 사람들이 역사적인 인물이라는 것을 증거하기 위해서입니다. 사람의 신분이 족보를 통해서 확인되고 증명되는 것처럼, 성경에 등장하는 이 족보가 하나님의 창조와 인류의 역사의 증거가 됩니다. 마지막으로 족보는 하나님께서 약속의 씨를 신실하게 보존해가고 계심을 보여주기 위함입니다. 하나님께서 창세기 3장 15절에서 여자의 후손을 통해서 인류를 구원하실 것을 약속해 주셨습니다. 그리고 아담의 아들 셋과 그의 후손들을 통해서 노아가 태어났고, 노아의 홍수 이후에도 약속의 씨를 보존하시기 위한 하나님의 역사는 계속되었습니다.

여기서 잠시 아브라함부터 예수님까지의 대략적인 연대기를 살펴보겠습니다. 아담의 탄생을 1년으로 기준했을 때, 노아의 홍수 심판이 일어난 해는 창조 후 1656년이었습니다. 그리고 그 후에 노아의 아들 셈으로부터 10대에 걸쳐 약 400년, 그리고 아브라함부터 모세 시대까지는 약 600년, 모세부터 다윗의 시대까지 450년, 다윗부터 예수님 시대까지를 약 1000년으로 봅니다. 그래서 아담부터 예수님까지는 대략 4000여 년의 역사로 추정할 수 있습니다. 물론 성경이 모든 사람의 기록을 세세하게 기록한 것이 아니기 때문에 100% 정확하지는 않습니다만, 아담부터 예수님까지는 최소 약 4000년 이상 되었다고 보는 것이 학자들의 공통된 의견입니다. 그러

니까 하나님께서는 아담에게 말씀하셨던 여자의 후손을 통한 구원의 약속
을 4천 년이 넘도록 마음속에 간직하시고, 인간들을 섭리하시면서 끝내는
이루어내신 것입니다. 즉, 아담으로부터 시작된 약속의 씨가 수천 년을 이
어오면서 여러 차례의 위기가 있었음에도 불구하고 하나님의 역사하심과
섭리하심의 손길로 인해 마리아에게까지 이어졌고, 예수 그리스도께서 이
땅에 오시어 우리를 위해 십자가에서 대속을 이루심으로 우리가 구원을 받
게 되었다는 것을 나타냅니다.

아담의 아들 셋이 아벨 대신에 하나님의 선택을 받아 약속의 씨를 이어
간 것이나, 셈의 후손들 중에서 아브라함이 약속의 씨를 이어갈 믿음의 조
상으로 선택받은 것이나, 우리가 지금 하나님의 구원의 약속을 받을 믿음
의 사람으로 선택된 것은 모두 같은 은혜의 결과입니다. 따라서 우리는 이
러한 구원의 부르심을 하나님의 은혜라고 말합니다. 그래서 사도 요한은
요한복음 3장 16절에서 "하나님이 세상을 이처럼 사랑하사 독생자를 주셨
으니 이는 저를 믿는 자마다 멸망치 않고 영생을 얻게 하려 하심이니라"고
증거하고 있습니다.

2. 장수(長壽)하는 사람들

시편 90편 10절은 "우리의 연수가 칠십이요 강건하면 팔십"이라고 말하
는데, 요즘은 70~80을 넘어 100세 시대가 되었습니다. 그런데 성경에 따
르면 아담과 그의 후손들은 이보다 훨씬 더 오래 살았다고 기록되었습니

다. 대표적으로 아담이 930세를 살았고, 그중 가장 짧게 산 사람이 777세로 노아의 아버지 라멕이었습니다. 반면 가장 오래 산 사람은 노아의 할아버지 므두셀라인데 무려 969세까지 살았습니다. 사람이 900살 이상을 산다는 것은 오늘날 인간의 몸 상태로는 도무지 상상할 수 없는 일인데, 당시 사람들은 대부분 900살 정도는 거뜬히 살았던 것입니다. 이것은 당시 자연환경이나 사람들의 건강 상태가 오늘날과 달랐기 때문에 가능한 일이었습니다.

> (창세기 5:4~5) _ [4]아담은 셋을 낳은 후에 팔백 년을 지내며 자녀들을 낳았으며 [5]그는 구백삼십 세를 살고 죽었더라

당시에는 자연환경도 최적의 상태였을 것이고, 공기도 좋고, 우주로부터 내리쬐는 자외선이나 해로운 것들의 영향이 매우 적었을 것이며, 노아의 홍수 이전까지 식물만을 섭취하며 살았던 것도 장수의 원인 중 하나였을 것입니다. 그때는 질병도 없었고, 건강을 위협하는 스트레스도 없었기 때문에 나이가 많아도 출산을 할 수 있었고, 또한 장수하였을 것으로 보입니다. 그러나 가장 중요한 원인은 바로 하나님의 섭리 때문이라고 보는 것이 맞습니다. 즉, 하나님께서 그들의 삶을 길게 연장해 주셨기 때문에 그들이 장수한 것이지요.

본문에 등장하는 아담과 그의 후손들은 노아만 빼고 모두 동시대를 살았습니다. 아담과 그의 아들 셋, 그리고 셋의 아들 에노스 등 족보에 등장하는 사람들 모두 같은 시대를 함께 살았고, 같은 지역에서 살았을 것입니

다. 따라서 그들은 아담에게서 하나님의 창조의 역사와 타락과 하나님의 약속에 대해 들었을 것이고, 하나님을 어떻게 예배하고 섬겨야 하는지를 배워서 실제로 그렇게 실행했을 것입니다. 그래서 아담과 약속의 씨의 후손들은 하나님을 신실하게 섬기며 살았고, 하나님의 은혜와 섭리 속에 수백 년 동안 장수했던 것이지요.

여러분도 오래도록 건강하게 살고 싶으면 하나님 말씀대로 순종하십시오. 그러면 장수할 수 있습니다. 하나님이 열왕기상 3장 14절에서 솔로몬에게 하신 장수의 약속입니다.

(열왕기상 3:14) _ 네가 만일 네 아버지 다윗이 행함 같이 내 길로 행하며 내 법도와 명령을 지키면 내가 또 네 날을 길게 하리라

3. 누구도 피할 수 없는 사망의 법

아담과 그의 후손들이 아무리 거룩하고 신실한 삶을 살았을 지라도 그들은 모두 죽었습니다. 아담도 죽었고, 그의 아들 셋도 죽었고, 에노스도 죽었고, 969세까지 살았던 므두셀라도 죽었습니다. 이 사람들은 모두 강하고 건강한 사람들이었으나 모두 죽었습니다. 하나님께서 아담과 하와에게 선악과를 먹으면 반드시 죽으리라는 예언이 이루어진 것입니다.

이와 같이 인간은 누구나 한 번은 죽습니다. 중국의 가장 위대한 왕 진시황도 죽었고, 세계를 제패했던 징기스칸도 죽었고, 나폴레옹도 죽었고,

석가모니도 죽었고, 공자도 맹자도 모두 죽었습니다. 위대한 사람도 죽었고, 부자도 죽었고, 지혜로운 사람도 모두 죽었습니다. 악한 인간들도 죽었고, 선하고 착한 사람들도 죽음을 비켜서지 못했습니다. 역사 이래로 모든 인간들은 다 죽음을 맞이했고 우리들도 언젠가는 죽게 될 것입니다. 아담으로 인해 죄가 들어와 우리 모두는 죄인이 되었고, 그 죄의 삯이 곧 사망이기 때문입니다.

(로마서 5:12) _ 그러므로 한 사람으로 말미암아 죄가 세상에 들어오고 죄로 말미암아 사망이 들어왔나니 이와 같이 모든 사람이 죄를 지었으므로 사망이 모든 사람에게 이르렀느니라

그러므로 우리는 인간은 누구나 다 죽는다는 사실을 인정하고, 날마다 죽음을 준비하는 삶을 살아야 합니다. 왜냐하면 죽음이 언제 찾아올지 모르며, 죽음 이후에는 심판이 있기 때문입니다. 우리가 잊지 말아야 할 것은 사람이 죽는다고 해서 끝나는 것이 아니라는 사실입니다. 성경은 사람의 죽음 후에 하나님의 심판대 앞에서 자신이 행한 대로 심판을 받는다고 증거합니다.

(히브리서 9:27) _ 한 번 죽는 것은 사람에게 정하신 것이요 그 후에는 심판이 있으리니

(요한계시록 20:12,15) _ ¹²죽은 자들이 자기 행위를 따라 책들에 기록된 대로 심판을 받으니 ¹⁵누구든지 생명책에 기록되지 못한 자는 불못에

던져지더라

그러므로 성경은 "네 하나님 만나기를 예비하라"(암 4:12)고 경고하고 있습니다. 그렇다면 우리가 어떻게 죽음을 예비해야 할까요? 죄인을 구원하시기 위해 십자가에서 죽으신 그리스도를 구주로 영접하고 하나님의 말씀에 순종하는 삶으로써 죽음을 예비해야 합니다.

(요한1서 4:15~17) _ [15]누구든지 예수를 하나님의 아들이라 시인하면 하나님이 그의 안에 거하시고 그도 하나님 안에 거하느니라 [16]사랑 안에 거하는 자는 하나님 안에 거하고 하나님도 그의 안에 거하시느니라 [17]사랑이 우리에게 온전히 이루어진 것은 우리로 심판 날에 담대함을 가지게 하려 함이니 주께서 그러하심과 같이 우리도 이 세상에서 그러하니라

예수님이 하나님의 아들이시며 구원자라는 것을 시인하고 믿는 사람마다 구원을 받습니다. 그리고 구원받은 자들은 자기를 부인하고 자기 십자가를 지고 주님을 따라가야 합니다. 내 생각과 내 뜻을 버리고, 자존심을 내던지고, 오직 주님만을 위해 살아가게 됩니다. 그래서 이사야 선지자는 이스라엘 백성을 만드신 목적이 하나님을 찬양하는 것이라고 말합니다.

(이사야 43:21) _ 이 백성은 내가 나를 위하여 지었나니 나를 찬송하게 하려 함이니라

오직 예수, 오직 하나님의 영광을 위해서 살아가는 것이 우리 인생이라는

말이지요. 고난의 대명사 욥은 이렇게 말합니다.

가진 재산을 몽땅 다 잃어버리고, 종들도 다 죽고, 심지어 아들딸까지 열 명이 모두 죽은 후에 욥이 땅 바닥에 주저앉아서 중얼거리듯 읊은 말입니다. "내가 태어날 때 벌거벗고 나왔으니 갈 때도 빈손으로 갈 것입니다. 아들딸을 주신 하나님이 그들을 다시 데려가신다는데 제가 무슨 말을 하겠습니까?"라는 뜻이지요.

그런데 여러분, 혹시 이런 생각이 들지 않습니까? "우리 인생이 주님만을 위해서 살아간다면 그럼 도대체 나는 뭐냐?"라는 생각 말입니다.

우리가 이 땅에서 사는 생애는 기껏해야 100년입니다. 그러나 앞으로 우리가 살아갈 미래의 세계는 영원하고 영광스러운 곳입니다. 그리고 이 세상은 영원한 하나님의 나라에서 살아가는 연습을 하는 공간입니다. 이곳에서 하나님 나라의 맛과 실체를 깨닫고 살아본 자들만 천국에 가게 됩니다. 마음속에 예수 그리스도를 모시고 그 뜻대로 사는 자는 이미 천국이 그의 마음이 임했으므로, 주님이 내 안에 내가 주님 안에 살아계심을 맛보며 살고 있습니다. 다시 말해 내가 주님을 위해 산다면 주님은 나를 위해 살아주신다는 겁니다. 그렇다면 내가 주님의 영광을 위해 살아가는 것이 결코 손해가 아니겠지요? 여러분이 무엇을 하면, 어떤 대가를 지불하면 주님이 주시는 평안과 기쁨을 누리며 살아갈 수 있겠습니까? 오직 주님을 믿고 그분 안에 거하면 그분이 주시는 평안이 나를 인도해갑니다. 그것이 천국을 맛보는 것이고, 주님이 내 안에서 사시는 것입니다.

4. 결론

아담과 그의 후손들이 모두 죽었고, 인류 역사 이래로 모든 사람들이 죽음을 맞이합니다. 이것은 "선악과를 먹으면 네가 정녕 죽으리라"는 하나님의 말씀이 성취되었음을 의미합니다. 또한 하나님이 언약하신 약속의 씨가 대를 끊기지 않고 잘 이어가고 있음도 보여줍니다. 이와 같이 하나님의 약속의 말씀은 일점일획도 빠짐없이 이루어집니다. 그렇다면 부활하신 예수님이 다시 오신다는 약속의 말씀도 이루어질 것이고 재림 때에 행한 대로 심판을 하신다는 말씀도 이루어질 것입니다.

우리는 죽음을 피하거나 이길 수 없지만 죽음을 대비하는 삶은 살 수 있습니다. 자기를 부인하고 오직 하나님의 뜻대로 살아가는 것이 바로 그것입니다. 이것이 오늘 말씀을 통해 하나님이 우리에게 교훈하시는 바이며, 반드시 깨닫고 명심해야 할 하나님의 진리입니다. 여러분 모두 하나님의 말씀에 순종함으로 죽음을 대비하는 삶을 살아가시기를 바랍니다.

22. 하나님과 동행한 에녹 (창 5:21~24)

　본문의 말씀을 묵상하다가 어릴 적 읽었던 짧은 글이 생각났습니다. 어느 아빠와 아들이 먼 길을 떠나게 되었는데 아빠가 아들에게 '이 먼 여행길을 짧게 할 수 있는 비결이 있느냐?'고 물었습니다. 아들은 아무리 생각해도 모르겠기에 얼른 집으로 돌아와 엄마에게 물었고, 엄마는 아들에게 아빠와 이런저런 이야기를 하면서 가면 먼 길도 짧아진다고 가르쳐 주었습니다. 아들은 엄마에게 배운 대로 아빠와 많은 이야기를 하면서 즐거운 여행을 하였다는 내용이었습니다.

　이번 장의 제목이 하나님과 동행한 에녹인데, '동행'이란 주제를 생각하다가 동행을 여행으로 바꾸어도 괜찮겠다는 생각이 들어서 여행의 이야기로 서두를 잡아보았습니다. 여행은 어디로 가느냐가 중요한 것이 아니라 누구랑 같이 가느냐가 중요하다는 말이 있습니다. 서로가 공감하고 다정하게 이야기를 나눌 수 있는 상대라면 좋지만, 평소에 말도 잘 하지 않던 상대와 여행한다면 아마도 서로가 어색하고 불편하기만 할 수 있습니다. 인생길을 가면서 하나님과 동행하며 즐거운 여행을 하고 있는지 아니면 너무나 불편하고 부담스러운 여행을 하고 있는지 한번 살펴보는 시간이 되면 좋겠습니다.

1. 하나님과 동행한 사람, 에녹

성경은 에녹이 므두셀라를 낳은 후 삼백 년을 하나님과 동행하였다고 증거합니다.

> (창세기 5:21~22) _ [21]에녹은 육십오 세에 므두셀라를 낳았고 [22]므두셀라를 낳은 후 삼백 년을 하나님과 동행하며 자녀들을 낳았으며

여기서 '동행하다'라는 단어는 히브리어로 '할라크'인데, "보조를 맞추다", "삶의 방식을 따르다", "성관계를 맺다"라는 세 가지 의미를 지닌 말입니다.

1) 하나님과 동행 (1) : 하나님께 보조를 맞추는 것

제 친구인 한 목사님은 발걸음이 매우 빨라서, 그와 어딜 갈 때는 참으로 힘이 듭니다. 좀 천천히 가자고 해도 잠시 뿐이고, 곧 저만치 멀리 가 있

습니다.

같이 가려면 보조를 맞추어야 합니다. 보조가 맞지 않으면 여행길이 고행길이 됩니다. 하나님께 보조를 맞춘다는 것은 내 뜻을 버리고 하나님의 방식을 따르는 것을 의미합니다. 하나님께서 빨리 가기를 원하시면 빨리 가고, 천천히 가기를 원하실 때는 천천히 가야 합니다. 하나님이 왼쪽으로 가라시면 왼쪽으로 가고, 오른쪽으로 가라시면 오른쪽으로 가야 합니다. 내 생각과 뜻을 버리고 하나님의 뜻에 순종해야만 하나님과 동행할 수 있습니다.

2) 하나님과 동행 (2) : 그분의 삶의 방식을 따르는 것

하나님의 삶의 방식을 따른다는 것은 하나님의 말씀을 우리 삶의 규범으로 삼는 것입니다. 하나님이 기뻐하시는 일은 힘써 순종하고, 하나님이 싫어하는 일은 하지 않는 것이며, 모든 일에서 하나님의 뜻을 거스르지 않으려고 끊임 없이 조심하고 애쓰는 것입니다. 이것이 하나님의 뜻에 복종하는 것이요 그분과 함께 행하는 일꾼이 되는 것입니다. 내 뜻과 내 방식을 고집하는 사람은 하나님과 동행할 수 없습니다. 하나님과 동행하려면 그분의 말씀과 그분의 삶의 방식을 따라야만 가능합니다. 그래서 예수님은 마태복음 11장 28~29절에서 "수고하고 무거운 짐진 자들아 다 내게로 오라… 나는 마음이 온유하고 겸손하니 나의 멍에를 메고 내게 배우라 그러면 너희 마음이 쉼을 얻으리라"고 하셨습니다.

3) 하나님과 동행 (3) : 한 몸을 이룬 부부의 관계

종종 사랑이 넘친 신혼부부들이 서로의 눈 속으로 들어갈 듯이 열정적으로 바라보는 것을 봅니다. 왜 그렇게 바라보냐고 물으면, 으레 보고 있으면서도 보고 싶다고 대답합니다. 그만큼 사랑하고 친밀하다는 뜻이겠지요. 하나님과의 관계에서도 이렇게 친밀함을 유지하는 것이 하나님과 동행하는 것입니다. 즉, 한 몸을 이룬 부부와 같은 관계를 이루는 것입니다.

이와 같이 하나님과 동행하는 것은 우리 그리스도인들이 끊임 없이 추구해야 할 삶의 원리입니다. 성경은 에녹뿐만 아니라 노아도 하나님과 동행하는 자라고 밝혔고(6:9), 미가 선지자는 하나님의 백성들에게 하나님과 동행할 것을 촉구하였습니다.

(미가 6:8) _ 사람아 주께서 선한 것이 무엇임을 네게 보이셨나니 여호와께서 네게 구하시는 것은 오직 정의를 행하며 인자를 사랑하며 겸손하게 네 하나님과 함께 행하는 것이 아니냐

여러분은 하나님과 동행하고 있습니까? 그렇다면 여러분은 행복한 사람입니다. 만약에 하나님과 동행하지 못하고 있다면 하나님과의 동행을 위해 기도하십시오. 하나님과 동행하지 못하면 구원의 확신도 없고, 어떤 기쁨이나 평안도 누릴 수가 없기 때문입니다.

2. 에녹이 하나님과 동행하게 된 계기

성경은 에녹이 므두셀라를 낳고서부터 하나님과 동행하였다고 기록하고 있습니다.

> (창세기 5:22) _ 므두셀라를 낳은 후 삼백 년을 하나님과 동행하며 자녀들을 낳았으며

본문을 통해 에녹도 처음에는 다른 사람들과 같이 그저 평범한 삶을 살았다는 것을 알 수 있습니다. 그러나 에녹은 므두셀라를 낳고 하나님의 뜻을 깨달았고, 그분 앞에서 겸손하게 순종하였으며, 그때서야 비로소 경건한 삶을 살기 시작했던 겁니다.

그렇다면 므두셀라를 낳고 난 뒤에 에녹이 무엇을 깨달았기에 변화된 삶을 살게 되었을까요? 여기서 므두셀라의 이름의 뜻을 살펴보면 그 이유를 알 수 있습니다. 므두셀라는 '그가 죽다', 혹은 '홍수를 보냄'이라는 뜻을 가지고 있는데, 이를 해석하면 '그가 사라졌을 때 홍수 심판이 올 것이다'라는 의미가 됩니다. 실제로 므두셀라는 969세를 살았는데, 그가 죽던 해에 노아의 홍수 심판이 일어났습니다.

자, 한번 생각해보십시오. 아들을 이름을 부를 때마다 '심판'이라는 단어가 계속 떠오릅니다. 아들의 이름이 '그가 사라지면 심판이 온다'입니다. 이 이름을 하루에도 수십 번씩 불러야 합니다. 어떤 느낌이겠습니까? 아마도 므두셀라라는 이름은 하나님께서 에녹에게 그렇게 지으라고 명령하셨

을 겁니다. 아들의 이름을 통해서 임박한 심판을 경계하고 그에 대비하는 삶을 살라는 것이지요. 므두셀라가 혹시 아프기라도 하면 에녹은 "혹시 하나님께서 데려가시려나? 하나님이 말씀하신 심판의 때가 이때인가?"라는 생각이 들지 않았겠습니까? 그러니 에녹이 어찌 교만한 마음을 품을 수 있으며, 어찌 하나님을 의지하지 않을 수 있겠습니까? 에녹은 므두셀라라는 아들의 이름을 부를 때마다 하나님의 심판과 인간의 한계를 절감하며 더욱 하나님을 의지하면서 겸손하고 경건하게 살게 되었던 것입니다. 이것이 에녹이 하나님과 동행한 비결입니다.

마찬가지로 우리에게 닥치는 어려움들이 하나님과 동행할 수 있는 첫 번째 관문이 됩니다. 물질의 어려움, 끔찍한 질병, 그리고 회복할 수 없도록 틀어져버린 관계 등이 우리로 하여금 하나님 앞에 무릎을 꿇고 오직 하나님만을 의지하게 만듭니다. 그리고 그 과정을 통해서 우리를 사랑하시고 동행하시는 하나님의 손을 잡을 수 있습니다. 어려움을 당할 때 그 사람의 진짜 신앙이 드러난다고 합니다. 연약한 신앙은 어려움을 당할 때 하나님을 원망하고 불평하고 한탄하고 좌절합니다. 그러나 반석 같은 신앙은 오히려 어려움 속에서 하나님과 동행하는 법을 배웁니다. 고난 가운데 하나님과 더욱 친밀한 관계가 되고 더욱 하나님을 의지합니다. 나를 향한 하나님의 깊으신 뜻과 그분의 섭리하심을 이해하고 하나님의 뜻을 따르기로 작정하여 더욱 순종하고 충성하는 신앙으로 변해가게 됩니다.

에녹도 다른 사람들처럼 평범하게 살고 있었습니다. 그러나 아들의 이름을 므두셀라라고 지으면서 정신이 번쩍 들었을 것입니다. 자신의 신앙이 어떤지, 앞으로 자신이 어떻게 살아야 할지를 고민했을 것입니다. 바울의 표현대로 새로운 피조물 즉, 성령을 통한 거듭남을 경험했다고 할 수도 있겠습니다. 성령으로 거듭난 사람은 이전과는 다른 삶을 살게 됩니다. 인생의 목적이 내 뜻을 이루는 데서 변하여 하나님의 뜻과 하나님의 영광을 위해서 사는 삶으로 변화되는 것이지요. 성경이 이것을 증거합니다.

> (히브리서 11:5) _ 그는 옮겨지기 전에 하나님을 기쁘시게 하는 자라 하는 증거를 받았느니라

하나님과 동행한 에녹은 '하나님을 기쁘시게 하는 자'라고 인정받았습니다. 이와 같이 하나님과 동행하는 것이 하나님을 기쁘시게 합니다. 믿음이 없이는 하나님과 동행할 수 없고, 하나님을 기쁘시게 할 수도 없습니다. 에녹은 하나님과 보조를 맞추고 하나님의 말씀에 순종하고 하나님과 친밀한 관계를 유지했습니다. 그렇게 하나님과 동행한 에녹의 삶을 하나님이 매우 기뻐하셨습니다. 에녹처럼 믿음으로 하나님과 동행하여 그를 기쁘시게 하는 자들에게 하나님께서는 존귀를 베풀어 주시고 복을 내려 주십니다. 다음 절이 그것을 증명해 줍니다.

3. 죽음을 보지 않고 하나님의 나라로 옮겨짐

> (창세기 5:24) _ 에녹이 하나님과 동행하더니 하나님이 그를 데려가시므로 세상에 있지 아니하였더라

다른 사람들은 900년 이상을 살 때, 에녹은 365세에 하나님께서 데려가셨습니다. 당시 사람들의 평균 수명으로 보면, 365세면 한창 젊은 나이였습니다. 그런데 하나님께서 왜 에녹을 일찍 데려가셨을까요? 아마도 세상이 계속해서 부패해져서 그에게 합당치 않았기 때문은 아닐까요? 혹은 그의 사명이 다 이루어졌기 때문에 데려가셨을지도 모릅니다. 아무튼, 특별한 것은 에녹은 죽음을 보지 않고 하나님이 계신 천국으로 인도함을 받았다는 사실입니다.

> (히브리서 11:5) _ 믿음으로 에녹은 죽음을 보지 않고 옮겨졌으니 하나님이 그를 옮기심으로 다시 보이지 아니하였느니라

하나님이 에녹에게 죽음을 겪지 않고 곧바로 천국으로 갈 수 있는 특혜를 베푸셨습니다. 엘리야와 같이 죽음을 맛보지 않고 곧바로 하늘로 승천하였던 것입니다. 이와 같이 에녹의 승천 사건은 하나님 안에 영생의 소망이 있음을 잘 보여줍니다(요 17:3). 또한 인간이 하나님과 동행할 때 천국에서 영생할 수 있음을 보여주는 것이라고 할 수 있습니다.

4. 하나님과 동행하는 방법

어떻게 하면 우리가 하나님과 동행하며 그분과의 인격적인 교제를 회복할 수 있을까요? 방법은 하나님께서 죄인을 위해 화목제물로 내어주신 예

수 그리스도를 믿고 자신의 죄를 고백하고 회개함으로 죄사함을 받으면 됩니다(행 3:19). 그것이 구원입니다. 회개하지 않는 사람은 하나님과 인격적인 관계를 맺을 수 없습니다. 회개를 통해 예수 그리스도의 십자가 대속을 통한 죄사함의 효력이 나타나기 때문입니다.

그러나 한 가지 명심할 게 있습니다. 진리에 대한 지식이 있다고 해서 우리의 신앙 문제가 해결되지 않는다는 점입니다. 예수를 믿고 죄사함과 구원의 은혜를 받았음을 안다고 해서 내 삶이 달라지지 않습니다. 분명 구원받았기 때문에 내 안에 기쁨과 평안이 있을 것입니다. 그러나 그 기쁨과 평안이 변함없이 계속되는 것은 아니라는 사실을 이미 체험한 분들도 많을 것입니다. 분명 예배 때마다 하나님의 말씀을 듣고 '그렇게 살아야지'라고 생각하지만, 하루만 지나면, 아니 한 시간만 지나도 그 말씀을 들은 기억조차 없어지기도 합니다. 분명히 하나님의 말씀을 듣고 은혜 받고 그렇게 살리라고 결심까지 했는데, 금방 잊어버리고 맙니다. 그리고는 다음 주일에 '이번 주도 실패했구나' 하며 자책하는 것이 우리의 연약한 모습입니다.

그렇다면 왜 내 삶이 달라지지 않고 그런 일이 반복될까요? 믿음이 하나님과 동행하는 것이라는 사실을 모르기 때문입니다. 하나님과 동행한다는 것은 매일 매시간 결단의 연속이라는 사실을 인식하지 못하기 때문입니다. 믿음은 하나님의 말씀을 듣고 그 말씀대로 살기로 결단하는 것입니다. 한 번이 아니라 매일 매시간 결단하고 그렇게 살아내는 것이 믿음생활입니다. 그래서 사도 바울은 '나는 매일 죽노라'고 고백했습니다. 바울은 매일 자기를 부인하고 주님을 위해 살기로 결단하고 그렇게 살기 위해 몸부림쳤습니다. 그것이 하나님과 동행하는 것이고, 주 안에 있는 것이고, 주님 뜻대로 살아가는 것입니다.

여러분은 바울 사도와 같이 주님을 위해 살고자 매일 매순간 몸부림치고 있습니까? 아마도 에녹은 이것을 깨달았기에 하나님과 동행하는 삶을 살았을 것입니다. 그래서 그는 하루하루 하나님과의 동행 속에서 평안과 행복을 맛보았을 것이며, 결국에는 죽음을 보지 않고 하나님의 품에 안겨 영원한 천국으로 들어갈 수 있었던 것 같습니다.

지금도 이 진리를 깨닫고 매일매일 실천하는 사람은 하나님과 동행할 수 있습니다. 이렇게 하나님과 동행하는 사람은 어느 장소에서 어떤 환경에 처하더라도 마음의 평안을 누리며 살아갈 수 있습니다. 이것이 이 땅에서 천국을 맛보는 것이며 하나님과 동행하는 자의 특권입니다. 여러분 모두 하나님과 동행하심으로 이러한 행복을 맛보며 살아가시기를 기도드립니다.

23. 인간의 타락 (창 6:1~8)

<어서와! 한국은 처음이지?>라는 TV 프로그램이 있습니다. 한국에서 활동 중인 외국인이 자신의 친구들을 초청해서 한국의 문화를 소개하는 프로그램인데, 그중에 다니엘이라는 독일인의 친구들이 나눈 얘기가 아직 제 기억에 남아 있습니다.

"한국의 젊은이들은 너무 멋있다. 화장도 그렇고, 옷차림도 세련되었다."

기분이 좋았습니다. 그런데 "한국 사람들은 외모에 대단히 신경을 쓰면서 사는 사람들 같아 보여"라는 다음 말을 들으면서 왠지 속마음을 들킨 것 같아 매우 부끄럽고 불편했습니다. 불과 며칠 사이에 본 한국 사람들의 모습이었지만 핵심을 정확히 짚었다고 봅니다. 외모에 신경을 많이 쓰는 한국인, 그것이 실제 우리들의 모습이기 때문입니다. 물론 외모에 신경을 쓰는 것이 죄는 아닙니다만 외모를 중시하다 보면, 보다 중요한 것을 놓치게 되고, 하나님이 원하시는 삶의 방향과는 다른 곳으로 흘러갈 수 있다는 점을 잊지 말아야 합니다.

1. 하나님 중심에서 인간 중심의 삶으로

노아 시대에 사람들이 번성하기 시작했습니다.

> (창세기 6:1) _ 사람이 땅 위에 번성하기 시작할 때에 그들에게서 딸들이 나니

아담의 10대손 노아가 태어나 이 땅에 살아갈 즈음에 사람들이 땅 위에서 번성하기 시작했습니다. 당시 아담과 하와 그리고 셋은 죽었고, 에녹은 산 채로 하늘로 올라갔습니다. 그러나 에노스를 비롯한 므두셀라, 그리고 노아의 아버지 라멕과 노아 모두 한 시대를 같이 살았습니다. 사람들이 900살까지 살았고, 계속해서 자식들이 태어나니 인구가 기하급수적으로 늘어났던 것입니다. 이것은 '번성하여 땅에 충만하고 땅을 다스리라'는 하나님의 복 주심이 성취되었기 때문입니다. 그런데 본문은 하나님의 아들들이 사람의 딸들을 아내로 삼았다고 기록하고 있습니다.

(창세기 6:2) _ 하나님의 아들들이 사람의 딸들의 아름다움을 보고 자기
들이 좋아하는 모든 여자를 아내로 삼는지라

여기서 하나님의 아들들은 '셋의 후손'을 가리키고, 사람의 딸들은 '가인
의 혈통'을 가리킵니다. 다시 말해, 경건한 신앙을 가진 사람들과 신앙이
없는 사람들로 각각 이해할 수 있습니다. 신앙을 가진 셋의 후손들이 신앙
이 없는 가인의 후손(딸)들과 결혼하기 시작했습니다. 이는 경건하고 신실
한 삶을 포기하고 부패한 육체의 소욕을 따라 세속적인 삶을 살았음을 비
유적으로 지적한 말입니다. 이러한 선택이 세속적인 이유는 하나님의 아들
들이 사람의 딸들을 선택한 기준에 있습니다. 선택의 기준은 그들의 외모
였습니다. 하나님의 아들들이 사람의 딸들의 육체적인 미모에만 관심을 갖
고 아내로 삼았던 것입니다. 그들은 외적인 아름다움만 충족되면 그녀가
믿음이 있는지, 현명한지, 성품은 어진지, 근면한지 등 다른 덕목은 전혀
돌아보지 않고 무조건 받아들였습니다. 사도 요한이 말했던 대로 육신의
정욕과 안목의 정욕에 이끌려 아내를 선택했던 것이지요(요일 2:16).

결혼은 하나님이 인간에게 허락하신 가장 신성한 제도로서 일부일처를
지시하고 있습니다(창 2:24). 그런데 본문은 당시 사람들이 "자기가 좋아하
는 모든 자로 아내를 삼았다"고 기록하고 있습니다. 자기에게 아내가 있
어도 상관이 없었고, 상대 여자가 이미 결혼을 했어도 상관이 없었습니다.
그저 예쁘기만 하면 모두 아내로 취하려는 생각이 그 시대를 지배하고 있
었던 것입니다. 따라서 한 남자와 한 여자가 한 몸을 이루라는 하나님의
거룩한 명령은 더 이상 지켜지지 않았습니다. 하나님 중심의 삶이 인간 중

심의 삶이 되어버렸습니다. 결국, 새로운 인간 역사의 시작을 위해 하나님께서 홍수 심판을 하실 수밖에 없게 되었습니다.

2. 인간 중심의 삶 : 네피림과 용사들

이렇게 인간 중심의 삶이 만연해질 때, '네피림'과 '용사들'이 태어나기 시작했습니다. 네피림은 체격이 크고 힘이 센 '거인(giant)'을 가리키는 말입니다. 민수기에 보면 네피림의 후손인 '아낙 자손들'이 나오는데, 그들이 워낙 거대했기 때문에 이스라엘 자손들은 스스로 자신들이 메뚜기 같다고 여길 정도였습니다(민 13:32). 이들은 키가 크고 힘이 셀 뿐만 아니라 머리도 좋아서 지도자의 위치에 있었고, 용사(勇士)라 불렸으며, 당시에 아주 유명한 사람들이었다고 성경이 기록하고 있습니다. 그런데 이들은 무언가 훌륭한 일을 해서 유명한 것이 아니라, 강한 힘과 뛰어난 능력으로 사람들을 제압하고 다스림으로써 사람들에게 공포감을 주었고, 그로 인해 사람들의 입에 자주 오르내렸습니다. 이처럼 네피림들의 등장으로 세상은 인간 중심의 삶과 죄악이 더욱 가득하게 되었습니다.

현대 역시 과학의 발달과 함께 물질만능 사상이 세상을 지배하게 되면서 죄악이 가득 차고 돈이 우상시되고 사람들이 이기적으로 변해버린 시대가 되고 말았습니다. 이렇게 죄악이 가득 찬 세상을 하나님께서는 어떻게 바라보고 계실까요?

3. 하나님께서 심판을 결심하심

하나님께서 육체가 된 사람과는 영원히 함께 하지 않으실 것을 결심하셨습니다.

> (창세기 6:3) _ 여호와께서 이르시되 나의 영이 영원히 사람과 함께 하지 아니하리니 이는 그들이 육신이 됨이라

하나님이 인간에게서 '나의 영' 즉, 생명을 거두어가실 것을 선언하신 것입니다. 그 이유는 '그들이 육체가 됨이라'는 본문 말씀 그대로입니다. 즉, 인간이 육체적 욕망에만 몰두하며 살았기 때문이지요. 하나님의 창조물인 인간이 하나님과 친밀하게 교제하며, 하나님의 뜻을 이루며 살아야 하는데, 육체의 정욕을 따라서 죄악을 저지르며 살고 있기 때문에 인간의 죄악된 삶에 대해서 하나님이 공의로운 심판을 내리실 것이라는 말입니다. 그러나 하나님은 즉시 심판하지 않고 120년이라는 유예기간을 두신다고 말씀하셨습니다.

> (창세기 6:3) _ 그러나 그들의 날은 백이십 년이 되리라 하시니라

자비로우신 하나님은 인간이 비록 부패하여 심판을 받을 수밖에 없는 지경에 이르렀으나 당장 심판하시지 않고 회개할 기회를 주셨습니다. 그래서 120년이라는 기간을 주고 기다리셨습니다. 한편, 노아는 이 기간에

방주를 준비해야 했습니다. 즉, 120년 동안 노아는 하나님의 심판을 경고하고 회개를 촉구하는 동시에 방주를 준비해야 했습니다. 그것은 성경의 기록대로 하나님께서 사람을 창조한 것을 한탄하시고 근심하셨기 때문입니다.

(창세기 6:6) _ 땅 위에 사람 지으셨음을 한탄하사 마음에 근심하시고

"하나님께서 한탄하셨다"는 표현은 하나님께서 후회하시거나 슬퍼하셨다는 의미가 아닙니다. 왜냐하면 전지전능하신 하나님은 미래의 일에 대해서도 이미 다 아실 뿐만 아니라 당신의 기쁘신 뜻대로 행하신 일에 전혀 후회가 없으시기 때문입니다. 따라서 본문의 '한탄하사'라는 표현은 가장 사랑하는 창조물인 인간이 죄를 지음으로 심판을 받아야 하는 상황에 대한 하나님의 안타까움을 인간이 이해하도록 한 표현입니다. 하나님은 당신이 만든 인간이 범죄로 인해 심판을 받아야 한다는 사실 때문에 마음이 아프셨고, 이러한 것을 한탄과 근심이라는 표현으로 나타내셨습니다. 하나님은 사랑하는 자식에게 회초리를 드는 부모처럼 내적으로 아파하시면서도 외적으로 공의로운 심판을 통해 죄를 징계하는 사랑이 풍성한 분이십니다. 하나님께서는 사람과 땅 위에 모든 동물을 멸하기로 작정하셨습니다.

(창세기 6:7) _ 내가 창조한 사람을 내가 지면에서 쓸어버리되 사람으로부터 가축과 기는 것과 공중의 새까지 그리하리니

여기서 모든 동물들까지 함께 심판을 받아야 하는 이유는 동물들이 죄를 범했기 때문이 아니라, 창조원리상 자연계 전체가 인간에게 예속되어 있고 인간이 자연계를 대표하기 때문에 동물들까지 모두 함께 심판을 받게 되었던 것입니다. 하나님께서 이 세상을 심판하시되 철저히 파괴하고 말끔히 씻어버림으로 이전의 흔적들을 완전히 없애버리겠다고 선언하셨습니다. 하나님의 심판 선언은 120년 후 방주에 탄 노아의 가족과 동물들을 제외하고 이 지상에서 숨 쉬는 모든 것을 멸해버린 홍수 심판을 통해서 그대로 성취되었습니다. 뿐만 아니라 하나님께서는 장차 그리스도께서 재림하실 때에 불 심판을 예고하셨는데, 그때 역시 구원의 방주되신 그리스도를 믿지 않는 자는 모두 쓸어 지옥 불에 던지실 것입니다.

(베드로후서 3:6~7) _ [6]이로 말미암아 그 때에 세상은 물이 넘침으로 멸망하였으되 [7]이제 하늘과 땅은 그 동일한 말씀으로 불사르기 위하여 보호하신 바 되어 경건하지 아니한 사람들의 심판과 멸망의 날까지 보존하여 두신 것이니라

이 세상을 사랑하셔서 인간과 모든 자연 만물들을 창조하고 섭리하는 하나님이시지만, 인간이 하나님의 뜻을 떠나 죄를 범하고 회개하지 않을 때에는 가차 없이 공의의 심판을 내리십니다. 이것은 노아의 시대 홍수 심판으로, 소돔과 고모라에 불과 유황의 심판으로, 우상을 숭배한 이스라엘 백성들과 예루살렘에 내리신 불 심판으로 증명되었습니다. 또한 앞으로 다가올 예수님의 재림 때에도 하나님께서는 공의의 심판을 내리실 것입

니다. 그러므로 우리들은 자신의 신앙에 대해서 살펴보아야 합니다. 나는 과연 하나님의 심판을 받을 만한 범죄를 저지르지는 않았는지, 하나님께 죄를 고백하고 은총을 받음으로 죄가 깨끗이 씻겨 있는지 살펴보고, 늘 깨어 경건하고 의로운 성도의 삶을 살아야 합니다.

4. 오직 노아에게만 주어진 하나님의 은혜

모든 사람들이 죄악 때문에 멸망의 위기에 처했을 때에 하나님께서는 노아에게만은 은혜의 손길을 내밀어 주셨습니다.

(창세기 6:8) _ 그러나 노아는 여호와께 은혜를 입었더라

하나님께서는 인간의 범죄로 인해 이 세상을 모두 멸절하기로 결정하셨습니다. 하지만, 진노 가운데서도 노아에게만은 은혜를 베푸셔서 노아와 그 가족들을 구원하기로 작정하셨습니다. 죄악이 가득한 세상이 하나님의 심판을 받아 대홍수로 멸망하는 가운데서도 노아가 구원을 받을 수 있었던 것은 오직 노아와 그의 후손을 통해 당신의 구속 사역을 이어나가기를 원하시는 하나님의 은혜를 입은 까닭이었습니다.

오직 하나님의 은혜를 입은 자들만이 구원을 받습니다. 하나님의 은혜를 입은 노아는 당대에 완전한 자로 인정받고 있었습니다. 극도로 부패하고 타락한 세태 속에서도 여호와만 바라보는 신앙과 도덕적 의로움을 지

키고 살았던 것입니다. 그런데 그 의로움은 바로 하나님이 은혜의 손길로 노아를 지키신 결과였습니다. 하나님은 그리스도가 오시기까지 약속의 씨를 보존하기 위해 노아와 그 가족을 당신의 은혜로운 손길을 통해 보호하시고 이끌어 주셨습니다.

노아는 이러한 하나님의 은혜를 맛보고 120년 동안 방주를 지었습니다. 사람들로부터 손가락질과 조롱을 받았지만 그럼에도 하나님의 심판을 전하였고, 쉬지 않고 일하여 하나님께서 명령하신 방주 제작의 사명을 완수했습니다. 노아는 하나님의 은혜를 받았기에, 그 은혜의 기쁨을 알았기에, 충성할 수 있었습니다. 노아만이 아니라 구원받은 성도들은 모두 하나님의 은혜를 받은 자들입니다. 그래서 구원은 인간의 노력이 아니라 전적으로 하나님의 은혜의 선물이라고 말합니다.

(에베소서 2:8) _ 너희는 그 은혜에 의하여 믿음으로 말미암아 구원을 받았으니 이것은 너희에게서 난 것이 아니요 하나님의 선물이라

이것을 깨달은 자들은 자기의 뜻을 버리고 하나님의 뜻대로 살아가게 됩니다. 이 세상이 아니라 하나님만 바라보고 하나님의 영광을 위해 살아가게 됩니다.

5. 결론

인간의 타락은 결국 하나님의 심판이라는 무서운 결과를 가져오고 말 았습니다. 처음에는 가인의 후손들에게서부터 타락이 시작되었지만 하나 님의 아들들이 사람의 딸들과 결혼하면서부터는 모든 인간들에게로 번져 갔습니다. 대부분의 사람들이 하나님 대신에 인간 중심의 삶을 선택함으 로써 이기적이고 죄악 된 삶을 살게 되었고, 그 결과 하나님의 심판을 받게 되었던 것입니다.

그러나 노아는 하나님의 은혜로, 하나님을 바라보는 신앙으로 홍수 심 판에서 구원을 받았습니다. 우리 역시 하나님의 은혜로, 십자가에서 죽으 신 예수 그리스도를 믿음으로 구원을 받았습니다. 그렇다면 우리가 앞으 로 어떻게 살아야 할지는 너무나 분명합니다. 단지 구원받기 위해 신앙생 활을 하는 것이 아니라, 하나님의 은혜로 구원을 받았기에 감사한 마음으 로 순종하며 살아야 합니다.

24. 타락한 세상의 의인 노아 (창 6:9~12)

어느 외눈박이 원숭이의 한 맺힌 이야기가 있습니다.

어떤 섬에 눈이 하나밖에 없는 원숭이들이 집단을 이루며 살고 있었습니다. 그런데 어느 날 두 눈을 가진 정상적인 원숭이가 그 섬에 들어왔습니다. 외눈박이 원숭이들이 놀라서 "오메, 저놈은 눈이 두 개네? 머리털 나고 저런 병신은 처음 봤네. 야, 우리는 모두 눈이 하나만 달려있는데 너는 어찌하여 눈이 두 개씩이나 달려있냐? 참 웃기는 놈이 다 있네." 하면서 낄낄거리며 놀려대기 시작했습니다. 그러자 두 눈을 가진 원숭이의 얼굴이 홍당무가 되었고, 자기를 병신 취급하는 외눈박이들의 비웃음과 조롱에 스스로 이상해지고 자신감을 잃어갔습니다. 두 눈 가진 원숭이는 물가에서 자신의 모습을 비추어보니 정말 자기가 이상해 보였고, 그래서 결국 두 눈을 가진 원숭이는 자신의 한쪽 눈을 빼어버리고 말았습니다.

이 외눈박이 원숭이들처럼 진리를 보지 못하는 사람들은 진리를 말해도 받아들이지 못합니다. 사물을 보는 눈과 심령이 마비되었음에도 자신들이 옳다는 확신을 버리지 못하기 때문이지요. 여러분은 어떻습니까? 외눈박이들의 조롱에 못 이겨 한쪽 눈을 빼어버린 원숭이처럼 소신 없이 살고 있지는 않습니까? 하나님의 말씀에서 벗어나도, '남들도 다 하니까'라며 휩쓸려 간 적은 없습니까?

우리는 예수를 구주로 믿는 성도(聖徒) 즉, 세상에서 특별히 구별된 사람들입니다. 때문에 우리들은 구별된 성도답게, 그리스도인답게 살아가야 합니다. 그것은 세상 사람들처럼 내 뜻대로, 세상의 가치관이나 삶의 목적을 따라 사는 것이 아니라, 하나님의 뜻과 목적을 좇아 살아가는 것입니다. 그것이 구별된 삶입니다. 물론 그렇게 구별되어 사는 삶이 결코 쉬운 일은 아닙니다만, 우리는 당연히 그 삶을 선택해야 하는 성도입니다.

이번 장의 성경 본문은 노아가 사람들의 비웃음과 조롱 속에서도 구별된 삶을 살았다고 증거합니다. 노아의 삶을 통해서 우리가 어떻게 구별된 성도로서 살아갈 수 있는지를 살펴보도록 하겠습니다.

1. 노아에게는 셈과 야벳과 함, 세 아들이 있었음

하나님께서 약속의 씨로 노아를 선택하셨고, 노아는 세 명의 아들을 낳았습니다.

(창세기 6:9~10) _ [9]이것이 노아의 족보니라 [10]세 아들을 낳았으니 셈과 함과 야벳이라

창세기 5장 32절에 따르면 노아는 오백세 된 후에 셈과 함과 야벳을 낳았다고 합니다. 노아의 큰 아들로 추정되는 셈의 이름은 '명성'이란 의미를 가지며, 셈은 나중에 황인종의 조상으로 노아를 이어 약속의 씨를 이어갔고, 그의 후손인 아브라함의 혈통에서 예수 그리스도께서 태어나시는 영광을 얻게 되었습니다. 함은 '뜨거운' 혹은 '검은'이란 뜻의 이름으로, 흑인종의 조상이 되는 그의 외형을 특정한 것이며, 또한 아비의 수치를 형제들에게 공개한 그의 경솔한 성격을 나타내는 것이라고도 볼 수 있습니다. 야벳은 '넓게 확산한다'라는 뜻의 이름인데, 그는 이후에 유럽인들로 대표되는 백인종의 조상이 되었습니다.

여기서 노아의 세 아들이 언급되는 것은 곧 있을 노아의 방주 제작과 그 이후에 있을 홍수 심판의 때에 노아의 가족만이 구원을 얻게 되기 때문입니다.

2. 관영한 부패와 포악함

노아의 시대에 사람들이 하나님 앞에서 부패하여 세상에는 포악함이 가득했습니다. 당시 사람들은 하나님의 말씀을 따르지 않고 인간 중심의 삶을 살고 있었는데, 날이 갈수록 사람들의 마음이 부패하고 포악함은 더해만 갔습니다. 한두 사람의 문제가 아니라 모든 사람들의 마음이 죄악으로

가득 차 있었습니다.

(창세기 6:11~12) _ [11]그 때에 온 땅이 하나님 앞에 부패하여 포악함이 땅에 가득한지라 [12]하나님이 보신즉 땅이 부패하였으니 이는 땅에서 모든 혈육 있는 자의 행위가 부패함이었더라

힘 있고 능력 있는 남자들은 예쁜 여자만 보면 모두 아내로 삼아버렸고, 여자들은 남자들에게 잘 보이기 위해 외모를 꾸미고 성적 타락에 열정을 불태웠습니다. 정의는 사라지고 힘과 재물을 가진 사람이 모든 것을 지배하는 부패한 세상이 되고 말았습니다. 하나님이 만드신 에덴동산에서의 평화로운 삶은 사라지고, 온통 살인, 강도, 폭력, 절도, 다툼, 부조리 등이 판을 치는 세상이 된 것입니다. 당시 사람들은 가치관이 전도(顚倒)되어 악을 행하는 것을 조금도 부끄럽게 생각하지 않았고, 오히려 그것을 자랑스러워하며 자기 과시의 수단으로 삼기도 했습니다. 이와 같이 인간이 하나님께 죄를 지어 세상은 온갖 죄악으로 가득했으며, 그 결과 그 땅에서는 조금도 선함을 발견할 수 없었습니다. 즉, 자비하시고 오래 참으시는 하나님께서도 도저히 참으실 수 없는, 그래서 심판이 불가피한 상태에 이르고 만 것입니다.

오늘날 우리도 노아의 때나 별반 다르지 않은 악한 세상에 살고 있습니다. 세계 곳곳에서는 테러가 일어나 사람들을 공포에 떨게 합니다. 얼마 전에도 미국에서는 수십 명의 사람들이 목숨을 잃고 수백 명이 부상을 당하는 끔찍한 총기 난사 사건이 일어나 세계를 경악하게 하지 않았습니까? 테

러나 살인 같은 범죄뿐만 아니라, 회사의 비밀을 빼돌려서 외국 기업에 팔아먹는 사람들, 아무 죄책감 없이 가짜 뉴스들을 만들어 사람들을 혼란에 빠뜨리는 언론인들, 수많은 사람들을 속여서 돈을 가로채는 다단계 사업자들, 그것을 단속하지 않는 정부 등 문제가 끝이 없습니다.

뿐만 아닙니다. 사람들의 마음에 여유가 없다보니 조그만 다툼도 살인으로 번지곤 합니다. 옆에서 쳐다봤다고 칼로 찌르고, 위층에서 시끄럽게 한다고 사람을 죽이는 일들마저 벌어집니다. 자신의 중학생 딸의 친구를 데려와 성폭행하고 죽이고 시체를 유기한 패륜무도한 사람까지 등장했습니다. "세상이 미쳤다"는 한탄이 절로 나오곤 합니다. 왜 그럴까요? 답은 하나입니다. 즉, 마귀의 유혹에 넘어가 죄악에 빠져서 무엇이 옳은 것인지, 어떻게 사는 것이 바른 삶인지 분별하지 못하기 때문입니다.

하나님과의 관계가 틀어지면 하늘로부터 오는 지혜를 얻을 수 없고, 하나님이 주시는 지혜가 없으면 무엇이 옳고 그른지를 분별할 수 없게 됩니다. 그래서 자기가 죄를 저지르면서도 잘못된 것인지 모르거나, '남이 하면 불륜, 내가 하면 로맨스'라며 자기를 합리화하기도 합니다. 죄악 속에 빠져 허우적대면서도 사람들은 자신이 잘 살고 있다고, 행복하게 살고 있다고 우깁니다.

이것은 교회 안에 있는 사람들도 마찬가지입니다. 교회에 다니면서, 하나님의 뜻이 무엇인지 알면서도, 자기 뜻대로 사는 사람들 말입니다. 그들은 하나님의 뜻과 상관없이 자기 욕심에 따라 살면서도 신앙생활을 잘하고 있다고 착각합니다. 부정한 방법으로 돈을 벌었으면서 하나님께 복을 받아서 부자가 되었다고 간증합니다. 주일을 온전히 지키지 않으면서 자비하신 하나님께서 봐주실 것이라고 자기를 합리화합니다.

분명히 말씀드리지만 하나님의 뜻대로 살고자 노력하지 않는 것은 성도의 삶이 아닙니다. 알면서도 행하지 않는 사람은 모르고 행한 사람보다 분명히 죄가 더 큽니다(눅 12:47). 그리고 더 중요한 것은 하나님께서는 언제까지나 참고 기다리시지 않는다는 사실입니다. 하나님께서 노아에게 약속하신 120년 안에 회개하지 않으면 홍수 심판을 피할 수 없습니다. 여러분이 하나님이 정하신 기간 안에 하나님께 온 마음을 다해 돌아오지 않으면 마찬가지로 하나님의 심판이 반드시 현실이 되어 다가온다는 사실을 기억하시기 바랍니다.

예전에 어떤 집사님이 "하나님, 다리몽둥이를 부러뜨려도 좋으니 제발 남편을 교회로 인도해 주세요"라고 기도했는데, 정말 소원대로 남편이 교통사고를 당하고 그것을 계기로 교회에 나오게 되었다고 합니다. 웃지 못할 간증인데, 그 얘기를 들어서인지 간혹 '저렇게 하다가는 하나님께 혼나지!'라는 예감이 드는 분들이 있을 때마다 '하나님 큰 어려움 없이 성령의 감동으로 제자리로 돌아오게 해 주세요'라고 기도합니다. 제 기도가 그대로 이루어지면 좋겠습니다만, 그분이 하나님의 말을 듣지 않으면 분명 하나님의 징계가 뒤따를 것입니다. 하나님의 징계가 없는 사람은 사생자요, 하나님의 자녀가 아니기 때문입니다.

> (히브리서 12:8) _ 징계는 다 받는 것이거늘 너희에게 없으면 사생자요
> 친아들이 아니니라

하나님의 징계의 목적은 자녀의 회복에 있습니다. 그렇기 때문에 하나님

은 사랑하는 자녀일수록 징계를 아끼지 않으실 것입니다. 들을 귀 있는 자는 들으십시오. 하나님의 경고의 말씀을 가슴에 새겨들으십시오.

3. 당세에 의인, 노아

사도 바울은 로마서 3장에서 '모든 사람은 죄인이며 의인은 없나니 하나도 없다'고 말했습니다. 그런데 본문에는 노아가 의인이며 당세에 완전한 자이며 하나님과 동행하였다고 기록되어 있습니다.

(창세기 6:9) _ 노아는 의인이요 당대에 완전한 자라 그는 하나님과 동행하였으며

누구의 말이 맞는 것일까요? 둘 다 맞습니다. 이 세상 사람은 모두 죄인이고 의인은 하나도 없습니다. 본문에서 노아가 '의인'으로 표현된 것은 죄가 하나도 없다는 의미에서의 의인(義人)이 아니라, 하나님의 뜻을 따라 순종하는 바른 신앙을 가진 사람이라는 의미입니다. '완전한 자'라는 말도 마찬가지입니다. 다시 말해 당시 모든 사람들이 하나님의 뜻을 무시하고 자기 뜻대로 살고 있을 때, 노아는 하나님의 말씀을 믿고 그 말씀대로 순종하기 위해 애쓴 믿음이 좋은 성도였다는 말입니다. 다른 사람들이 죄를 범하고 쾌락을 누리며 살 때, 노아는 경건과 거룩을 유지하기 위해 노력했고, 홍수로 심판할 것이라는 하나님의 말씀을 사람들에게 전파하는 데 힘

썼습니다. 앞에서 언급한 삐뚤어진 가치관으로 살아가는 외눈박이 원숭이들이 우글거리는 세상에서 두 눈이 똑바로 박힌 노아가 그들에게 바른 가치관을 전파하고 곧 다가올 하나님의 심판을 전하는 외롭고 거룩한 싸움을 하는 성도의 삶을 살았다는 말입니다.

여러분은 어떻습니까? 외눈박이 원숭이들처럼 잘못된 가치관으로 왜곡된 삶을 살아가는 세상 사람들 속에서 의인 노아와 같이 거룩한 삶을 살고 있습니까? 아니면 죄악 된 세상 사람들 속에서 한쪽 눈을 질끈 감고 '여기도 좋네'하면서 살고 있습니까?

4. 하나님의 은혜, 거룩한 삶을 사는 비결

그런데 아주 중요한 사실이 하나 있습니다. 노아가 하나님과 동행하며 의롭고 완전한 삶을 산 것은 바로 하나님의 은혜 때문이라는 사실입니다. 앞서 8절에서 노아는 하나님의 은혜를 입었다고 말씀했습니다. 하나님의 은혜는 하나님께서 붙들어 주시고, 간섭하시고, 보호하시고, 인도하심을 말합니다. 노아는 하나님의 은혜를 입었기에 세상 사람들의 조롱과 멸시 속에서도 죄악 된 삶과 구별된 거룩한 삶을 살아갈 수 있었던 것입니다.

우리 역시 마찬가지입니다. 내 힘으로, 내 노력으로 죄악 된 세상에서 거룩하고 경건한 삶을 살기는 불가능합니다. 하지만, 다시 그리스도만을 바라보고 자신의 삶을 온전히 하나님께 바친다면 의로운 삶으로 변화되어 살아갈 수 있습니다.

(고린도전서 6:11) _ 너희 중에 이와 같은 자들이 있더니 주 예수 그리스도의 이름과 우리 하나님의 성령 안에서 씻음과 거룩함과 의롭다 하심을 받았느니라

만군의 여호와의 동행하심과 보호하심을 받아야만 우리가 승리의 삶을 살 수 있습니다.

(말라기 2:6) _ 그의 입에는 진리의 법이 있었고 그의 입술에는 불의함이 없었으며 그가 화평함과 정직함으로 나와 동행하며 많은 사람을 돌이켜 죄악에서 떠나게 하였느니라

하나님이 원하시는 거룩한 삶을 살기 위해서는 먼저 우리의 약함을 인정해야 합니다. 그리고 능력 많으신 하나님을 의지해야 합니다. 그것이 외눈박이 원숭이들이 우글거리는 죄악 된 세상 속에서 두 눈을 똑바로 뜨고 하나님의 말씀에 따라 거룩하게 살아갈 수 있는 유일한 길입니다. 그것은 예수님이 말씀하셨던 좁을 길을 가는 것이며, 그의 나라와 그의 의를 위해 살아가는 것이기도 합니다.

우리 앞에 외눈박이가 되어 세상풍조를 따라 사는 길이 있고, 노아처럼 외롭고 힘든 삶이지만 하나님만 바라보며 주님을 따르는 거룩한 길이 있습니다. 주님은 분명히 우리가 이 세상에서 의롭고 경건한 삶을 살아가기를 응원하고 계실 것입니다. 여러분 모두, 하나님의 돌보심과 이끄심을 따라 노아와 같이 의인으로 살아가시기를 부탁드립니다.

3부

노아의 방주

25. 방주를 만들라 (창 6:13~22)

아무런 이유 없이 태어난 사람은 없습니다. 오히려 사람마다 특별하게 주어진 역할과 사명이 있습니다. 그런데 우리네 인생들을 살펴보면 자신에게 주어진 역할을 잘 감당하다 돌아가는 사람이 있는가 하면, 자신의 사명을 감당하기는커녕 남에게 피해만 주는 사람도 있습니다. 하나님은 노아에게 방주 제작의 사명을 주셨듯이, 우리에게도 귀한 사명을 주셨습니다. 또한 노아가 그 사명대로 살며 복을 받았듯이, 우리 역시 받은 사명을 깨닫고 충성되게 살아야 합니다. 이번 장은 사명에 대한 말씀입니다.

1. 방주를 제작하라

하나님께서는 부패하고 포악으로 충만한 세상을 심판하기로 작정하셨습니다. 그렇지만 하나님께서는 심판을 내리시기에 앞서 하나님과 동행하며 그의 말씀에 순종하는 의인 노아에게 세상에 대한 심판 계획을 알려 주셨습니다. 하나님께서는 부패하고 죄악 가운데 빠져 있는 인간들을 홍수 심판으로 멸절하되, 이미 약속한 여자의 후손인 거룩한 씨의 보존을 위해 노아를 택하시고 그로 하여금 방주를 짓게 하여 홍수 가운데서 구원하시려는 뜻을 가지셨습니다. 따라서 이 명령은 반드시 순종해야 하는 하나님의 말씀이었습니다. 노아가 순종하면 하나님의 약속대로 노아와 그의 가족들과 동물들이 생명을 얻게 되겠지만, 만약 불순종한다면 하나님의 약속이 지켜지지 않는 것은 물론, 노아와 그의 가족, 그리고 씨앗으로 남겨질 지구상의 모든 생명이 멸절되고 말 것입니다. 그만큼 방주를 지으라는 하나님의 명령은 중요하고 특별한 것이었습니다.

그런데 여기서 한두 가지 질문이 생깁니다. 가장 먼저 나이에 관한 것입니다. 하나님께서 노아에게 방주 제작을 명령하신 때는 노아의 나이 480살 때였습니다. 이는 노아의 나이 600살 때에 홍수가 났고, 120년간 방주를 준비했다는 기록에서 알 수 있습니다. 70세만 되어도 고된 육체노동을 할 수 없는 지금 시대의 상식으로는 상상도 안 되는 고령입니다. 하지만, 노아의 시대는 지금과 무척 달랐습니다. 노아가 자녀를 얻은 나이 역시 500세에 이르러서이기 때문입니다. 즉, 오늘로 치면 노아는 이제 막 청년의 때를 맞이한 사람과 같았을 겁니다.

두 번째로 방주를 제작하는 인원입니다. 처음부터 끝까지 노아 홀로 방주를 제작한 것은 결코 아닙니다. 하지만 120년의 시간이 있어도, 수많은 동물들을 살릴 거대한 방주를 짓는 것은 한두 사람이 할 수 있는 일이 아닙니다. 그래서 하나님은 노아에게 자녀를 주셨습니다. 처음에는 노아와 그의 아내, 이렇게 둘이서 방주를 만들다가, 500살 무렵 아들을 낳기 시작해서 530살 정도부터는 장성한 아들들과 며느리들과 함께 방주를 만들었을 것입니다. 그러니까 처음의 50년간은 노아와 그의 아내 둘이서 조금씩 만들다가 이후 70년간은 그의 아들들과 며느리들이 참여하여 본격적으로 방주를 제작했을 것으로 추측됩니다.

2. 방주의 건축 재료와 제도를 주신 하나님

하나님께서 노아에게 방주를 제작할 수 있도록 구체적인 설계도를 주셨습니다. 방주는 고페르 나무 즉, 삼나무로 만든 상자 모양의 배였습니다. 방주의 크기는 높이 30규빗[2], 너비 50규빗, 길이 300규빗으로 나와 있는데, 이것을 오늘의 센티미터로 환산하면 높이 13.6m, 너비 22.8m, 길이는 136.8m의 크기가 됩니다. 이 방주는 3층 구조로써 노아 가족과 짐승들이 안전하게 지낼 수 있도록 설계되었습니다. 아마도 수많은 짐승들을 수용하고 그들이 일 년 동안 먹을 양식까지 실어야 했기 때문에 그렇게 큰 규모로 지어질 수밖에 없었을 것입니다. 방주는 축구장 정도 되는 뗏목 위에 3층짜리 길고 네모난 창고의 모양을 가졌던 것 같습니다. 즉, 배의 형태가 아니라 길고 커다란 상자 같은 모습이었을 것입니다.

---

2) 1규빗은 약 45cm. 성인의 팔꿈치에서 손가락 끝까지의 길이

이 방주의 배수량(排水量)은 약 32,800톤인데, 동물의 평균 크기를 양(羊)으로 환산했을 때, 약 125,280마리가 들어갈 수 있는 규모였습니다. 그리고 방주 안팎으로 역청을 칠해서 물이 스며들지 않도록 했는데, 여기서 '역청'(코페르)은 송진과 같은 수지성분의 아스팔트(asphalt)를 가리킵니다. 과학자들에 의하면 그 당시는 홍수 전이라 아스팔트가 없었을 것이고, 나무 송진을 끓인 다음에 숯가루를 섞어 만든 역청을 사용했을 것으로 추정됩니다. 하나님께서 방주 안팎에 이 역청을 칠하라고 하신 이유는 나무로 만든 방주가 부식되거나 방주 안으로 물이 스며드는 것을 방지하기 위해서였습니다. 또한 하나님께서는 가장 높은 곳에서부터 아래로 45cm 되는 지점에 빙 둘러 창문을 내라고 하셨고, 중간에 출입할 수 있는 문도 하나 만들라고 명령하셨습니다. 이 문으로 노아의 가족들과 모든 동물들이 방주로 드나들었고, 창문은 환기를 위해서 그리고 시간의 흐름을 측정할 수 있도록 만들었을 것입니다. 이와 같이 하나님께서는 노아와 그의 가족들이 아무런 불편을 느끼지 않도록 세심하고 꼼꼼하게 방주를 설계해 주셨습니다. 이것은 우리들의 삶에서도 마찬가지입니다. 하나님은 우리들의 삶을 설계하시고, 우리가 순종하며 살아갈 수 있도록 인도하십니다. 왜냐하면 그것이 하나님의 뜻이고 우리가 행복하게 살 수 있는 길이기 때문입니다.

3. 모든 동물도 한 쌍씩 살리실 것을 약속하심

하나님께서는 다시 한 번 홍수 심판을 내리셔서 생명들을 멸절하실 것을 말씀하셨습니다.

베드로는 이 구절을 이렇게 표현합니다.

그러나 하나님께서는 죄에 대한 공의의 심판을 하시는 중에도 피조물에 대한 긍휼의 손길을 거두지 않으셨습니다. 하나님께서는 노아와 그의 가족을 홍수 심판 가운데서 구원하실 것을 약속하셨고, 모든 살아있는 동물들을 한 쌍씩 보존하실 것을 굳게 약속해 주셨습니다.

그런데 이 세상에 수많은 동물들을 모두 암수 한 쌍씩 싣는 것이 가능할까요? 이러한 의문은 과학적 설명에 의해서도 해소될 수 있습니다. 바로 앞에서 노아의 방주 규모로 볼 때, 거기에는 양을 125,280마리 정도 실을 수 있다고 했지요? 오늘날 살아있는 포유류 3,500종, 조류 8,600종, 파충류 및 양서류 5,500종을 합하면 모두 17,600종이 되고, 방주에 이 동물들을 암수 한 쌍씩 싣는다면 모두 35,200마리가 됩니다. 여기에 멸종된 동물이나 곤충을 실어도 노아의 가족이나 식량을 실을 공간이 충분했을 것입니다. 공룡과 같은 몸집이 큰 동물이라 해도 새끼 때에는 그 크기가 1/40정도밖에 되지 않기 때문에 방주에 싣기에는 별반 어려움이 없었을 것입니다.

천지 만물을 지으신 하나님께서는 방수의 척(尺)수까지 일일이 노아에게 알려주심으로 방주 안에 모든 동물이 한 쌍씩 들어가는 데 전혀 문제가 없도록 하셨습니다.

또한 하나님께서는 노아의 가족들과 동물들이 1년 먹을 양식을 준비하라고 지시하셨습니다. 노아의 여덟 식구들이 1년 동안 먹을 양식을 준비하는 것도 만만치 않은 일이지만, 수만 마리의 동물들이 1년 동안 먹을 식물(건초)을 준비한다는 것은 엄청난 일이었을 것입니다. 하지만 전혀 불가능한 일도 아니었습니다. 방주를 건설하는 데 120년이라는 긴 시간이 필요했고, 또한 방주 안에서는 동물들의 활동이 적기 때문에 최소한의 먹이만 준비하면 되었을 것이기 때문입니다. 노아와 그의 가족들은 하나님이 주신 지혜로 자연의 이치를 깨닫고 먹이를 준비하였을 것입니다. 당시 모든 동물들은 초식을 했기 때문에 노아와 그의 가족은 건초를 만드는 방법과 그것을 장기간 보관하는 방법을 연구했을 것이고, 직접 농사지은 것과 땅에서 나는 풀들을 수확해서 저장함으로써 식량을 준비했을 것입니다.

4. 사명자 노아의 순종

성경은 노아가 하나님께서 명령하신 것을 다 준행하였다고 증거하고 있습니다.

(창세기 6:22) _ 노아가 그와 같이 하여 하나님이 자기에게 명하신 대로

착하고 충성된 종 노아는 자기에게 맡겨진 사명을 충실하게 수행했지만, 같이 방주를 만들고 많은 양식을 준비하는 것은 아주 힘든 일이었습니다. 하루 이틀, 한 달 두 달도 아닌 무려 120년 동안이나 매일 그것을 감당하면서 육신의 피로는 물론이고 주변 사람들의 조롱을 참고 견디어야 했기 때문입니다. 그러나 노아는 매순간 자신에게 주어진 사명인 방주 제작과 양식 저장을 성실히 감당했고, 또한 사람들에게 하나님의 심판의 메시지를 전했습니다. 사람들은 "야, 하늘이 저렇게 파랗고 맑은데 무슨 비가 온다는 거냐?, 그리고 배를 만들려면 바닷가에 만들어야지 산 위에서 배를 만든다는 게 말이 되는 소리냐? 네가 뭔데 우리한테 이래라 저래라야? 별 미친놈을 다보겠네."라고 비난과 조롱을 퍼부었을 것입니다. 그럼에도 노아는 묵묵히 자신의 사명을 감당했다고 성경이 증거하고 있습니다.

얼마 전 교보문고에서 도올 김용옥 씨가 쓴 《로마서 강해》가 있어서 읽어보았더니, 하나님의 창조와 성육신 그리고 부활이 말도 안 되는 헛소리라고 해 놓았더군요. 그는 나름 최고의 지성인이고 거기에 신학 교육까지 받았지만, 성경을 하나님의 말씀으로 인정하지 못하고 그저 자신의 이성을 과신하여 모든 것을 판단하고 비판하고 있었습니다. 언제나 과신과 맹신이 문제입니다. 선택받지 못한 영혼이라 모든 것이 안 믿어지니 그럴 수밖에 없지요. 노아 당시 많은 사람들이 바로 그와 같은 상태에 있었기 때문에 하나님의 홍수 심판이 있다고 외치는 노아의 메시지는 정신 나간 노인의 헛소리로 들렸을 겁니다. 아니 더 나아가 노아를 비판하고 조롱할 수

밖에 없었던 것입니다.

방주의 규모를 근거로, 노아의 8명 가족만으로 도저히 지을 수 없다고 주장하는 사람들도 있습니다. 그러나 노아의 방주를 만드는 데 필요한 나무를 계산해보면, 직경 20~30cm에 길이 20m짜리 나무가 약 3만개 정도가 소요됨을 알 수 있습니다. 다시 말해 8명의 인원이 120년이면 그런 규모의 방주를 충분히 만들 수 있다는 겁니다. 하나님은 결코 우리가 할 수 없는 일들을 시키지 않으시는 분입니다. 물론 힘이 들기는 하겠지만, 순종하기로 마음만 먹으면 충분히 할 수 있는 일, 그것이 하나님이 우리에게 주시는, 우리가 감당해야 할 사명입니다. 우리가 하나님의 말씀에 순종하는 것은 결코 불가능한 일이 아닙니다. 매일 주어진 분량만큼만 감당하면 결국에는 나에게 주어진 큰 사명을 완수하게 됩니다.

하나님께서는 우리가 주어진 사명을 감당하도록 도우시고 인도하십니다. 나 홀로 감당하게 내버려두지 않으시고, 넘치는 은혜와 충분한 능력으로 우리들이 사명을 감당하도록 도와주십니다. 천리 길도 한 걸음부터 시작하고, 롯데타워 같은 마천루도 벽돌 한 장을 쌓는 데서 시작하는 것처럼 사명도 마찬가지입니다. 포부가 큰 것도 좋지만 매일 꾸준히 감당하는 것이 더 중요합니다. 하나님의 말씀에 따라 하나씩 순종해나가야 합니다. 그렇게 조금씩 순종하다 보면 하나님의 크신 뜻을 이룬 노아와 같이 될 수 있습니다.

우리가 이 세상에서 믿음을 지키며 산다는 것은 노아처럼 하나님의 말씀에 순종하는 것입니다. 하나님의 약속이라 할지라도 인간의 순종이 없으면 이루어지지 않습니다. 하나님의 명령을 받은 노아가 생명 보존을 위해 방주를 준비하였듯이, 하나님께서는 우리들의 구원을 위해 구원방주를 짓도록 하셨습니다.

(히브리서 11:7) _ 믿음으로 노아는 아직 보이지 않는 일에 경고하심을 받아 경외함으로 방주를 준비하여 그 집을 구원하였으니 이로 말미암아 세상을 정죄하고 믿음을 따르는 의의 상속자가 되었느니라

그 구원의 방주란 바로 예수 그리스도를 머리로 한 교회를 가리킵니다. 교회는 성도들이 하나님의 최후 심판으로부터 구원받을 수 있는 유일한 피난처입니다. 따라서 우리들은 교회를 유일한 피난처로 알고 믿음과 인내로 방주를 지어가야 합니다. 그리고 구원의 방주인 예수 그리스도에게로 들어가야 합니다.

그러면 어떻게 하는 것이 우리가 구원의 방주를 짓는 것일까요? 바울은 에베소서 2장에서 이렇게 정의합니다.

(에베소서 2:20~22) _ [20]너희는 사도들과 선지자들의 터 위에 세우심을 입은 자라 그리스도 예수께서 친히 모퉁잇돌이 되셨느니라 [21]그의 안에서 건물마다 서로 연결하여 주 안에서 성전이 되어 가고 [22]너희도 성령 안에서 하나님이 거하실 처소가 되기 위하여 그리스도 예수 안에서 함께 지어져 가느니라

하나의 돌이 모여 건물을 이루듯이, 한 명 그리스도인이 모여 하나님의 교회를 이룹니다. 그리스도를 모퉁잇돌로 삼고 성도 하나하나가 벽돌이

되어 성령으로 교회를 이루며 그리스도의 말씀을 중심으로 연합하여 성령의 인도를 따라 살아가는 것, 이것이 우리가 교회 안에서 구원의 방주를 지어가는 방식입니다.

하나님의 말씀에 순종하여 노아가 방주를 만들었듯이, 믿음의 공동체요 거룩한 제사장 나라의 백성인 여러분도 마음에 그리스도를 모시고 그 말씀에 순종함으로써 구원의 방주를 만들어 가시기를 바랍니다.

26. 방주로 들어가라 (창 7:1~5)

하나님께서 노아와 그의 가족들에게 방주를 지으라는 사명을 주셨습니다. 노아와 가족들이 120년 동안 엄청난 규모의 방주를 짓는 것은 참으로 힘든 일이었을 것입니다. 그들은 날마다 일용할 양식을 위해 일하는 것은 물론, 나무를 잘라 운반하고, 기둥을 세우고, 역청을 바르면서 하나님이 말씀하신 방식대로 방주를 만들었을 것입니다. 게다가 다른 사람들로부터 조롱과 비난의 소리마저 들어야 했으니 그 스트레스가 얼마나 심했겠습니까? 그럼에도 불구하고 노아와 그의 가족은 방주 제작의 사명을 모두 완수했습니다.

1. 방주로 들어가라

하나님께서 그들에게 방주에 들어갈 것을 명령하셨습니다.

> (창세기 7:1) _ 여호와께서 노아에게 이르시되 너와 네 온 집은 방주로
> 들어가라

방주의 주인이신 하나님께서 노아 가족에게 방주에 오를 것을 명령하셨
습니다. 그 방주에는 오직 노아와 그의 가족만이 들어갈 수 있었습니다.
하나님의 명령을 무시하고 순종하지 않았던 사람들은 단 한 사람도 들어
갈 수 없었고, 오직 하나님의 말씀에 순종했던 노아와 그의 가족만이 구원
의 방주에 들어갈 수 있었던 것입니다. 이것은 오직 하나님의 말씀에 순종
하는 자들만이 천국에 들어갈 수 있음을 암시하고 있습니다. 수많은 사람
들이 교회에 나오지만, 결국은 하나님의 말씀을 믿고 순종하는 자들만이
영원한 하나님의 나라에 들어갈 수 있다는 말입니다.

하나님께서 노아와 그의 가족이 구원받는 이유는 노아의 의로움을 보았
기 때문이라고 말씀하셨습니다.

> (창세기 7:1) _ 이 세대에서 네가 내 앞에 의로움을 내가 보았음이니라

분명 노아와 그의 가족이 구원을 받는 이유는 하나님의 은혜에 근거한
것이었지만, 하나님께서는 노아의 의로움 때문에 그와 그의 가족이 홍수의

심판에서 제외되어 구원의 방주에 오르게 되었다고 말씀해 주셨습니다. 우리들 역시 하나님께서 죄 가운데 있던 우리들을 부르시어 예수 그리스도의 십자가 대속으로 구원하시고 그분의 자녀로 삼아주시는 놀라운 은혜를 받았습니다. 이 모든 것이 하나님께서 우리들을 의롭다고 칭해 주셨기 때문에 생긴 은혜 중의 은혜입니다. 그럼에도 하나님께서는 우리의 '믿음으로 구원을 받았다'고 인정해 주시는 것이지요. 사실은 우리가 하나님의 은혜로 구원받은 것인데, 하나님은 우리의 믿음 때문에 구원하셨다고 말씀하심으로써 우리의 품격을 높여주셨습니다.

2. 정결한 동물과 부정한 동물, 모두 실으라

하나님께서는 정결한 짐승은 암수 일곱씩, 부정한 짐승은 암수 둘씩 방주에 실으라고 하셨습니다.

(창세기 7:2) _ 너는 모든 정결한 짐승은 암수 일곱씩, 부정한 것은 암수 둘씩을 네게로 데려오며

그런데 부정한 짐승은 암수 둘씩인데, 왜 정결한 짐승은 암수 합해서 일곱씩 취했을까요? 다른 짐승들은 번식을 위해서 건강한 암수 한 쌍씩만 보존토록 하였고, 정결한 짐승들은 번식을 위해 암수 세 쌍씩, 그리고 한 마리는 희생 제사를 드릴 제물로서 보존하라는 것이었습니다. 그리고 정

결한 짐승들은 인간에게 유익했기 때문에 더 많이 보존되었던 것 같습니다. 즉, 호랑이나 사자보다 소나 양이 더 많은 것이 바로 그러한 이유 때문입니다.

한편, 하나님께서는 공중의 새들도 암수 일곱씩 취하여 방주에 실으라고 하셨습니다.

> (창세기 7:3) _ 공중의 새도 암수 일곱씩을 데려와 그 씨를 온 지면에 유전하게 하라

이것은 당시 일어난 홍수 심판이 국지적이 아니라 전 지구에 걸쳐 일어났음을 보여줍니다. 만약 지구의 일부라도 물에 잠기지 않는 곳이 있었더라면 새들이 피할 수 있었을 터이니 굳이 새들을 방주에 태울 필요가 없었을 것이기 때문입니다. 그리고 일곱 마리를 취한 것은 앞의 경우와 마찬가지로 하나님께 제사를 드릴 희생 제물과 나머지는 번식과 보존을 위해서였을 것입니다.

3. 40주야간 비가 내리다

본문 4절은 하나님께서 노아에게 방주로 급히 들어가라고 하신 이유를 밝혀주고 있습니다.

(창세기 7:4) _ 지금부터 칠 일이면 내가 사십 주야를 땅에 비를 내려 내
　가 지은 모든 생물을 지면에서 쓸어버리리라

이제 칠 일만 지나면 이 지구에 엄청난 홍수가 들이닥칠 것입니다. 최초
의 홍수 심판 경고를 주신 이후에 하나님께서는 무려 120년 동안 회개의
기회를 주셨습니다. 그러나 사람들은 회개하지 않았고, 이제 다시 칠 일
후에 홍수가 임하게 될 것을 선포하시면서 마지막으로 다시 한 번 사람들
에게 회개의 기회를 주고 계신 것입니다. 그럼에도 불구하고 노아와 그 가
족을 제외한 모든 사람들은 하나님의 자비로운 권면을 무시하였고, 결국
하나님의 준엄한 심판을 받게 되었습니다. 예수님도 이러한 사실을 인용하
시면서 마지막 날도 이와 같으리라고 말씀하셨습니다.

(마태복음 24:38~39) _ [38]홍수 전에 노아가 방주에 들어가던 날까지 사
　람들이 먹고 마시고 장가 들고 시집 가고 있으면서 [39]홍수가 나서 그들을
　다 멸하기까지 깨닫지 못하였으니 인자의 임함도 이와 같으리라

아마도 홍수 심판이 시작되기 1년 전부터 하늘이 어두워지고 가끔씩 비
가 내렸으면 사람들은 심판이 실제로 일어날 것이라는 두려운 마음에 회개
하는 자들이 생겼을지도 모릅니다. 그러나 안타깝게도 홍수가 일어날 때
까지는 하늘에서 아무런 징조도 보이지 않았고, 단지 심판을 경고하는 노
아의 외로운 메시지만이 들려올 뿐이었습니다.
　그렇습니다. 노아의 때나 마지막 때에 심판을 알리는 징조는 하나님의
말씀뿐입니다. 하나님의 경고의 말씀을 듣고 믿음으로 준비하는 자는 구

원을 받을 테지만, 회개하고 돌아오라는 하나님의 말씀을 무시하는 자는 멸망하게 될 것입니다. 하나님은 노아 홍수 전부터 지금까지 계속해서 심판의 경고와 함께 회개하고 돌아오라는 말씀을 선지자들과 성경을 통해서 전하고 계십니다. 게다가 지금은 여러 가지 마지막 때의 징조들이 곳곳에서 나타나고 있습니다. 그러나 그러한 하나님의 심판의 징조들과 회개하라는 권면의 말씀들을 무시한다면, 노아의 때에 수많은 사람들이 홍수로 인해 멸망했듯이, 지옥의 불 심판이 닥치고 말 것입니다.

이 세상을 멸망시킬 하나님의 심판의 홍수는 40주야 동안 계속되었습니다.

(창세기 7:4) _ 내가 사십 주야를 땅에 비를 내려 내가 지은 모든 생물을 지면에서 쓸어버리리라

지금 지구상에는 한꺼번에 많은 비를 내릴 수 있는 구름의 양이 그리 많지 않습니다. 최고로 많이 내린다고 해도 그 기간은 보름정도라고 합니다. 실제로 요즘 기상 이변 때문에 곳곳에서 물난리를 겪고 있지만 2,000mm 이상 내린 곳은 없습니다. 우리나라에서 관측된 폭우의 기록은 1,350mm입니다. 그런데 노아 당시에 비가 40일 동안 밤낮으로 내렸다고 성경은 기록하고 있습니다. 40일 동안 내린 비는 그동안 하늘에 머물러 있던 궁창 위의 물들이 쏟아져 내린 결과입니다. 심지어 '큰 깊음의 샘들'이 터지면서 이 홍수를 더욱 창일하게 만들었습니다. 여기서 '큰 깊음의 샘들'은 바다 속의 활화산들이 터졌다는 표현이라고 보시면 됩니다. 바다 밑 산맥을 해령(海嶺)이라고 하는데, 이런 해령들이 바로 큰 깊음의 샘들이 터진 흔적들입

니다. 또한 지금도 지구 곳곳에서 용암이 매우 광대한 면적을 뒤덮었던 흔적들을 찾아볼 수가 있습니다. 정리하면, 하늘에서는 억수같은 비가 40일 동안 밤낮으로 쏟아져 내렸고, 땅과 바다에서는 지진과 화산폭발이 일어나고 해일이 일어나 천지가 요동쳤다는 말입니다.

여기서 우리는 하나의 궁금증이 생깁니다. 왜 하나님께서는 120년이나 걸리는 커다란 방주를 만들게 하시고 홍수로 심판을 내리셨을까요? 히스기야의 기도를 들으시고 하룻밤 사이에 앗수르 군사 18만 5천 명을 몰살시켰던 것처럼(왕하 19장) 간단하게 세상을 심판하실 수 있었음에도 왜 홍수 심판을 사용하셨을까요? 히스기야 때처럼 하셨으면 노아가 120년간이나 고생도 안했을 것인데 말입니다.

그에 대한 중요한 이유를 두 가지 정도 생각해볼 수 있습니다. 첫째는 피조물들에게 충분한 회개의 시간을 주어서라도 그들이 구원받기를 원하시는 하나님의 사랑 때문이고, 두 번째로는 사람들에게 죄를 지으면 끔찍한 형벌이 뒤따른다는 것을 환기시키기 위해서 지구상의 여러 곳에 역사적인 홍수 심판의 흔적들을 남겨놓으시기 위해서였다고 볼 수 있습니다.

전 세계에 흩어져 있는 여러 가지 화석들은 바로 홍수 심판의 흔적들입니다. 홍수 심판으로 인해 수백만 마리의 동물들이 익사하거나 갈가리 찢겨 죽었습니다. 이런 흔적들은 지구 곳곳에 여러 가지 화석과 호박들을 통해 확인되고 있습니다. 즉, 하나님께서는 이러한 흔적들을 통하여 '죄의 삯은 사망'이라는 메시지를 분명하게 보여주셨고, 이후의 세대들에게 또한 우리들에게 심판의 무서움을 경고하고 계신 것입니다.

4. 여호와의 명령을 준행한 노아

(창세기 7:5) _ 노아가 여호와께서 자기에게 명하신 대로 다 준행하였더라

아무리 중요한 하나님의 말씀이라 해도 인간이 순종하지 않으면 역사가 일어나지 않습니다. 성경은 "노아가 여호와께서 자기에게 명하신 대로 다 준행하였더라"고 기록하고 있습니다. 홍수를 대비함에 있어 노아는 자신의 생각은 접어두고 하나님의 명령만을 기준으로 삼았고, 여호와께서 지정한 것은 하나도 빠짐없이 완전히 다 수행했던 것입니다. 즉, 노아는 홍수가 닥칠 어떤 징조도 보이지 않았음에도 불구하고 하나님의 명령에 따라 방주를 만들었고, 하나님의 명령에 따라 방주로 들어갔습니다. 이것은 노아가 하나님의 말씀을 얼마나 믿고 의지했는지를 잘 보여줍니다. 히브리서 또한 노아의 믿음과 순종을 증거하고 있습니다.

(히브리서 11:7) _ 믿음으로 노아는 아직 보이지 않는 일에 경고하심을 받아 경외함으로 방주를 준비하여 그 집을 구원하였으니 이로 말미암아 세상을 정죄하고 믿음을 따르는 의의 상속자가 되었느니라

5. 당신은 하나님의 명령에 순종하고 있는가?

노아는 하나님의 명령에 순종함으로 홍수 심판으로부터 구원을 받았습

니다. 하나님은 오늘날에도 최후 심판을 경고하고 계십니다. 그리고 참된 구원의 방주 되신 예수 그리스도를 보내주시고 당신의 택하신 백성들을 향해 그 안으로 들어가라고 명령하십니다. 우리는 이 명령에 순종하여 예수 그리스도 안에 거해야 합니다. 그래야 아무 때 하나님의 심판이 임한다 할지라도 우리가 심판에서 안전하게 보호받을 수 있습니다. 예수님이 말씀으로 우리 안에 오신다고 성경이 알려줍니다. 우리가 성경과 설교를 통해 하나님의 말씀을 들을 때 말씀이신 예수님이 내 안에 오시는 것입니다.

> (요한복음 15:7) _ 너희가 내 안에 거하고 내 말이 너희 안에 거하면 무엇이든지 원하는 대로 구하라 그리하면 이루리라

그렇게 말씀으로 오신 예수님 안으로 우리가 들어가는 것은 믿음과 순종을 통해서입니다. 분명히 예수님은 당신을 사랑하는 자는 예수님을 알고, 믿고, 순종하며 따른다고 말씀하셨습니다.

> (요한복음 10:27) _ 내 양은 내 음성을 들으며 나는 그들을 알며 그들은 나를 따르느니라

> (요한1서 3:23~24) _ [23]그의 계명은 이것이니 곧 그 아들 예수 그리스도의 이름을 믿고 그가 우리에게 주신 계명대로 서로 사랑할 것이니라 [24]그의 계명을 지키는 자는 주 안에 거하고 주는 그의 안에 거하시나니 우리에게 주신 성령으로 말미암아 그가 우리 안에 거하시는 줄을 우리가 아느니라

뒤집어 말하면 예수님의 말씀에 순종하지 않는 사람은 예수님을 믿지 않는다는 말과 같습니다. 예수님을 믿는다는 것은 그분의 말씀인 성경 말씀을 믿는 것입니다. 창조주 하나님을 믿고 메시아이신 예수 그리스도를 믿는 사람은 성령의 인도함을 따릅니다. 지루한 설교 시간이라도 순종할 마음으로 하나님의 말씀을 듣습니다. 그리고 집으로 돌아가 삶 속에서 하나님의 말씀대로 살고자 몸부림을 칩니다. 그것이 예수님을 믿는 것이고, 예수님의 말씀대로 순종하며 사는 것입니다.

노아는 자신의 뜻과 생각을 접고 하나님의 명령에 따라 방주를 만들고 그곳으로 들어갔습니다. 인간의 생각대로 하면 절대 순종할 수 없는 것이 하나님의 명령입니다. 여러분이 하나님의 말씀에 순종하여 살고 싶다면 자신의 뜻과 생각을 내려놓으십시오. 설교 시간에 하나님의 말씀에 감동과 깨달음이 있다면 그대로 실천해보십시오. 놀라운 역사가 일어날 것입니다. 지금까지 예배에 충실하지 못했다면 영과 진리로 하나님을 예배하십시오. 온 마음을 다해 찬송하고, 진심으로 기도하고, 설교 시간에 두 눈을 똑바로 뜨고 말씀을 받으십시오. 미워하는 마음을 지적받았다면 회개하시고, 게으름을 지적받았다면 더욱 성실하게 살아가십시오. 우리가 그렇게 한다면 성령님께서 더욱 성숙한 믿음으로 인도하실 것입니다. 그렇게 사는 것이 바로 구원의 방주되신 예수님 안에 거하는 삶입니다. 여러분 모두 하나님의 말씀에 순종함으로 예수님과 동행하시기를 주님의 이름으로 부탁드립니다.

27. 대홍수 심판의 시작 (창 7:6~12)

　이 세상 사람들은 노아의 홍수를 예로부터 전해지는 신화(神話) 정도로만 생각합니다. 그러나 노아의 홍수가 실제로 일어났다는 증거는 너무나 뚜렷이 나타나고 있습니다. 인류를 전멸시키다시피 했던 거대한 홍수 이야기는 지구 전역에서 찾아볼 수 있습니다. 방주가 상륙한 것으로 알려진 아라랏 산에서 가까운 지역에서는 그 묘사가 더욱 세밀합니다. 페르시아, 인도, 미얀마, 인도네시아, 타히티, 하와이, 중국, 일본, 시베리아, 오스트레일리아, 뉴질랜드, 뉴기니, 알래스카, 남아메리카, 이집트, 수단, 나이지리아, 콩고, 남아프리카, 그리고 아이슬란드, 리투아니아, 핀란드, 웨일즈, 그리고 아일랜드 등 넓은 지역에서 변형된 형태로 노아 홍수의 이야기가 전해져 내려오고 있습니다. 이것은 창세기 9장 19절의 "노아의 세 아들로부터 사람들이 온 땅에 퍼지니라"는 말씀과 일치합니다. 즉, 노아의 홍수 이후에 노아의 세 아들로부터 사람들이 번성하였고, 바벨탑 사건을 통해 인류가 세계 곳곳으로 퍼져나가면서 노아의 홍수 이야기도 함께 전해져 여러 곳에서 조금씩 변형되어 오늘날에 이른 것입니다.

홍수 신화는 성경이 전 세계에 보급되기 전부터 이미 수세기에 걸쳐 수십 가지 언어로 전해져 왔습니다. 영국의 인류학자 프레이저는 아메리카 대륙의 거의 모든 원주민 종족들이 대홍수를 주제로 한 신화를 가지고 있다고 설명했습니다. 남미(南美)의 아즈텍 문명은 최초의 창조시대가 1,716년간 지속되다가 대홍수로 파괴되었다고 전합니다. 1,716년은 창세기 5장에 등장하는 사람들의 나이를 합한 1,656년과 비슷합니다. 남아프리카의 호텐토트족은 자신들이 노(Noh)라는 조상으로부터 비롯되었는데, 홍수 때에 누우(Nu-u)와 그의 가족만 구원받았다는 신화를 갖고 있습니다. 그리고 큰 배를 뜻하는 한자 선(船)은 여덟 팔(八)과 입을 가진 사람을 뜻하는 구(口)와 배주(舟)를 합한 글자로 '여덟 명이 탄 큰 배'라는 뜻입니다. 즉, 노아와 그의 가족이 탄 방주(方舟)를 가리킵니다. 이 외에도 노아의 홍수가 실제로 일어났다는 증거들은 너무나 많이 있습니다. 홍수의 현장을 한번 살펴보겠습니다.

(창세기 7:11~12) _ [11]그 날에 큰 깊음의 샘들이 터지며 하늘의 창문들이 열려 [12]사십 주야를 비가 땅에 쏟아졌더라

홍수 심판 당시에 비가 40일 동안 밤낮으로 내렸다고 성경은 말합니다. 40일 동안 내린 비는 그동안 하늘에 머물러 있던 궁창 위의 물들이 쏟아져 내린 결과입니다. 심지어 '큰 깊음의 샘들'이 터지면서 이 홍수를 더욱 창일

하게 만들었습니다. 즉, 하늘에서는 억수같은 비가 40일 동안 밤낮으로 쏟아져 내렸고, 땅과 바다에서는 지진과 화산폭발이 일어나고 해일이 일어나 천지가 요동쳤다는 말입니다.

창조과학자들은 노아 홍수 전에는 높이가 1,200m를 넘는 산맥들이 없었을 것이라고 추정합니다. 왜냐하면 현재 가장 높은 안데스 산맥, 알프스 산맥, 히말라야 산맥, 로키 산맥 등이 화석(化石)을 가진 퇴적암(堆積巖) 층을 갖고 있기 때문입니다. 이것은 홍수가 지구를 다 덮었을 때, 아니면 홍수 이후에 높은 산맥들이 해저로부터 치솟아 올랐고, 바다에는 깊은 해양분지가 생겨 많은 물을 담을 수 있게 된 것을 의미합니다. 이것을 시편 기자는 이렇게 기록하고 있습니다.

(시편 104:8) _ 산은 오르고 골짜기는 내려갔나이다

산이 오르고 바다가 깊어진 결과로 안데스나 히말라야 등 높은 산맥에서 엄청난 양의 물고기 화석들과 조개껍데기들도 수없이 발견되고 있습니다. 미국의 로키 산맥은 여름에도 만년설로 덮여있는 고산지대입니다. 백과사전에 보면 로키 산맥 동쪽은 고생대와 초기 중생대에 바다였던 곳에 퇴적물이 쌓여 형성되었는데, 그로 인해 비교적 지층의 두께가 얇다고 안내하고 있습니다. 또한 이렇게 높이 솟아오른 지형이 6,000m 이상 고도에 넓게 퍼져있다고 기록하고 있습니다.

우리나라 전북 진안의 마이산에는 수많은 자갈 무더기가 쌓여있습니다. 해발 약 600m나 되는 높은 산꼭대기에 어떻게 오랫동안 물에 씻겨 닳아진

자갈이 쌓여 있을까요? 목포 유달산 꼭대기 바위에는 조개껍질이 박혀 있고, 진도의 섬에 있는 높은 산꼭대기에서도 여러 종류의 조개껍질이 나오고 있습니다.

그뿐 아니라 아라랏 산 남서쪽에 위치한 반 호수와 남동쪽에 위치한 우르미아 호수, 중앙아시아의 고비 사막에도 소금호수들이 많이 남아 있으며, 미국의 유타 주 솔트레이크 시의 소금호수와 주변 사막도 대홍수의 증거가 됩니다.

이 외에도 노아 홍수의 증거들은 많이 있습니다만 문제는 결국, 그러한 사실을 인정하느냐 인정하지 않느냐 입니다. 믿는 사람에게는 그것이 하나님의 심판의 역사이지만, 안 믿는 자에게는 그저 신화에 불과한 겁니다.

여기서 한 가지 짚고 넘어가야 할 동물이 바로 공룡(恐龍)입니다. 많은 사람들이 덩치가 큰 공룡도 노아의 방주에 탔는지 묻고 또 공룡에 대해서 성경이 어떻게 기록하고 있는지 질문합니다. 영어로 성경이 번역된 때가 1600년대인데 그 후 250년이 지난 다음에야 처음으로 공룡 화석이 발견되었고, 그때부터 공룡이란 단어가 생겨났습니다. 그래서 성경에 직접적으로 공룡이란 단어가 등장하지 않았습니다. 그렇지만 욥기서에 보면 공룡이라고 추정되는 동물에 대한 설명이 등장하고 있습니다.

(욥기 40:15~19) _ [15]이제 소 같이 풀을 먹는 베헤못을 볼지어다 내가 너를 지은 것 같이 그것도 지었느니라 [16]그것의 힘은 허리에 있고 그 뚝심은 배의 힘줄에 있고 [17]그것이 꼬리 치는 것은 백향목이 흔들리는 것 같고 그 넓적다리 힘줄은 서로 얽혀 있으며 [18]그 뼈는 놋관 같고 그 뼈대는 쇠 막

대기 같으니 ¹⁹그것은 하나님이 만드신 것 중에 으뜸이라

여기서 "꼬리치는 것이 백향목의 흔들리는 것" 같은 모습의 '베헤못'은 공룡이었던 것으로 추정됩니다. 실제로 지금도 박물관에 가면 공룡의 화석이나 뼈들을 얼마든지 보실 수가 있습니다. 저도 한번 보았는데요. 공룡의 크기가 약 5층 건물만한 것도 있었고, 작은 것도 있었습니다. 진화론자들은 공룡들이 수십억 년 전에 살았다고 주장하지만, 지금도 세계 곳곳에서 또 우리나라에서도 사람의 발자국과 공룡 발자국이 함께 찍힌 화석이 발견되고 있기에, 저는 하나님께서 창조 6일에 다른 동물들과 함께 공룡을 창조하셨고, 노아 역시 공룡들도 암수 한 쌍씩 방주에 실어 보존했다고 확신합니다. 물론 이 공룡들은 홍수 이후 격변하는 주위 환경에 적응하지 못하고 멸종되어 역사에서 자취를 감추고 말았지만 말입니다.

1. 노아와 동물들이 방주로 들어감

노아가 600세가 되었을 때 방주가 완성되었고, 하나님께서 노아에게 방주로 들어갈 것을 명령하셨습니다. 노아와 그의 아내, 그리고 세 아들과 며느리들이 하나님의 말씀에 순종하여 방주에 올랐습니다.

(창세기 7:6~7) _ ⁶홍수가 땅에 있을 때에 노아가 육백 세라 ⁷노아는 아들들과 아내와 며느리들과 함께 홍수를 피하여 방주에 들어갔고

그리고 정결한 짐승은 일곱 마리씩, 부정한 짐승은 두 마리씩 모두 방주에 올려보냈습니다. 아마도 노아와 그의 가족은 모든 동물들을 방주에 싣고 나서 맨 나중에 방주에 올랐을 것입니다. 그런데 노아는 그 많은 동물들을 어떻게 암수 둘씩, 혹은 일곱 마리씩 골라서 들여보냈을까요? 불가능해 보이지만, 말씀에 따르면 그 일은 그리 어려운 일이 아니었을 것입니다. 왜냐하면 하나님께서 동물들을 암수 둘씩 노아에게 나아오도록 역사하셨기 때문입니다.

(창세기 7:8~9) _ [8]정결한 짐승과 부정한 짐승과 새와 땅에 기는 모든 것은 [9]하나님이 노아에게 명하신 대로 암수 둘씩 노아에게 나아와 방주로 들어갔으며

만약 동물들을 종류대로 일일이 잡으러 다녀야 했다면 보통 일이 아니었을 테지만, 하나님께서 동물들이 암수 한 쌍씩, 또는 세 쌍씩 스스로 노아에게 나아오게 하심으로 노아와 그의 가족들이 동물들을 방주에 싣는 데 아무런 장애가 되지 않도록 역사하셨습니다. 이와 같이 우리가 하나님의 뜻에 순종하기만 한다면 아무리 불가능해 보이는 일이라 할지라도 하나님께서 이루시는 것을 경험할 수 있습니다. 그럼에도 인간들은 해보지도 않고 먼저 손사래를 칩니다.

"아니 하나님! 한두 마리도 아니고 어떻게 수만 마리의 짐승을 한 쌍씩 골라서 들여보내요?"

이미 지난 장에서 살펴본 대로 하나님은 우리가 할 수 없는 일을 시키시지 않습니다. 우리가 할 수 있을 만큼, 조금 힘들지만 감당할 수 있을 만큼만 시키십니다. 그리고 우리가 순종하기만 하면, 노아의 방주로 모든 동물들이 줄지어 나아오도록 역사하신 하나님께서 우리로 하여금 그 역사에 동참하게 하실 것을 믿습니다. 우리가 해야 할 것은 하나님의 말씀을 믿고 그 말씀에 순종하는 것이고, 그렇게 순종할 때에 하나님께서 우리를 사용해서 하나님의 역사를 이루어 가십니다.

2. 홍수의 시작

하나님께서 예고하신 홍수 대 심판이 시작되었습니다.

> (창세기 7:10~11) _ [10]칠 일 후에 홍수가 땅에 덮이니 [11]노아가 육백 세 되던 해 둘째 달 곧 그 달 열이렛날이라

노아와 그의 가족이 방주에 들어간 지 7일 후에 홍수가 시작되었습니다. 즉, 비가 오지 않는데도 노아의 가족은 홍수를 대비하여 방주로 들어간 것입니다. 아마도 사람들은 노아와 그의 가족들이 방주로 들어간 이후에도 찾아와서 조롱을 해댔을 겁니다. 생각해보십시오. 하늘이 맑기만 한데 홍수 심판이 온다고 방주를 만들더니, 이젠 진짜 홍수 심판의 때가 되었다고 노아와 그의 모든 가족이 방주 안으로 들어갔으니 사람들이 노아를 두고

미쳤다고 할 만하지 않습니까? 이렇게 하나님의 역사는 세상 사람들이 생각하기에는 미련한 것으로 보입니다. 그래서 바울은 고린도전서 1장 18절에서 "십자가의 도가 멸망하는 자들에게는 미련한 것이요 구원을 얻는 우리에게는 하나님의 능력"이라고 말했던 것입니다.

성경은 분명히 이 세상에 마지막 날이 올 것이라고 기록하고 있습니다. 그럼에도 불구하고 세상 사람들은 자신들은 심판을 당하지 않을 것이라고 생각합니다. 그러나 세상 사람들이 심판이 없다고 생각한다고 해서 하나님의 심판이 없을까요? 노아의 홍수 때에도 하나님의 심판이 있었고, 소돔과 고모라에서도 하나님이 예언하신 참혹한 심판이 있었습니다. 그리고 이제 예수님께서 예언하신 마지막 날에도 하나님의 심판은 반드시 일어날 것입니다.

(마태복음 24:38~39) _ ³⁸홍수 전에 노아가 방주에 들어가던 날까지 사람들이 먹고 마시고 장가 들고 시집 가고 있으면서 ³⁹홍수가 나서 그들을 다 멸하기까지 깨닫지 못하였으니 인자의 임함도 이와 같으리라

이제 주님이 말씀하신 마지막 날이 점점 더 다가오고 있습니다. 그럼에도 사람들은 하나님 앞에 나오지 않고, 회개하지 않고, 자기 뜻대로 살아가고 있습니다. 마치 영원히 살 것처럼 재물을 축적하고 쾌락을 즐기고 있습니다. 자기 배를 신(神)으로 삼아 먹을 것을 탐하고, 건강을 위해서라면 아낌없이 투자합니다. 요즘 TV 프로그램을 좀 보십시오. 온통 먹는 방송, 여행가는 방송이 주류를 이루고 있지 않습니까? 이것은 요즘 사람들의 생

각이 먹고 마시고 즐기는 데 있음을 보여줍니다.

　그런데 노아와 그의 가족은 비도 오지 않는데 방주에 들어갔습니다. 그곳에서 그들은 무엇을 하고 있었을까요? 노아와 그의 가족은 하나님의 말씀 하나만 믿고 오늘까지 달려왔습니다. 방주를 만들라고 해서 방주를 만들었고, 동물들의 먹이를 준비하라고 해서 먹이를 준비했고, 동물들을 방주에 태우라고 해서 동물들을 태웠고, 하나님의 명령에 따라 그들도 방주에 올랐습니다. 방주에 올랐지만 아직 비는 오지 않고 있습니다. 밖에서 사람들이 찾아와 조롱을 해댑니다. 그렇지만 노아와 그의 가족은 그런 데에 신경 쓸 시간이 없습니다. 수만 마리의 동물들과 새들을 돌보아야 했기 때문입니다. 노아 가족은 이제 방주에 올라탄 동물들을 건강하게 돌보아야 할 사명을 감당해야 합니다.

　노아의 가족들이 방주에 올라갔듯이, 우리는 예수 그리스도라는 구원의 방주에 올랐습니다. 노아와 그의 가족들이 방주 안에서 사명을 감당했듯이, 우리들도 예수 안에서 하나님의 명령에 따라 그리스도인으로서의 사명을 감당해야만 합니다. 매일 하나님을 기억하고 하나님의 말씀에 순종하는 삶을 살아야 합니다. 죄악 된 이 세상에서 빛과 소금처럼 구별된 삶을 살아가야 합니다. 성도는 죄악으로 유혹하는 세상의 소리에 귀를 기울이지 말고, 오직 빛으로 인도하시는 하나님의 말씀만을 믿고 의지해야 합니다. 그렇게 달려갈 때 하나님께서는 우리의 소망과 은혜가 넘치는 천국으로 인도하실 것입니다.

28. 대홍수 심판 (창 7:13~24)

　하나님의 말씀은 완전하고 하나님의 약속은 반드시 이루어집니다. 그럼에도 세상 사람들은 성경에 기록된 하나님의 말씀을 믿기는커녕 인정하지도 못합니다. 그러나 노아 시대 사람들이 하나님의 심판의 경고를 무시하다가 멸망했듯이, 마지막 날에 주님이 다시 오셔서 심판하신다는 경고를 무시하는 사람들도 멸망할 것입니다. 노아의 홍수 사건은 신실하신 하나님의 역사를 잘 보여주는 사례로써 우리에게 주님께서 다시 오실 그날을 예비하라는 교훈을 전해 줍니다.

　노아와 그의 아내와 세 아들들과 며느리들이 하나님의 말씀에 따라 안전하게 방주로 들어갔습니다. 이것은 마지막 날 그리스도께서 재림하실 때 이 세상 사람들이 공포에 떨며 사망에 떨어지나 오직 그리스도를 구주로 믿고 구원에 이를 성도들은 이미 그리스도 안에서 천국을 바라보며 기뻐하게 될 것을 예표(豫表)하는 사건입니다.

또한 모든 동물들도 하나님의 명령에 따라 암수 둘씩 또는 일곱씩 방주로 들어갔습니다. 하나님께서는 죄악을 심판하시는 중에도 큰 긍휼을 베푸서서 당신이 보시기에 아름다운 피조물의 모든 종(種)들을 예외 없이 보존하셨습니다. 하나님의 역사에 따라 모든 동물들이 질서 있게 노아에게 나아와 방주 안으로 인도되었습니다. 이와 같이 신실하신 하나님께서는 노아의 가족과 택함 받은 모든 동물들을 구원하시고 안전하게 보호하신 것입니다.

1. 굳게 닫힌 방주의 문

하나님께서 방주의 문(구원의 문)을 닫으셨습니다. 노아의 가족과 모든 동물들이 방주에 들어간 것을 확인한 후에 방주의 문을 닫으셨습니다. 노아의 가족과 모든 동물들을 안전하게 보호하시고자 방주의 문을 단단히 걸어 잠그신 것입니다. 이처럼 하나님께서는 한번 택하신 자를 구원에 이르도록 안전하게 보호하십니다.

(요한복음 10:28) _ 내가 그들에게 영생을 주노니 영원히 멸망하지 아니할 것이요 또 그들을 내 손에서 빼앗을 자가 없느니라

그렇지만 성경은 구원의 문은 항상 열려있는 것이 아니라 하나님에 의해 닫혀질 때가 있으며, 그 이후에는 누구도 구원받을 수 없다는 사실을 말씀

하고 있습니다. 구원의 문이 닫힌 후에는 인간이 아무리 애를 써도 소용이 없습니다. 마태복음 25장을 보면, 기름을 준비하지 못한 미련한 처녀들이 뒤늦게 와서 문을 열어달라고 할 때 주님께서 "진실로 너희에게 이르노니 내가 너희를 알지 못하노라"라고 말씀하신 것에서 확인됩니다. 그러므로 우리는 구원의 은혜에 감사하며 하나님의 뜻에 순종하는 삶을 살아야 합니다.

2. 대홍수 심판의 과정

앞에서 살펴본 대로 40일간 하늘의 창들이 열려 쏟아진 궁창 위의 물들과 깊음의 샘들을 비롯한 모든 물들이 한꺼번에 몰아닥쳐 온 세상은 물로 넘치게 되었습니다. 날이 갈수록 물은 점점 더 많아져 방주가 물 위에 떠다니게 되었고, 이후 물이 더 많아지자 높은 산들까지 물속에 잠기게 되었습니다. 물이 불어서 15규빗 즉, 온 세상의 모든 것들 위로 6m나 되는 물들이 차고 넘쳤던 것입니다. 따라서 땅 위에 움직이던 사람들은 물론 동물들과 새들이 물속에 수장되고 말았습니다. 물이 땅 위에 6m 이상 높이 차오른 것은 하나님의 계획 속에 의도된 것이었습니다. 방주의 높이가 13.5m정도이며 모든 것을 적재한 후 방주는 약 절반 정도가 잠겼을 것이므로 이 정도의 깊이가 유지되지 않는다면 방주는 산에 부딪혀 부서질 가능성이 높았습니다. 하나님께서는 처음 방주를 만들라고 명령하실 때부터 이런 사실을 다 아시고 방주의 크기를 알맞게 만들도록 하셨고, 또 방주의 크기에 알맞게 물이 차오르게 하셨습니다.

이와 같은 하나님의 능력과 섭리가 놀랍고 신기하지 않습니까? 하나님은 우리의 과거와 현재와 미래를 주관하시고 구원의 길로 인도하시는 분입니다. 인간이 아무리 똑똑한 척해도 하나님의 지혜와 경륜을 다 알 수 없습니다. 그래서 사도 바울은 고린도전서 1장 25절에서 "하나님의 미련한 것이 사람보다 지혜 있고 하나님의 약한 것이 사람보다 강하다"고 설파했던 것입니다.

다시 한 번 노아 대홍수의 증거들을 살펴보겠습니다. 창조과학자들은 노아의 홍수 때 40일간 궁창 위의 물들이 쏟아져 내렸고, 땅에서는 화산 폭발과 지진이 일어났을 것이라고 추정하고 있습니다. 지하의 공간들이 하늘에서 쏟아져 내린 물의 압력을 견디지 못하고 주저앉으면서 지각의 변동이 일어나고 대륙이 깨지며 연속적으로 분리와 이동이 일어났을 것입니다. 그리고 이후에도 국지적인 지각변동들은 일정 기간 빙하기(300~1000년) 중에도 계속됐을 것입니다. 이는 맘모스나 공룡 등의 얼어 죽은 시체들이 남극과 북극 지방에서 발견되는 것에서 확인됩니다. 코끼리보다 큰 동물인 맘모스나 다른 동물들은 대륙의 이동에 따라 극지방에 이르렀을 것이며, 점점 추워지는 기상과 먹이 부족으로 인해 멸종된 것으로 과학자들은 추정하고 있습니다.

미국의 캘리포니아 해안의 한 해저에는 약 10km에 걸쳐서 20cm 정도의 물고기 10억 마리 이상이 화석이 되어 한 덩어리로 묻혀 있습니다. 이것은 모든 물고기가 갑작스럽게 죽어야만 했던 지각대변동이 발생했던 사실을 보여줍니다. 그리고 캘리포니아 라브리아 타르 광산에서도 수천 개의 동물 화석들이 발견되었습니다. 이와 같이 한곳에서 집단적으로 동물의 화석이 발견된다는 것은 지구의 급격한 변화에 의해 갑작스러운 대규모 죽음이 있었으며, 연이어 빠른 퇴적작용으로 암석화가 되었음을 의미합니다. 이는 대홍수로 동물들이 죽은 후 계속 물에 쓸려 내려가다가 한곳에 모였는데 그 위에 퇴적작용이 일어났고, 다시 그 퇴적층이 위로 솟아오르는 일련의 사건들이 급격하게 발생했기 때문으로 보는 것이 타당합니다.

한 가지 예를 더 들면, 북극의 거대한 빙하 속에 언 채로 발견된 수십 마리의 맘모스의 시체들은 생생한 풀을 입에 문채, 그리고 소화되지 않은 음식을 위에 그대로 간직한 채였습니다. 뿐만 아니라 맘모스의 근육도 매우 신선하여 탐험가들이 개의 먹이로 사용하기도 했다고 합니다. 이러한 사실은 이들에게 너무나 갑작스럽게 죽음이 닥쳤으며, 또한 이들의 살이 썩기도 전에 기온이 순식간에 급강하하였음을 보여줍니다. 노아 홍수 당시 지구를 뒤덮고 있는 물들을 오늘날과 같은 수위(水位)로 낮아지게 하는 방법의 하나로 하나님께서는 남극과 북극 극지방에 급격하게 거대한 빙하를 만드셨는데, 바로 이때 이들 맘모스의 멸종과 시체 보존이 이루어졌던 것입니다.

이와 같이 노아 대홍수의 증거는 지구 곳곳에 그 흔적들이 남아 있습니다. 뿐만 아니라 노아의 홍수가 역사적 사실이라는 확증은 성경에 기록된 다른 모든 일들도 역시 실재했던 하나님의 역사라는 사실을 증명하는 증거가 됩니다.

3. 대홍수 심판의 결과

노아가 방주에 들어간 날은 600세 된 해 2월 10일이었고(11절), 홍수는 2월 17일부터 시작되었으며, 노아가 방주에서 나온 날은 그 다음해 2월 27일이었습니다. 이로부터 노아 시대 하나님의 심판으로 인해 발생된 대홍수는 377일 동안 계속되었던 것을 알 수 있습니다. 그 결과 땅 위의 모든 생물들이 전멸 당했습니다. 곧 사람들과 가축과 기는 것과 공중의 새들이 모두 홍수 심판의 대상이 되었던 것입니다.

앞에서 보았듯이 대홍수 심판은 노아가 살던 시대에 발생한 역사적(歷史的) 사실입니다. 이것은 인간의 타락과 세상 끝날에 있을 최후 대심판 사이에 발생한 일종의 중간 심판으로, 최후의 대심판의 가장 강력한 예표가 됩니다. 대홍수로 인해 노아와 그의 가족을 제외한 모든 사람들이 멸절을 당했습니다. 이와 같이 예수께서 다시 오실 그날에도 주를 믿지 않는 모든 사람들이 심판을 받게 될 것입니다. 하나님께서는 오늘도 구원의 문을 열어놓고 계시지만, 그 구원의 문이 닫히고 심판이 임하는 날이 반드시 오고야 말 것입니다.

하나님께서는 세계 도처에서 하나님의 사역자들과 성도들에게 구원의 복음을 전하게 하셨습니다. 오늘도 수많은 선교사들과 주님을 사랑하는 성도들이 구원의 복음을 전하고 있습니다. 노아 시대 수많은 사람들이 구원의 복음을 무시하고 멸망을 당했습니다. 우리는 이러한 경고의 말씀을 가슴에 새기고 하나님과 그분의 말씀을 믿고 살아가야 할 것입니다. 예수 그리스도를 나의 구주로 믿는 사람은 구원을 받겠지만, 하나님과 그분의 말씀을 믿지 않고 거부하는 사람은 반드시 심판을 받게 될 것입니다. 그것이 성경에서 우리들에게 주시는 은혜의 말씀이며, 또한 경고의 말씀인 것입니다.

> (마태복음 13:49~50) _ [49]세상 끝에도 이러하리라 천사들이 와서 의인 중에서 악인을 갈라 내어 [50]풀무 불에 던져 넣으리니 거기서 울며 이를 갈리라

4. 구원받은 노아와 그의 가족

> (창세기 7:23) _ 지면의 모든 생물을 쓸어버리시니 곧 사람과 가축과 기는 것과 공중의 새까지라 이들은 땅에서 쓸어버림을 당하였으되 오직 노아와 그와 함께 방주에 있던 자들만 남았더라

이 땅의 모든 것들이 인간의 부패와 범죄로 인해 홍수 심판으로 쓸어버림을 당할 때, 노아와 그의 가족들은 방주에서 안전하게 보호받았습니다. 이것은 하나님의 놀라운 은혜의 역사입니다. 노아가 의인이었다고는 하나 그것 때문에 노아가 구원을 받을 수는 없었습니다. 노아와 그의 가족들과 한 쌍, 또는 세 쌍의 생명체들이 홍수 대심판에서 구원받을 수 있었던 것은 오직 은혜로우신 하나님의 사랑과 긍휼에 의한 것이었습니다. 우리들이 죄 가운데서 구원받을 수 있었던 이유 또한 하나님의 은혜 때문입니다. 그

래서 예수님은 요한복음 3장 16절에서 "하나님이 세상을 이처럼 사랑하사 독생자를 주셨으니 이는 저를 믿는 자마다 멸망치 않고 영생을 얻게 하려 하심이니라"고 말씀하시며, 구원이 우리들의 의로움이나 열심 때문이 아니라 이 세상을 사랑하시는 하나님의 은혜로움 때문이었음을 알려 주셨습니다.

중요한 것은 이러한 하나님의 사랑을 받아들이는 사람은 구원을 얻겠지만 거부하는 사람은 구원에서 제외되어 지옥을 향해 갈 수밖에 없다는 사실입니다. 죄 많은 인생이 죄 가운데서 구원을 받을 수 있는 방법은 오직 예수 그리스도의 십자가 보혈의 공로를 통해 하나님께 나아가는 길밖에 없습니다.

(요한복음 14:6) _ 예수께서 이르시되 내가 곧 길이요 진리요 생명이니 나로 말미암지 않고는 아버지께로 올 자가 없느니라

예수 그리스도를 믿는 자는 심판을 받지 않고 영생을 얻게 됩니다.

(요한복음 5:24) _ 내가 진실로 진실로 너희에게 이르노니 내 말을 듣고 또 나 보내신 이를 믿는 자는 영생을 얻었고 심판에 이르지 아니하나니 사망에서 생명으로 옮겼느니라

예수님이 지금 이 시간 말씀을 통해서 여러분의 마음 문을 두드리고 계십니다.

(요한계시록 3:20) _ 볼지어다 내가 문 밖에 서서 두드리노니 누구든지
내 음성을 듣고 문을 열면 내가 그에게로 들어가 그와 더불어 먹고 그는
나와 더불어 먹으리라

우리가 마음 문을 열고 예수님을 나의 구주로 영접하기만 하면, 그분이
우리의 주님이 되셔서 우리를 구원으로 인도하시고 천국까지 안전하게 데
려가실 것입니다. 우리가 해야 할 것은 하나님의 말씀을 마음에 받아들이
고 그 말씀에 순종하여 살아가는 것입니다. 그것을 통해 예수님께서 내 안
에 거하시고 우리는 예수님 안에 거하는 영적 교제가 이루어집니다. 이것이
예수님을 믿는 것이며, 주 안에서 자유를 누리는 것입니다.

하나님은 노아의 홍수 사건을 통해 지금 우리에게 이 세상에는 반드시
심판의 날이 있음을 다시 경고하고 계십니다. 요즘 한국에서 전쟁이 일어
날 것이라는 글들이 인터넷에 떠돌고 있다고 합니다. 물론 낭설입니다. 그
러나 하나님의 심판의 경고는 헛소문도 가짜뉴스도 아닌 진실입니다. 다
만 이 경고의 말씀을 가슴에 새기고 하루하루 거룩한 삶을 살아가는 사람
에게는 큰 일이 아니지만, 하나님의 심판의 경고를 무시하고 사는 사람들
에게는 끔찍한 날들이 닥치고 말 것입니다.

우리는 하나님의 자녀가 되었고 천국의 소망을 가지고 살아가고 있습니
다. 이 모든 것이 하나님의 사랑과 긍휼하신 은혜 덕분입니다.

29. 대홍수 심판의 종결 (창 8:1~12)

무슨 일이든 시작이 있으면 끝이 있습니다. 노아의 홍수 때 궁창 위에 있던 물들이 40일간 쏟아져 내리고, 땅에서는 깊음의 샘들이 터졌습니다. 땅과 바다에서 화산 폭발과 지진이 일어나고 쓰나미가 온 지구를 덮쳐서 이 땅에서 숨 쉬고 살던 모든 사람들과 동물들과 새들과 곤충들이 멸절 당했습니다. 인간들의 부패와 강포함으로 인한 심판의 결과였습니다. 그렇게 하나님의 진노의 심판으로 인해 이 세상 모든 것들이 물속에 잠겨버렸습니다. 하지만 인간들에게 내리시는 하나님의 징계의 목적은 멸망이 아니라 회복이었습니다. 이 장의 본문은 하나님께서 홍수 심판 이후에 이 땅을 어떻게 회복시키시는지에 대한 말씀입니다.

1. 하나님의 권념(眷念)과 홍수의 끝

창세기 8장 1절은 하나님이 노아와 방주 안에 있는 동물들을 권념(기억)하셨다고 기록하고 있습니다.

> (창세기 8:1) _ 하나님이 노아와 그와 함께 방주에 있는 모든 들짐승과 가축을 기억하사

여기서 '권념하다'(자카르)라는 단어는 마음에 뚜렷이 새겨 항상 마음에 간직한다는 의미입니다. 즉, 하나님께서는 홍수가 계속되는 기간에도 노아의 가족과 방주에 거하는 모든 것들을 마음에 새겨놓은 것처럼 한시도 잊지 않고 생각하시고 지켜주셨다는 의미입니다. 이와 같이 하나님께서는 당신의 사랑하는 자녀를 항상 잊지 않으시고 소중히 간직하시고 위험으로부터 보호하시고 천국까지 인도하시는 분이십니다. 신명기 32장 10절에서도 하나님께서 이스라엘을 눈동자같이 지키셨다고 기록하고 있습니다.

> (신명기 32:10) _ 여호와께서 그를 황무지에서, 짐승이 부르짖는 광야에서 만나시고 호위하시며 보호하시며 자기의 눈동자 같이 지키셨도다

하나님께서는 홍수를 그치게 하시고 바람을 불게 하심으로 물이 줄어들게 하셨습니다. 깊음의 샘과 하늘의 창이 막히고 비가 그쳤고 150일 후에는 물이 점점 줄어들기 시작했습니다. 하나님께서 바람을 땅에 불게 하심

으로 점점 물이 줄어들었는데, 이것은 마치 출애굽 때에 홍해 바다를 가르고 마른 땅이 되게 하셨던 것과 같은 역사였습니다. 당시 이스라엘은 추격하는 애굽 군대를 피해 홍해에 이르렀을 때 매우 암담했을 것입니다. 2백만이 넘은 이스라엘 백성들을 배로 실어 날라도 몇날 며칠이 걸릴 것이었지만 하나님은 인간이 상상할 수 없는 방법인, 바닷물을 나누어 길을 내시고 구원하셨습니다. 이와 같이 하나님께서는 노아의 홍수의 물을 말리실 때에도 바람을 사용하셨습니다. 이때 전 지구를 덮고 있던 물의 압력으로 바다가 들어가고 산이 솟아올랐습니다. 또한 남극과 북극 지방에서 물이 얼어 큰 빙하를 형성함으로써 수위를 낮추었을 것입니다. 하나님은 이와 같이 우리가 상상할 수 없는 신기하고도 놀라운 방법으로 역사하시고 우리들을 보호하시고 인도하십니다.

노아가 방주에 들어간 지 157일 만인 7월 17일 드디어 방주가 아라랏 산에 머물렀습니다. 그리고 물이 점점 줄어들어 10월 1일에는 높은 산들의 봉우리들이 보이기 시작했습니다. 방주가 그 지역에서 가장 높은 아라랏 산의 정상 근처에서 멈추었고 그보다 낮은 산들의 봉우리들이 작은 섬들처럼 보였다는 뜻입니다. 노아와 가족들은 아마도 날마다 창문을 통해 바깥쪽 상황을 살폈을 것입니다. 오랜 기다림 끝에 육지가 시야에 들어왔고, 그 발견한 날을 항해일지에 기록했을 것입니다. 그들은 방주에 뭍에 닿는 것을 느낀 후 40일 만에 산봉우리를 보았습니다. 물이 줄어 봉우리가 보이기까지 약 70일 정도(10주)가 걸렸습니다. 아마도 이때에 히말라야, 안데스, 알프스 등 거대한 산맥들이 바다에서 솟아올랐을 것입니다. 천지를 창조하셨던 전능하신 하나님께서는 오묘하고도 놀라운 방법을 사용하여 혼란 가운데 있던 지구를 정리해나가셨습니다. 이것을 시편 기자는 이렇게 노래합니다.

(시편 104:6~8) _ [6]옷으로 덮음 같이 주께서 땅을 깊은 바다로 덮으시매 물이 산들 위로 솟아올랐으나 [7]주께서 꾸짖으시니 물은 도망하며 주의 우렛소리로 말미암아 빨리 가며 [8]주께서 그들을 위하여 정하여 주신 곳으로 흘러갔고 산은 오르고 골짜기는 내려갔나이다

사실 홍수 현장에 있었던 노아도 이러한 광경을 눈으로 직접 보지는 못했을 것입니다. 왜냐하면 노아는 방주 안에서 동물들을 돌보느라 바빴을 것이고, 그렇지 않았더라도 물 밑에서 이루어지는 하나님의 역사를 어찌 알 수가 있었겠습니까? 그런데 현장에 있지도 않았던 시편 기자가 어떻게 그런 표현을 했는지 그저 놀라울 뿐입니다.

한편 4절에 노아의 방주가 '아라랏 산에 멈추었다'는 기록은 매우 중요합니다. 왜냐하면 성경이 역사책일 뿐 아니라 지리책임을 보여주기 때문입니다. 아라랏 산은 터키의 동부, 이란의 북부, 그리고 아르메니아의 중서부 국경이 겹치는 곳에 위치한 해발 5,137m의 큰 산과 해발 3,873m의 작은 산 등으로 형성된 산세가 높고 험준한 휴화산입니다. 사실 모세는 이곳에서 약 1,280km나 떨어진 느보 산에서 죽었기 때문에 그가 생전에 아라랏 산을 봤을 가능성이 거의 없습니다. 만약 모세가 방주 이야기를 지어냈다면, 방주가 머문 곳으로 헤르몬 산을 꼽았을 것입니다. 왜냐하면 헤르몬 산이 해발 2,814m로 근방에서 가장 높고 선민 이스라엘의 정통성에도 부

합합니다. 그러나 모세는 방주가 머문 곳이 자신이 가보지도 못한 아라랏 산이라고 정확하게 기록하였습니다. 모세는 하나님의 명령에 따라 창세기를 기록하면서 성령의 감동과 인도함에 따라 사실에 근거하여 방주가 머문 곳이 아라랏 산이라고 기록함으로써 성경의 진실성을 증거하였던 것입니다.

2. 노아가 까마귀를 방주 밖으로 내보냄

하나님께서 홍수가 있기 전에는 노아에게 방주를 예비할 것을 알려주셨으나, 홍수가 끝난 이후에 행할 일들에 대해서는 아무런 지시를 하지 않으셨습니다. 노아는 방주에서 빨리 벗어나고 싶었겠지만 하나님의 인도하심을 믿고 방주 안에서 기다렸습니다. 그리고 산봉우리들이 보이기 시작한 40일 뒤에 까마귀를 방주에서 내보냈습니다. 노아가 까마귀를 방주 밖으로 내보낸 이유는 물이 얼마나 줄어들었는지 알아보기 위해서였습니다. 그러나 까마귀는 방주로 돌아오지 않고 물이 땅에서 마르기까지 날아다녔습니다. 방주 밖에는 아직 물이 완전히 마르지 않았지만 젖은 땅과 썩은 고기들이 널려 있었을 것이고 썩은 고기를 좋아하는 까마귀는 마음껏 그것들을 취하면서 여기저기 날아다녔을 것입니다. 아마도 까마귀는 답답했던 방주를 벗어난 행복감에 취해 있었을 것입니다. 이러한 까마귀의 모습은 하나님의 구원의 모습을 망각하고 하나님의 사랑에서 벗어나 자기 마음대로 생활하는 타락한 교인을 상징한다고 볼 수도 있겠습니다.

3. 노아가 비둘기를 내보냄

노아가 이번에는 비둘기를 방주 밖으로 내보냈습니다. 하지만 방주 밖은 아직 비둘기가 살아갈 수 있는 땅이 준비되지 않았습니다. 발을 디딜 곳을 찾지 못하고 다시 방주로 돌아오는 비둘기를 노아는 손을 내밀어 맞아주었습니다. 이와 같이 성도가 죄악으로 가득 찬 이 세상에서 안식처를 찾지 못하고 방황하다가 방주이신 그리스도에게로 나아올 때 주님께서는 자비로운 손을 내밀어 반갑게 맞아주실 것입니다. 노아가 발붙일 곳을 찾지 못하여 지친 날개 짓으로 돌아온 비둘기를 맞아들인 것처럼, 우리 주님께서도 안식을 찾기 위해 그분께 돌아오는 자들을 반갑게 맞아주실 것입니다.

(마태복음 11:28) _ 수고하고 무거운 짐 진 자들아 다 내게로 오라 내가 너희를 쉬게 하리라

노아는 땅이 말라서 방주 밖으로 나가게 되기를 간절히 기대하면서 7일을 더 기다렸습니다. 그리고 7일 후에 다시 비둘기를 방주 밖으로 내보냈습니다. 노아가 이렇게 정확하게 7일의 주기를 지켜 비둘기를 방주 밖으로 보낸 것은 그가 방주 안에서 날짜를 정확하게 계산하고 있었다는 사실과 더불어 하나님의 천지창조를 기념하는 안식일을 지키고 있었다는 사실을 암시하고 있습니다.

노아가 방주 밖으로 내보냈던 비둘기가 저녁때에 감람나무 잎사귀를 물

고 돌아왔습니다. 감람나무는 저지대나 골짜기에서 주로 자라는 나무로서 산불이나 가뭄 또는 질병 같은 처절한 조건 속에서도 살아남을 정도로 매우 강인한 나무라고 합니다. 따라서 비둘기가 신선한 감람나무 잎을 따왔다는 것은 저지대까지 물이 빠지고 새로운 식물들이 자라고 있다는 것을 알게 하는 표식이었습니다. 아마도 감람나무가 홍수 후에 가장 먼저 싹을 틔웠을 것이고, 비둘기가 물고 온 감람나무 잎을 본 노아는 땅에 물이 줄어들고 있음을 확신하게 되었을 것입니다.

이제 이 세상은 죽음으로 뒤덮인 홍수 심판이 끝나고 평화의 시대가 시작될 것입니다. 감람나무 잎은 그 후로 지금까지 승리와 평화의 상징으로 기억되어 올림픽 경기 승리자에게 감람나무 잎으로 만든 관을 씌워 축하했고, 또한 세계 평화를 위한 국제기구인 UN의 깃발에도 감람나무 잎이 그려지게 되었습니다.

노아가 7일을 더 기다린 후에 비둘기를 내보냈으나 다시는 돌아오지 않았습니다. 마른 땅이 많아서 비둘기가 살아갈 환경이 조성되었기 때문입니다. 비둘기가 돌아오지 않은 것은 노아가 그토록 바라고 바라던 일입니다. 이제 조금만 더 있으면 방주에서 나갈 수 있기 때문이지요. 이와 같이 비둘기는 자신에게 맡겨진 사명을 모두 완수했습니다. 처음에는 방주 밖으로 나갔다가 발붙일 곳을 찾지 못하여 돌아왔고, 두 번째는 감람나무 잎사귀를 물어다가 노아에게 줌으로써 소망을 일깨웠고, 세 번째는 방주로 돌아오지 않음으로 이 세상에 새로운 생명력이 소생했음을 알려 주었습니다. 비록 연약한 미물이지만 비둘기는 자신에게 주어진 사명을 완벽하게 수행했던 것입니다.

비둘기의 사명 완수로 인해 방주 안에는 이제 소망과 기쁨이 넘치게 되었습니다. 비둘기가 물고 온 감람나무 잎을 통하여 이 세상에 다시 생명이 소생하고 있다는 것을 확인한 노아의 가족은 설레는 마음으로 방주 밖으로 나갈 그날만을 기다렸을 것입니다. 사실 노아와 그의 가족들의 방주 생활은 참으로 힘든 나날들이었을 것입니다. 동물들과 새들에게 먹이를 주는 것은 물론 그것들의 배설물도 치워야 했을 것이고, 새끼들까지 태어났을 것이기 때문에 일은 점점 더 많아졌을 것입니다. 게다가 한정된 공간 안에서 매일 반복되는 생활로 인해 노아의 가족은 매우 지쳤을 것입니다. 그때에 비둘기가 물고 온 감람나무 잎사귀는 노아의 가족들에게는 신선한 충격이었을 것입니다. 이제 그들은 방주에서 벗어나 육지로 내려갈 수 있다는 소망에 들떠 있었을 것입니다.

이러한 사실은 우리들이 힘든 이 세상에서 살아가면서 천국을 소망하는 것과 같습니다. 성도들이 이 세상에서 많은 고난과 좌절을 경험하지만 그리스도를 믿은 후에는 장차 주어질 영광된 천국을 소망하면서 기쁨 가운데 살게 됩니다. 바로 이것이 노아와 같이 미래에 대한 확신을 가지기 때문 아니겠습니까?

(시편 16:11) _ 주께서 생명의 길을 내게 보이시리니 주의 앞에는 충만한 기쁨이 있고 주의 오른쪽에는 영원한 즐거움이 있나이다

4. 결론

하나님께서는 죄악으로 가득 찬 이 세상을 대홍수로 심판하셨고, 때가되매 하나님께서는 물이 줄어들게 하심으로 다시금 세상을 회복시켜 주셨습니다. 앞으로도 이 땅에 죄악이 가득 차게 되면 하나님께서는 다시 한번 불로 심판하실 것입니다. 그러므로 우리는 썩어지고 불타 없어질 세상에 집착하거나 미련을 두지 말아야 합니다. 우리는 오직 주님이 장차 허락하실 새 하늘과 새 땅에 소망을 두고, 그곳에 들어가기에 합당한 자들이되도록 하나님의 말씀을 따라 거룩한 삶을 살아야 합니다. 이것이 본문을통해 우리들에게 교훈하시는 하나님의 말씀입니다.

이 세상을 살아가는 두 가지 방식이 있습니다. 한 가지는 세상 풍조를따라 내 생각대로 살아가는 방식이고, 다른 한 가지는 내 뜻을 버리고 하나님의 뜻에 순종하며 살아가는 방식입니다. 노아 시대에 많은 사람들이세상 풍조를 따라 자기 생각대로 살다가 멸망했습니다. 하지만 노아와 그의 가족은 하나님의 말씀에 순종하여 방주를 만들었고, 방주를 통해 구원받았습니다.

여러분은 어떤 길을 가고 있습니까? 여러분 모두 하나님의 은혜로 구원받고, 그 말씀에 순종함으로 천국생활을 누리기를 바랍니다. 하나님의 은혜와, 그리스도의 사랑과, 성령의 교통하심이 여러분과 여러분의 가정 위에충만히 임하기를 바랍니다.

30. 방주에서 내려가라 (창 8:13~19)

　우리는 매일의 삶속에서 이것저것을 선택하거나 결정을 내리는 기로에 섭니다. 그리고 선택과 결정을 한 다음에는 그 일에 대한 책임도 짊어져야 합니다. 때문에 선택과 결정에 후회가 없으려면 일정한 기준을 가져야 합니다. 여러분은 어떤 중요한 일을 결정할 때 어떤 기준으로 하고 계십니까? 대부분의 사람들은 어떤 일을 결정할 때 자기 생각과 경험에 의지하여 결정합니다. 그러나 하나님의 자녀들은 먼저 하나님의 뜻을 묻고 그 뜻에 따라 움직입니다. 성도는 하나님 나라의 백성이고, 하나님 나라의 백성은 하나님의 통치를 받아야 하기 때문입니다.

　노아는 어떤 일을 결정할 때 자신의 뜻이 아니라 하나님의 뜻대로 행해야 한다는 것을 잘 보여주고 있습니다.

1. 노아가 땅의 물이 마른 것을 확인함

노아의 나이 601세 되는 해 1월 1일, 노아가 방주 뚜껑을 열고 방주 위로 올라갔습니다. 방주 위에서 사방을 살펴보니 온통 감격스런 장면이 펼쳐지고 있었습니다. 그동안 지구 전체를 덮고 있었던 물은 온데간데없이 모두 사라지고 황무한 땅이 드러난 것입니다.

(창세기 8:13) _ 노아가 방주 뚜껑을 제치고 본즉 지면에서 물이 걷혔더니

노아 가족이 방주에 들어간 지 거의 일 년 만의 일이었습니다. 아마도 당장이라도 방주에서 내려가고 싶었을 것입니다. 그러나 노아는 그렇게 하지 않았습니다. 노아는 방주에서 언제 나가야 할지를 자신의 생각에 따라 결정하지 않았습니다. 그는 하나님께서 '방주에서 내려가라'라고 지시할 때를 기다리고 있었습니다. 노아는 인내하면서 하나님의 명령을 기다리고 있었던 것입니다. 이것은 노아가 방주가 들어갈 때나 나올 때 자신의 판단대로 결정하지 않고 오직 하나님의 명령에만 따르는 순종하는 믿음, 내 뜻을 버리고 하나님 뜻을 따르는 바른 신앙을 가지고 있었음을 보여줍니다.

하나님의 뜻에 따르려면 하나님에 대한 경외함과 믿음이 전제되어야 합니다. 인간이 하나님과 그분의 말씀을 믿지 못한다면 결코 순종할 수 없습니다. 노아는 하나님께서 방주에 탄 모든 사람들과 동물들을 가장 선한 길로 인도하실 것을 믿었습니다. 방주에서 하루라도 빨리 내려가고 싶은 마음이야 굴뚝같았겠지만 하나님께서 가장 적당하고 가장 최선의 때에

방주에서 내려가게 하실 것을 믿었기 때문에 하나님의 명령을 기다리며 인내했던 것입니다.

우리가 기억해야 할 것은 하나님은 우리의 소원보다도 더 우리의 유익을 살피신다는 것입니다. 하나님은 우리 자신보다도 우리에게 유익한 것을 더 잘 알고 계시며, 얼마나 우리를 인내하게 하거나 혹은 하나님의 긍휼하심을 연기하는 것이 합당한지를 잘 알고 계십니다. 우리들은 땅이 마르기도 전에 방주에서 나가고 싶어 합니다. 어떤 이유나 방법을 찾아서라도 직접 해결해보려고 무던히 애를 씁니다. 하나님의 때를 기다리지 못합니다. 그러나 그래봐야 아무 소용이 없다는 것을 알아야 합니다. 하나님께서 우리에게 긍휼을 베푸시는 그때가 바로 하나님의 때이며, 우리에게 가장 유익한 때입니다. 그러므로 당장 눈앞의 일 때문에 조급하게 굴지 말고 하나님의 때를 기다리시기 바랍니다. 히브리서 기자는 하나님의 약속을 받기 위해서는 인내가 필요하다고 말합니다. 이 세상에 인내함이 없이 이루어지는 일은 거의 없기 때문입니다.

(히브리서 10:36) _ 너희에게 인내가 필요함은 너희가 하나님의 뜻을 행한 후에 약속하신 것을 받기 위함이라

당시에 노아와 그의 가족이 할 수 있는 최선의 방법은 하나님의 명령을 기다리는 것이었습니다. 우리가 살아가면서 어찌할 바조차 모를 혼란스러운 일을 겪는다면, 일단 급히 결정을 내리지 말고 기도하면서 좀 더 기다리는 게 좋습니다. 대부분의 경우 자신의 생각이 정리되지 않고 확신이

없음에도 결정을 내리면 실패하기 십상입니다. 노아는 자신의 생각이나 경험에 의지하지 않고 오직 하나님의 말씀만 의지했습니다. 방주를 지을 때도, 방주에 올라갈 때도, 방주에서 내려올 때도 오직 하나님의 말씀을 기준 삼아 그 말씀에 순종함으로 구원을 받을 수 있었던 것입니다. 하나님의 말씀을 믿고 그 말씀에 복종하는 자만이 하나님의 보호하심을 받을 수가 있습니다.

(하박국 2:3) _ 비록 더딜지라도 기다리라 지체되지 않고 반드시 응하리라

2. 방주에서 내려가라

드디어 하나님께서 노아에게 '방주에서 내려가라'고 명령하셨습니다. 방주에 실었던 모든 동물들과 새들과 기는 것들도 모두 이끌어내라고 말씀하셨습니다.

(창세기 8:15~17) _ [15]하나님이 노아에게 말씀하여 이르시되 [16]너는 네 아내와 네 아들들과 네 며느리들과 함께 방주에서 나오고 [17]너와 함께 한 모든 혈육 있는 생물 곧 새와 가축과 땅에 기는 모든 것을 다 이끌어내라

방주 밖에는 노아의 가족들과 동물들이 살아갈 충분한 여건이 조성되었습니다. 노아가 지금 해야 할 것은 방주에 머무는 것이 아니라 방주 밖 세

상으로 나아가는 것입니다. 하나님께서는 동물들이 다시 번성하게 될 것을 예고하셨습니다.

(창세기 8:17) _ 이것들이 땅에서 생육하고 땅에서 번성하리라 하시매

노아의 방주에서 나온 동물들은 암수 한 쌍밖에 되지 않았지만, 하나님께서 장차 생육하고 번성하여 온 땅에 가득하게 하시겠다고 약속하셨습니다. 당시 방주 밖은 홍수 심판으로 인해 모든 동물들이 멸절된 상태였습니다. 아무 것도 없는 상태에서 하나님께서는 이전과 같은 상태로 회복시켜 주실 것을 약속하신 것입니다. 하나님은 신실하셔서 한번 하신 약속은 반드시 지키시는 분입니다. 따라서 하나님의 이 번성의 약속은 반드시 지켜질 것이고, 이 땅은 회복될 것이 확실합니다. 사도 바울은 하나님이 그리스도 안에서 우리의 쓸 것을 풍성하게 주시는 분이심을 증거합니다.

(빌립보서 4:19) _ 나의 하나님이 그리스도 예수 안에서 영광 가운데 그 풍성한 대로 너희 모든 쓸 것을 채우시리라

3. 노아의 가족과 동물들이 방주에서 나옴

노아 가족들이 하나님의 말씀에 따라 방주에서 내려왔습니다.

(창세기 8:18~19) _ [18]노아가 그 아들들과 그의 아내와 그 며느리들과 함께 나왔고 [19]땅 위의 동물 곧 모든 짐승과 모든 기는 것과 모든 새도 그 종류대로 방주에서 나왔더라

방주에 들어간 지 377일 만에 노아의 가족과 모든 동물들이 방주에서 내려왔습니다. 하나님의 말씀에 순종하여 방주에 들어갔고, 그 말씀에 순종하여 방주에서 내려온 것입니다. 노아뿐만 아니라 온 가족이 하나님의 말씀에 순종하며 방주에서 나왔습니다. 노아의 순종하는 신앙의 모습이 그의 가족들마저도 순종하는 신앙으로 이끈 것입니다.

반면, 오늘날 신실한 신앙을 가진 듯 보이는 교인들의 자녀들 중에 교회에 나오지 않거나 나와도 미지근한 경우가 종종 있습니다. 여러 가지 이유가 있겠지만, 대개는 부모가 신앙의 모범을 보이지 못한 경우입니다. 교회에서는 진실한 신앙인으로 비춰지지만 집안에서는 전혀 다른 모습을 보이기 때문에, 부모에 대한 실망감이 결국 교회와 신앙에 대한 실망감으로 변해서 자녀들이 신앙을 등한히 하게 되고, 심지어 교회를 떠나는 일까지 생기는 것입니다. 그러므로 우리는 자녀들에게 신앙의 모범을 보이는 일에 최선을 다해야 합니다.

노아가 만약 하나님의 말씀을 믿지 못하고 확신도 가지지 못한 상태에서 방주를 지었거나, 방주 안에서도 흔들리는 믿음 가운데 있었다면 자녀들이 어찌 순종할 수 있었겠습니까? 결국 노아의 가족들이 모두 하나님의 말씀에 순종했다는 것은 노아의 모범된 신앙이 가족들에게 영향을 미쳤다

고 볼 수 있지 않겠습니까? 사실 교회 안에서나 밖에서 그럴듯한 신앙인으로 보이는 것은 그리 어려운 일이 아닙니다. 그러나 가족들 앞에서 진실한 신앙인으로 살아가는 것은 참으로 어려운 일입니다. 그래서 어떤 분은 '가족에게 인정받는 사람이 진실한 신앙인이다'라고 말했을 정도입니다.

방주 안에 있던 모든 동물, 곧 짐승과 기는 것과 새들도 방주에서 내려왔습니다.

(창세기 8:19) _ 땅 위의 동물 곧 모든 짐승과 모든 기는 것과 모든 새도
그 종류대로 방주에서 나왔더라

하나님의 명령에 따라, 그리고 노아의 인도에 따라 모든 동물들이 질서 있게 방주에서 나왔습니다. 수만 마리의 짐승들과 새들, 그리고 셀 수도 없이 많은 기는 것들이 노아의 인도에 따라 차례차례 질서를 유지하며 방주에서 땅으로 내려왔습니다. 이것은 방주에 올라갔던 동물들이 하나도 손상됨이 없이 무사하게 내려왔다는 것과 그들이 이제 새로운 세상에서 새로운 삶을 시작하고 있음을 보여줍니다. 이제 모든 동물들은 하나님의 보호와 보살핌 속에 생육하고 번성하게 될 것입니다. 이처럼 하나님께서는 한 번 선택하셔서 구원하기로 한 당신의 피조물들을 마지막 순간까지 보호하시는 은혜로운 분이십니다.

(시편 37:28) _ 여호와께서 정의를 사랑하시고 그의 성도를 버리지 아니
하심이로다 그들은 영원히 보호를 받으나 악인의 자손은 끊어지리로다

4. 참신앙의 증거, 순종

노아는 하나님의 말씀에 순종하여 120년 동안이나 방주를 만들었습니다. 고된 노동과 사람들의 조롱과 비난에도 굴하지 않고 하나님의 심판을 전하며 방주를 만들었습니다. 하나님의 명령에 따라 방주에 들어갔고, 하나님의 명령에 순종하여 방주에서 나왔습니다. 이것은 성도들의 신앙생활에 있어서 '순종'이 가장 중요한 것임을 알려줍니다. 노아는 하나님의 말씀에 순종함으로 우리에게 순종이 무엇인지를 보여주었습니다.

여러분은 하나님의 말씀에 순종하며 살아가고 있습니까? 교회에서 말썽을 일으키는 대부분의 사람들이 아는 것은 많은데 순종을 하지 않는 분들입니다. 신앙생활 경력이 많다보니 이것저것 아는 것은 참으로 많고, 알아서는 안 될 것까지도 알고 있습니다. 그래서 질서를 어기면서 목회에까지 관여하고 싶어 합니다. 하나님의 말씀을 들으면 자신에게는 적용하지 않고 남을 판단하고 정죄하는 데 사용합니다. 그런 사람들을 향해 예수님은 '독사의 자식들'(마 12:34)이라 부르며 회개할 것을 말씀하셨습니다. 여러분은 아는 것만큼, 깨달은 만큼, 감동받은 만큼 순종하시기 바랍니다.

하나님의 명령은 때론 인간의 생각으로는 도무지 이해되지 않는 것도 있고, 도저히 불가능한, 무리한 요구처럼 들릴 때도 있습니다. 그러나 성경은 '순종이 제사보다 낫다'고 말씀하시며 우리에게 순종할 것을 요구하십니다.

(사무엘상 15:22) _ 사무엘이 이르되 여호와께서 번제와 다른 제사를 그

의 목소리를 청종하는 것을 좋아하심 같이 좋아하시겠나이까 순종이 제
사보다 낫고 듣는 것이 숫양의 기름보다 나으니

　비록 이해할 수 없지만, 내 생각과 맞지 않지만, 도저히 할 수 없을 것 같
을 때도, 우리가 순종하기만 하면 하나님께서는 그것을 통해 기적을 이루
시고 우리에게 복을 내려 주십니다. 120년 후에 홍수로 심판할 것이니 커
다란 방주를 지으라는 하나님의 명령을 듣고, 노아가 그 말씀을 다 이해
했을까요? 그래서 순종했을까요? 아닙니다. 이해할 수 없었지만 단지 하
나님의 말씀이라서 순종한 것뿐입니다. 우리가 순종해야 하는 이유도 마
찬가지입니다. 하나님이 말씀하셨기 때문에 순종해야 합니다. 그 외에 다
른 이유가 없습니다. 정당하고 합리적인 이유가 있을 때만 순종하려는 사
람은 결코 하나님의 말씀에 순종할 수 없습니다. 무조건이 아니라, 하나
님의 말씀이기 때문에 순종합니다. 순종하고 나면 그 이유를 알게 됩니다.
순종하기 전에 자신을 이해시켜달라고 하는 것은 하나님을 무시하는 행위
입니다. 여러분, 하나님을 하나님 되게 하십시오.

　또한 하나님이 우리에게 순종하라는 것은 우리의 유익을 위해서입니다.
모든 것을 다 알면 더 잘 이해하고 순종할 것 같지만, 결코 그렇지 않습니
다. 왜냐하면 안다는 것도 책임진다는 것을 의미하기 때문입니다. 즉 모든
것을 다 알게 되면, 우리는 모든 것을 다 책임져야만 합니다. 그러나 우리
는 결코 우리 자신을 책임 질 수 없습니다. 그래서 하나님은 우리에게 순종
을 요구하십니다. 하나님의 명령에 순종할 때 복이 되고, 불순종할 때 멸
망에 이르게 됩니다.

하나님께서는 이 세상의 가치관과 풍조를 따르지 말고 하나님의 나라로 들어오라고 하십니다. 우리는 그 말씀에 순종해야 합니다. 하나님을 믿고 그 말씀을 따라 순종하는 삶을 살아가는 것입니다. 그것이 우리에게 복되고 유익이 되기 때문에, 그것이 하나님께 영광이 되기 때문입니다.

31. 노아의 경배와 감사 (창 8:20~22)

어떤 집사님이 불미스런 사건으로 인해 성동구치소에 수감됐었습니다. 저와 친분이 있었고, 마침 우리 집에서 가깝기도 해서 자주 면회를 다녔습니다. 먹을 것을 넣어주기도 하고, 때로는 하나님의 말씀을 통해 위로하기도 했습니다. 10개월쯤 지나서 석방된다기에 나오면 식사라도 같이 하려고 기다렸습니다. 저희 교회가 구치소에서 가장 가깝고 또 그동안의 일도 있고 해서 당연히 그럴 거라 생각했습니다만, 그분은 전화도 하지 않았고 그 뒤로 지금까지 10년이 지나도록 한 번도 만날 수도 없었습니다. 누군가에게 호의를 베풀었을 때 그 마음만 알아주어도 참 좋은데, 마땅히 감사해야 할 사람이 무심하게 그냥 지나치면 우리는 매우 서운함을 느끼게 됩니다. 그렇다면 하나님의 은혜로 구원을 받은 노아는 어떤 태도를 보였을까요?

노아는 하나님의 명령대로 방주를 만들었고, 그 방주를 통해 홍수 심판에서 구원을 받았습니다. 방주에서 내려가라는 하나님의 명령에 따라 노아와 온 가족이 방주에서 내려왔습니다. 377일 만에 땅을 밟아보는 노아와 가족들의 감회는 남달랐을 것입니다. 그렇지만 그들은 마냥 감상에 들떠 있을 수만은 없었을 것입니다. 홍수로 인해 아무것도 존재하지 않는 이 세상에서 의식주 문제를 해결하는 것이 급했을 것입니다. 가축들이 흩어지지 않도록 우리도 지어야 하고, 자신들이 지낼 집도 지어야 하고, 당장 먹을 것도 장만해야 하고, 미래를 위해 씨앗도 심어야 하니 무척 바빴을 것입니다. 그렇지만 바쁠 때일수록 중요한 것이 일의 우선순위입니다. 우선순위가 잘못되면 신앙생활도 우리네 인생도 꼬여버리고 맙니다. 그래서 지혜로운 사람은 언제나 이 우선순위를 잘 지키려고 노력합니다. 그런 의미에서 노아는 신앙의 우선순위를 잘 지킬 줄 아는 지혜로운 사람이었다고 할 수 있습니다.

1. 노아가 하나님께 감사의 예배를 드림

노아가 방주에서 나오자마자 가장 먼저 한 일은 여호와께 감사를 드리는 일이었습니다. 노아는 이번 홍수 사건을 통하여 하나님과 바른 관계를 유지하는 것만이 만사 해결의 지름길이요 열쇠라는 것을 깨달았기 때문이었습니다. 하나님과의 관계를 떠나면 인간이 어떤 노력을 한다고 해도 허사라는 것을 깨닫고, 하나님과의 바른 관계를 설정하기 위해서 먼저 하나님께 제단을 쌓고 예배를 드렸던 것입니다. 노아는 정결한 짐승 중에서 제물을 취하여 하나님께 번제로 드렸습니다.

(창세기 8:20) _ 노아가 여호와께 제단을 쌓고 모든 정결한 짐승과 모든
정결한 새 중에서 제물을 취하여 번제로 제단에 드렸더니

번제(燔祭)는 희생 제물을 태워 그 연기를 하늘로 올리는 제사로써, 희생
제물 전체를 하나님께 드린다는 의미와 온전한 헌신의 의미가 있습니다.
노아는 홍수 가운데서 자신들을 구원하신 하나님의 은혜에 대한 감사로
온전한 번제를 드린 것입니다.

이러한 희생제사(犧牲祭祀)는 장차 인간을 대속하기 위하여 예수께서 스
스로 완전한 희생 제물이 되어 십자가에서 피 흘려 죽으심을 예표(豫表)합니
다. 이로부터 예수 그리스도의 죽음은 한 영웅이나 박애주의자의 죽음이
아닌, 택한 자녀들의 구원을 위해 하나님께서 예비하신 희생 제물로서 드려
진 것임을 알 수 있습니다. 달리 말해서 우리의 구원은 이미 만세 전에 예정
되어 있었고, 우리의 구원을 위한 예수 십자가의 희생도 예정되어 있었던 것
입니다. 그런 의미에서 우리의 구원은 결코 변개되거나 취소될 수 없는 놀
라운 하나님의 은혜의 역사입니다. 그래서 성경은 우리의 구원이 우리의 의
로움이나 행위로 인한 것이 아니라 전적인 하나님의 은혜의 선물이라는 것
을 거듭해서 강조하고 있습니다.

(에베소서 2:8) _ 너희는 그 은혜에 의하여 믿음으로 말미암아 구원을 받
았으니 이것은 너희에게서 난 것이 아니요 하나님의 선물이라

그러한 하나님의 은혜를 아는 사람은 마땅히 하나님께 감사를 드릴 수밖에 없습니다. 노아는 지금 자신과 가족들을 구원하신 하나님의 은혜를 깨달았고 그래서 방주에서 내려오자마자 제일 먼저 하나님께 감사의 제사를 드렸던 것입니다.

여러분도 노아와 같은 감사의 마음과 자세로 예배를 드리고 있습니까? 그저 일요일이 되었으니 교회에 나왔고, 교회에 왔으니 예배도 드리고, 헌금도 드리는 것은 아닙니까? 예배를 마치고 돌아갈 때는 숙제를 다 마친 학생처럼 가벼운 마음으로 돌아가지는 않으십니까? 오늘 하루도 예배를 드렸으니 하나님이 이번 한 주도 날 도와주시겠지 하면서 말입니다.

하나님은 사람의 겉모습이 아닌 마음 중심을 보신다고 하셨습니다(삼상 16:7). 여러분, 하나님이 보시기에 기뻐 받으실 만한 믿음으로 예배하시기를 바랍니다. 그것이 성도의 기본 자세이며, 우리가 이 땅에서 복을 받고 행복한 삶을 살 수 있는 비결입니다. 예배의 승리는 곧 신앙의 승리이며, 행복한 삶의 비결입니다 뒤집어 말하면 예배를 제대로 드리지 않으면 신앙이 바로 설 수 없고, 행복할 수도 없다는 말입니다.

2. 하나님께서 노아의 번제를 기뻐 받으심

하나님께서 노아가 드린 번제의 향기를 받으시고 기뻐하셨습니다.

> (창세기 8:21) _ 여호와께서 그 향기를 받으시고

여호와 하나님께서 노아가 드린 번제를 매우 만족하게 받으셨습니다. 노아의 제사는 믿음의 제사였고, 하나님의 마음에 합당한 제사였기 때문입니다. 우리도 이와 같이 하나님의 마음에 합당한 믿음의 제사를 드려야 합니다. 예수님은 하나님 마음에 합당한 믿음의 제사에 대해 다음과 같이 말씀하셨습니다.

> (요한복음 4:23~24) _ 23아버지께서는 자기에게 이렇게 예배하는 자들을 찾으시느니라 24하나님은 영이시니 예배하는 자가 영과 진리로 예배할지니라

예수님은 영과 진리로 드리는 예배가 하나님 마음에 합당한 예배라고 말씀하셨습니다. 즉, 하나님께 진실한 마음과 기도로써, 주님이 지정하신 장소와 방법으로 예배드리라는 것입니다.

토요일이 되면 분주했던 일주일을 정리하고 마음을 깨끗이 합니다. 주일 아침에 되면 주님을 사모하는 마음으로 교회에 나오고, 예배시간에는 감사와 설레는 마음으로 하나님의 말씀을 듣고, 진실 된 마음으로 기도하고, 정성을 다해 준비한 예물을 드리고, 성도들과 교제하면서 주일을 보내라는 것입니다. 그것이 영과 진리로 드리는 예배, 하나님이 기뻐 받으시는 예배입니다. 노아가 드린 예배가 바로 영과 진리로 드리는 예배, 하나님이 받으시기에 합당한 예배였던 것입니다.

오늘도 이곳저곳에서 수많은 예배가 드려지고 있습니다만 과연 모든 사람들이 하나님께서 기뻐 받으실만한 예배를 드리고 있는지 의문입니다. 우

리부터 노아와 같이 영과 진리로 드리는 예배, 하나님이 기뻐 받으실 예배를 드리기를 바랍니다.

3. 다시는 홍수로 멸하지 않을 것을 약속하심

노아의 예배를 받으신 하나님께서 다시는 홍수로 땅을 멸하지 않겠다고 작정하셨습니다.

> (창세기 8:21) _ 여호와께서 그 향기를 받으시고 그 중심에 이르시되 내가 다시는 사람으로 말미암아 땅을 저주하지 아니하리니 이는 사람의 마음이 계획하는 바가 어려서부터 악함이라 내가 전에 행한 것 같이 모든 생물을 다시 멸하지 아니하리니

하나님께서 장차 그리스도의 재림 날에 이 세상을 공의로 심판하실 것이지만, 적어도 노아의 홍수 때와 같이 물로써 모든 생물을 일거에 심판하시지는 않겠다는 약속입니다. 왜냐하면 사람의 마음이 계획하는 것이 어려서부터 악하기 때문이라고 밝히고 있습니다. 즉, 인간은 나면서부터 원죄로 오염된 존재이며 전적으로 타락하여 선을 행하기에 무능한 존재이므로 하나님께서 이러한 죄를 빌미로 인간을 포함한 모든 생명체를 멸하지 않겠다는 의미인 것입니다. 따라서 인류 마지막 날 주님이 재림하여 최후 심판을 행하실 때까지는 하나님의 자비로우신 인내하심으로 인해 우리의 생명이

계속 존속할 수 있게 된 것입니다. 하나님께서는 땅이 존속되는 동안에는 자연의 순환이 지속될 것을 약속하셨습니다.

마지막 날이 이르기까지 이 땅에는 씨를 뿌리고 결실을 거두며 계절이 순환하고 낮과 밤이 바뀌는 일이 결코 중단되지 않고 계속될 것이라는 말입니다. 즉, 이 세상에는 온갖 자연재해와 천재지변이 있을 수는 있지만, 결코 이러한 것들 때문에 세상이 멸망하지 않을 것을 천지의 주재이신 하나님이 보장하신 것입니다.

그러나 이를 뒤집어보면, 이러한 평화의 기간이 '땅의 날들' 동안만 유지되다가, 장차 어느 시점에 이르러 땅이 존재하지 않을 것임을 알 수 있습니다. 성경은 장차 그리스도의 재림 때 우주가 붕괴되는 엄청난 일이 벌어질 것을 말씀하고 있습니다.

이 세상 마지막 날에는 노아의 홍수 때보다 훨씬 더 심각한 심판이 내려질 것입니다. 노아의 홍수 심판보다 훨씬 더 심각한 마지막 대심판에서 구원받을 유일한 길은 오직 예수 그리스도의 보혈의 공로를 힘입는 것뿐입니다. 그리스도의 보혈의 공로를 힘입는 자는 대심판의 와중에서도 구원받게 될 것입니다. 홍수 대심판 중에서 구원받은 노아와 그의 가족처럼, 하늘이 두루마리처럼 말려 떠나가고 온 우주가 사라지는 대심판 중에서도 구원을 받게 될 것입니다. 그리고 하나님이 계신 새 하늘과 새 땅에서 영원히 영화로운 삶을 살게 될 것입니다.

하나님은 노아와 그의 가족을 은혜와 긍휼로 구원하셨습니다. 그리고 노아의 번제를 기뻐 받으시고, 이 세상에 대한 심판을 세상 끝날까지로 유보해 주셨습니다. 이처럼 영과 진리로 드린 노아의 참된 제사가 하나님의 진노를 사랑으로 바꾸어 놓았습니다.

그러한 참된 제사의 최고의 모범은 바로 우리 주 예수 그리스도의 십자가 대속입니다. 주님께서는 자신을 희생 제물로 삼아 하나님께 드림으로써 인류에 대한 하나님의 공의의 심판을 구원으로 바꾸게 하셨습니다. 그러므로 우리들 또한 이러한 그리스도의 모범을 좇아 우리 몸을 하나님이 기뻐하시는 산 제사로 드림으로써(롬 12:1) 하나님의 놀라운 은총을 입는 자들이라는 것을 나타내어야 할 것입니다.

(로마서 12:1) _ 그러므로 형제들아 내가 하나님의 모든 자비하심으로 너희를 권하노니 너희 몸을 하나님이 기뻐하시는 거룩한 산 제물로 드리라 이는 너희가 드릴 영적 예배니라

바울은 우리 몸을 하나님께 거룩한 산 제사로 드리는 것이 우리가 드릴 영적 예배라고 말합니다. 영적 예배는 하나님만이 주인이심을 깨닫고 그분이 마음대로 사용하시도록 자신을 완전히 내어드리는 것입니다. 우리의 몸과 마음, 의지, 가진 재물, 나의 능력, 나의 야망 모두를 하나님께 드리는 것입니다. 주님이 나를 마음대로 사용하시도록 나의 모든 것을 온전히 드려야 합니다. 다시 말해 내 뜻을 버리고 하나님의 뜻대로 살아가는 것이 바로 몸으로 드리는 산 제사입니다.

여러분은 이렇게 하나님 앞에 산 제사를 드리며 살고 있습니까? 내가 가진 지식, 내가 가진 건강, 내가 가진 재능, 내가 가진 재물을 주님을 위해 사용하고, 온 마음과 능력을 다해 주님을 사랑하고 주님 뜻대로 순종하며 살고 있느냐는 말입니다. 말로는 산 제사를 드린다고 하면서 하나님의 뜻을 따르지 않고 자기 뜻대로 산다면 그것은 하나님의 뜻이 아닐 뿐 아니라 하나님의 마음을 아프게 하는 결과를 낳게 됩니다.

노아는 자신의 뜻을 모두 내려놨습니다. 하나님께서 방주를 지으라고 명령하실 때부터 방주에서 나오라는 명령을 받을 때까지 자신의 생각, 자신의 방식을 모두 버렸습니다. 노아는 무슨 일인가를 행할 때 오직 하나님의 말씀만 기준으로 삼았습니다. 하나님이 하라면 하고, 하지 말라면 안 했습니다. 그리하여 구원을 받았습니다.

또한 노아는 하나님의 마음에 합당한 예배, 영과 진리로 드리는 예배를 드렸습니다. 홍수 대심판 속에서 자신과 가족들을 구원하신 하나님의 은혜와 긍휼에 감사했기 때문입니다.

여러분을 죄악 속에서 구원하신 하나님의 은혜가 감사하십니까? 그렇다면 영과 진리로, 하나님이 받으시기에 합당한 예배를 드리십시오. 마음과 정성을 다하며 감사의 마음을 다하여 하나님을 예배하십시오. 노아에게 베풀어주셨던 은혜와 평강과 형통의 복들이 여러분의 것이 될 것입니다.

32. 홍수 후에 복을 주심 (창 9:1~7)

2018년 2월 7일 포항에서 일어난 지진으로 인해 많은 이재민들이 발생했습니다. 그중 살던 집이 무너져 살아갈 길이 막막한 사람들마저 있었습니다. 모아둔 돈이라도 있으면 집을 다시 짓는 동안 임시 거처를 마련할 수 있겠지만, 다수가 가난한 서민이어서 그저 하늘을 원망하며 망연자실하는 모습을 보았습니다. 그 와중에 빠르게 정부가 임대 아파트를 제공해 준다는 뉴스를 보면서 불행 중 다행이라는 생각도 들었습니다.

이와 같이 모든 것이 황폐화된 세상을 살아가려면 누군가의 도움이 절실히 필요한 법입니다. 본문은 홍수 후에 노아의 가족들에게 하나님께서 복과 은혜를 내리신 내용입니다. 즉, 모든 것이 황폐화된 세상을 살아갈 노아와 그의 가족에게 복을 주시고 도와주심으로써 그들로 하여금 생육하고 번성하여 땅에 충만하게 하시려는 여호와 하나님의 은혜와 돌보심에 대한 말씀입니다.

1. 하나님께서 노아와 그의 아들들에게 복을 주심

성경은 하나님께서 '노아와 그의 아들들에게 복을 주셨다'고 기록하고 있습니다.

(창세기 9:1) _ 하나님이 노아와 그 아들들에게 복을 주시며

노아와 그의 아들들은 '생육하고 번성하여 땅에 충만해야 할' 새 역사의 주인공들입니다. 홍수 심판으로 인해 모든 것이 황폐해진 세상에서 새롭게 삶을 시작해야 하는 노아 가족에게 하나님의 도우심은 절대적으로 필요했습니다. 때문에 하나님께서 그들에게 복을 주셨습니다. 즉, 그들이 이 세상을 살아가는 데 필요한 모든 것들이 갖추어질 때까지 하나님께서 그들과 함께 하시고, 도우시고, 인도해 주셨다는 말입니다. 이와 같이 험한 세상을 살아가는 성도들에게도 이러한 하나님의 복과 돌보심이 필요합니다. 인간이 아무리 몸부림을 쳐봐도 하나님이 도와주시지 않으면 어떤 것도 이룰 수가 없기 때문에 우리가 이 세상에서 살아가기 위해서는 하나님의 복 주심과 돌보심이 반드시 필요합니다. 따라서 우리는 날마다 '풍성한 주의 복'을 내려주시기를 기도해야 합니다.

(시편 3:8) _구원은 여호와께 있사오니 주의 복을 주의 백성에게 내리소서

2. 하나님이 베푸시는 복(福)

할아버지들은 손자를 보면 계속해서 무언가를 주고 싶어 합니다. 눈에 넣어도 안 아플 만큼 귀엽고, 예쁘고, 사랑스럽기 때문이지요. 이와 같이 하나님께서도 당신의 백성에게 복 주시는 것을 기뻐하는 분이십니다. 하나님은 노아와 그의 아들들에게 '번성의 복'과 모든 생물에 대한 '지배권'을 주셔서 황폐해진 이 세상을 다시 회복할 수 있도록 인도해 주셨습니다.

1) '생육하고 번성하여 땅에 충만'하도록 복을 주심

(창세기 9:1) _ 그들에게 이르시되 생육하고 번성하여 땅에 충만하라

하나님은 창세기 1장 28절에서 아담과 하와에게 '생육하고 번성하여 땅에 충만하라'는 복을 주셨습니다. 그런데 선악과 사건으로 죄와 타락이 인간에게 들어왔고, 결국 노아 가족을 제외한 모든 사람이 멸절되고 말았습니다. 이것은 하나님이 약속을 안 지키신 것이 아니라, 인간들이 하나님의 말씀을 거역하고 불순종하였기 때문에 일어난 일입니다. 그럼에도 불구하고 하나님께서는 노아와 그의 가족을 남겨두심으로 '생육하고 번성하여 땅에 충만하라'고 하셨던 약속을 지키시려는 것입니다. 즉, 하나님께서는 홍수 심판으로 멸절된 인류를 재건하기 위해 남겨두신 노아와 그의 가족들에게도 아담과 동일하게 '생육하고 번성하여 땅에 충만하라'는 복을 주십니다. 이와 같이 하나님께서는 한번 하신 약속은 반드시 지키시는 신실

한 분이십니다. 그러한 하나님의 신실하심이 여러분의 삶 속에서 지켜지고 있음을 믿으시고, 담대하게 살아가시기를 바랍니다. 하나님은 7절에서도 이 말씀을 반복하여 말씀하십니다.

> (창세기 9:7) _ 너희는 생육하고 번성하며 땅에 가득하여 그 중에서 번성하라 하셨더라

그만큼 이 말씀이 중요하고, 하나님께서 반드시 이루실 것이라는 의지의 표현이기도 합니다. 다시 말해, '생육하고 번성하여 이 땅에 충만하라'는 것은 하나님께서 우리에게 주신 명령이며 이 땅을 살아가는 우리들이 반드시 받아 누려야만 하는 하나님의 놀라운 복입니다. '생육하고 번성하여 땅에 충만 하라'는 것은 남녀가 짝을 이루어 결혼하고, 아이를 낳고 기르며 살아가는 것이 하나님의 섭리라는 것입니다. 그럼에도 요즘 젊은이들 사이에는 결혼을 미루거나 하지 않으려는 경향들이 나타나고 있습니다. 결혼을 늦추려는 사람들뿐만 아니라, 아예 결혼을 하지 않겠다는 비혼족까지 생겨났습니다. 경제적인 이유와 자아성취만을 목적으로 하는 이기적인 욕구에서 생겨나는 이상한 현상들이지요. 그러나 이것은 바람직하지도 않을 뿐더러, 하나님의 창조 섭리에도 어긋나는 일입니다. 이 땅에서 결혼하고, 자식을 낳고, 후세를 이어가는 것은 하나님의 창조 섭리에 순응하는 것이며, 우리에게 주신 하나님의 복이라는 것을 기억하시기 바랍니다.

> (시편 127:3~4) _ [3]보라 자식들은 여호와의 기업이요 태의 열매는 그의

상급이로다 [4]젊은 자의 자식은 장사의 수중의 화살 같으니

2) 땅 위에 모든 생물에 대한 지배권을 주심

(창세기 9:2) _ 땅의 모든 짐승과 공중의 모든 새와 땅에 기는 모든 것과
바다의 모든 물고기가 너희를 두려워하며 너희를 무서워하리니 이것들은
너희의 손에 붙였음이라

하나님께서 이 땅을 처음 창조하실 때, 사람과 동물들은 친구와 같은
사이였습니다. 그런데 죄로 인해 하나님과 사람의 관계가 깨지고, 사람과
동물들의 관계도 깨져버렸습니다. 하나님께서는 인간에게 동물을 가축으
로 기르며 지배하도록 허락하셨습니다. 창조 초기에는 영적인 권위로 동
물들을 다스렸지만 인간의 죄로 인해 그 권위를 상실하게 되었고, 홍수 후
에 하나님께서는 동물들이 인간을 두려워하도록 하심으로 인간에게 지배
권을 주신 것입니다. 원래는 친구 사이였던 인간과 동물들은 이제 지배하
고 두려워하는 관계가 되었습니다. 그러나 이것은 무질서한 세상 속에서
인간을 보호하시려는 하나님의 은혜의 방편이었습니다.

물론, 장차 예수 그리스도께서 재림하셔서 모든 죄악을 척결하실 때에는
에덴동산에서 생활했던 그 모습 그대로 인간과 동물이 조화를 이루는 평
화의 시대가 올 것입니다. 이사야 선지자는 그러한 모습을 다음과 같이 묘
사합니다.

(이사야 11:6~8) _ [6]그 때에 이리가 어린 양과 함께 살며 표범이 어린 염소와 함께 누우며 송아지와 어린 사자와 살진 짐승이 함께 있어 어린 아이에게 끌리며 [7]암소와 곰이 함께 먹으며 그것들의 새끼가 함께 엎드리며 사자가 소처럼 풀을 먹을 것이며 [8]젖 먹는 아이가 독사의 구멍에서 장난하며 젖 뗀 어린 아이가 독사의 굴에 손을 넣을 것이라

2. 육식의 허용과 경고의 말씀

1) 육식을 하되, 그 피 채 먹지는 말라

(창세기 9:3~4) _ [3]모든 산 동물은 너희의 먹을 것이 될지라 채소 같이 내가 이것을 다 너희에게 주노라 [4]그러나 고기를 그 생명 되는 피째 먹지 말 것이니라

홍수 이전에는 사람들이 과일이나 채소 같은 식물만 먹고 살았습니다. 하지만, 홍수 이후에는 동물들을 잡아서 육식을 할 수 있도록 허락해 주셨습니다. 하나님께서 육식을 허용하신 이유는 아마도 홍수로 인해 땅이 너무 황폐해져서 사람들이 식물만 가지고는 살아가기에 영양이 부족했기 때문인 것으로 보입니다. 하지만 하나님께서는 육식은 허용하되, 피 채로 먹는 것은 금하셨습니다. 왜냐하면 피는 생명 그 자체를 상징하기 때문입니다.

(레위기 17:11) _ 육체의 생명은 피에 있음이라

이것은 동물의 고기를 음식으로 먹되, 동물들의 생명을 함부로 여기지 말라는 의미입니다. 따라서 인간이 자기 마음대로 자연을 파괴하거나, 동물을 꼭 필요한 식용의 목적 외에 다른 목적으로 무차별 살육하거나, 하대하는 행위 등은 하나님 앞에서 범죄가 됩니다. 우리가 동물들을 지배하고 또 음식으로 섭취하기는 하지만, 한편으로 동물들을 관리하고 자연을 보호해야 하는 임무가 주어졌음을 잊지 말아야 합니다.

2) 살인에 대한 경고

(창세기 9:5~6) _ [5]내가 반드시 너희의 피 곧 너희의 생명의 피를 찾으리니 짐승이면 그 짐승에게서, 사람이나 사람의 형제면 그에게서 그의 생명을 찾으리라 [6]다른 사람의 피를 흘리면 그 사람의 피도 흘릴 것이니 이는 하나님이 자기 형상대로 사람을 지으셨음이니라

본문은 '사람의 생명을 존귀히 여기라'는 말씀으로, 짐승이나 사람이 다른 생명을 해치면 반드시 핏값을 치르게 하시겠다는 것입니다. 하나님 말씀에 불순종하고 인간의 존엄성을 훼손한 살인자를 공의로 심판하신다는 말입니다. 이렇게 사람의 피를 흘린 자가 반드시 피로 갚아야 하는 이유는 인간이 다른 동물들과는 달리 하나님의 형상대로 지음을 받았기 때문입니다. 따라서 인간을 살해한다는 것은 하나님의 형상대로 지음 받은 소중한 생명을 소멸시키는 범죄이며, 더 나아가서는 하나님의 형상을 모독하는 심각한 범죄입니다.

우리의 생명은 하나님이 주신 것이니 그 소유권도 하나님께 있습니다. 어떤 방식으로든 우리가 우리의 죽음을 재촉하거나 방치한다면 반드시 그 책임을 져야 합니다. 타인의 생명을 빼앗은 사람은 자신의 생명으로밖에 보상할 방법이 없습니다. 그러므로 짐승이 사람을 해치도록 방치해서는 안 되며, 사람이 사람을 죽이는 짓은 더욱 해서는 안 됩니다. 또한 자신의 생명을 버리는 자살자 역시 반드시 하나님 앞에서 그 죗값을 치르게 될 것입니다. 자살 역시 살인의 죄이기 때문이며, 그래서 자살자는 천국에 들어갈 수 없다는 교리마저 생겨난 것입니다.

사실 우리가 누군가를 죽인다는 것은 생각조차 할 수 없는 끔찍하고 두려운 일입니다만, 남을 미워하는 것은 식사 후에 커피한 잔 마시듯 아무렇지 않게 저지르면서 살아가고 있습니다. 그런데 남을 미워하면서 그것이 살인죄라고 생각하는 사람은 별로 없지 않습니까? 하지만 예수님은 '형제를 미워하는 것을 살인죄'라고 단정하여 말씀하셨습니다.

(마태복음 5:21~22) _ [21]옛 사람에게 말한 바 살인하지 말라 누구든지 살인하면 심판을 받게 되리라 하였다는 것을 너희가 들었으나 [22]나는 너희에게 이르노니 형제에게 노하는 자마다 심판을 받게 되고 형제를 대하여 라가라 하는 자는 공회에 잡혀가게 되고 미련한 놈이라 하는 자는 지옥 불에 들어가게 되리라

우리가 다른 사람의 생명을 빼앗으면, 하나님께서 우리의 생명도 내놓으라고 말씀하십니다. 내 생명이 소중하면 남의 생명도 소중하고, 내 자존심을 지키는 것이 소중하면 남의 자존심도 소중히 여겨야 합니다. 예수님께

서 형제를 미워하는 것이 곧 살인죄라고 하신 것은 살인의 동기가 형제를 미워하는 것에서부터 시작되기 때문입니다. 우리에게 형제와 이웃을 주신 것은 서로 사랑하라는 뜻이지 미워하라는 게 아닙니다. 남을 미워하는 것은 곧 살인하는 것입니다. 그러므로 여러분은 남을 미워하지 말고 사랑하고 아껴주면서 살아가시기를 바랍니다.

3. 생육하고 번성하라, 번성하라

하나님은 인간들에게 생육하고 번성하게 하실 것을 다시 한 번 약속해 주셨습니다.

> (창세기 9:7) _ 너희는 생육하고 번성하며 땅에 가득하여 그 중에서 번성하라 하셨더라

하나님께서는 비록 죄로 가득한 세상을 물로 심판하셨지만, 근본적으로 인간들에게 복을 주시고 그것을 누리게 하시는 자비롭고 은혜로운 분입니다. 하나님은 지금도 당신의 백성들이 번성하기를 원하시고 복을 주셔서 번성하도록 하십니다. 이것은 오늘날 말씀이 전파된 나라나 민족이 다 번성한 사실을 통해서 알 수 있습니다. 세계 여러 나라들 중에 경제적으로 부유한 선진국들은 거의 다 기독교 국가들입니다. 이와 같이 하나님께서는 당신을 섬기는 나라와 민족에게 복을 주신다고 약속하셨습니다.

(신명기 28:12~13) _ ¹²여호와께서 너를 위하여 하늘의 아름다운 보고를 여시사 네 땅에 때를 따라 비를 내리시고 네 손으로 하는 모든 일에 복을 주시리니 네가 많은 민족에게 꾸어줄지라도 너는 꾸지 아니할 것이요 ¹³여호와께서 너를 머리가 되고 꼬리가 되지 않게 하시며 위에만 있고 아래에 있지 않게 하시리니 오직 너는 내가 오늘 네게 명령하는 네 하나님 여호와의 명령을 듣고 지켜 행하며

하나님은 노아와 그의 가족들이 홍수 심판으로 인해 황폐화된 이 세상에서 잘 살아가도록 모든 배려와 조치를 해 주셨습니다. 그들은 하나님의 은혜 가운데 이 땅에서 생육하고 번성하여 충만하게 되었습니다. 지금도 하나님은 우리가 이 세상에서 부족함 없이 살아갈 수 있도록 은혜를 베풀어 주십니다. 문제는 우리가 그러한 하나님의 자비와 은혜를 받으려면 그분을 믿고 의지하며 그분의 말씀에 따라 살아가야 한다는 것입니다. 하나님께서 아무리 많은 은혜와 도우심을 주시고자 해도 우리가 거절하면 받을 수가 없습니다. 억수 같은 비가 쏟아져도 항아리 뚜껑을 닫아놓으면 물을 받을 수 없는 것처럼, 하나님의 은혜가 아무리 넘쳐도 우리가 마음을 닫고 하나님을 멀리 한다면 아무 소용이 없습니다.

하나님은 지금 이 시간에도 우리에게 말씀으로 다가오십니다. 우리가 그분의 말씀을 아멘으로 받고 그 말씀에 순종함으로 그분 안으로 들어갑니다. 주님 내 안에 내가 주님 안에 거할 때, 하나님이 내려주시는 모든 복과 은혜가 내 것이 됩니다. 이와 같이 여러분 모두에게 "생육하고 번성하여 땅에 충만하라"는 하나님의 은혜와 복이 넘치시기를 바랍니다.

33. 무지개 언약 (창 9:8~17)

제가 14살 때 한강에서 수영을 하다가 죽을 뻔한 뒤로는 물을 무서워하게 되었습니다. 한강에서 물놀이를 하다가 물속에 빠졌는데 아무리 발버둥을 쳐도 올라올 수가 없었습니다. 그때 '이렇게 죽는구나'라는 생각이 들면서 정신을 잃었는데, 얼마 뒤에 어떤 사람이 내 손을 붙잡고 물 밖으로 나와서야 정신이 들었습니다. 그래서 그 후로는 물가에 가는 것을 별로 좋아하지 않습니다.

이와 같이 끔찍한 재앙을 겪은 사람들은 그로 인한 트라우마[3]에 시달리게 되는데, 노아와 그의 가족들 역시 홍수로 인해 수많은 사람들이 죽어가는 것을 지켜보면서 하나님께서 또다시 홍수로 멸하지는 않으실까 두려워했던 것으로 보입니다. 자라 보고 놀란 가슴 솥뚜껑 보고 놀라듯이, 비가 조금만 내려도 '혹시 또 심판이 오는가?' 하고 노아와 그의 가족들은 두려

---

3) 트라우마(trauma)는 재해를 당한 뒤에 생기는 비정상적 심리적 반응을 가리키는 말입니다.

움 속에 평안을 누리지 못하고 있었던 것이지요.

이러한 노아 가족의 심리상태를 잘 아시는 하나님께서 적절한 조치를 취해 주셨습니다. 즉, 홍수 심판 이후에 노아와 그의 아들들에게 복을 주신 하나님께서 다시는 물로 세상을 심판하지 않겠다고 약속하셨고, 그 증거로 구름 사이에 무지개를 두신, 이른바 '무지개 언약'을 세우심으로 그들에게 평안을 주신 것입니다.

1. 하나님이 노아와 그의 가족을 위로하심

우리는 가끔 '하나님이 내 마음을 아실까? 내 기도를 듣기나 하실까?'라는 생각을 할 때가 있습니다. 억울하거나 어려운 일을 겪을 때 그렇습니다. 그러나 하나님은 우리의 일거수일투족, 우리의 모든 것을 다 알고 계신 분이라고 성경이 말합니다.

> (시편 139:1~4) _ [1]여호와여 주께서 나를 살펴 보셨으므로 나를 아시나이다 [2]주께서 내가 앉고 일어섬을 아시고 멀리서도 나의 생각을 밝히 아시오며 [3]나의 모든 길과 내가 눕는 것을 살펴 보셨으므로 나의 모든 행위를 익히 아시오니 [4]여호와여 내 혀의 말을 알지 못하시는 것이 하나도 없으시니이다

하나님께서 노아와 그의 가족을 찾아와 주셨습니다. 노아와 그의 가족의 불안한 심정을 잘 알고 계셨기 때문에 그들을 찾아 그들과 언약을 맺음

으로 노아와 그의 가족이 안심하고 살도록 하기 위해서입니다. 사실 노아와 그의 가족들은 홍수 심판을 겪으면서 여러 가지 불안감에 사로잡혀 있었습니다. 뿐만 아니라 황폐해진 땅을 일구면서 살아가야 했으니 여러 가지로 어렵고 답답한 일들이 많았을 것입니다. 물론 하나님께서 '생육하고 번성하여 충만하라'고 복을 선언하셨음에도 노아와 그의 가족들의 마음에 여러 가지 생각과 불안감이 존재했던 것입니다.

우리가 신앙생활을 하면서 이론상으로는 하나님께 모든 것을 맡기고 기도하면 된다는 것을 압니다. 그러나 실제로는 어떤 어려운 일을 당하고 나면 하나님께 맡기기보다는 인간적인 생각으로 해결책을 찾아보거나 염려하고 걱정하는 경우가 더 많지 않습니까? 모두 우리의 믿음이 견고하지 못하고 연약해서 일어나는 현상들입니다. 하나님은 이러한 우리의 연약한 믿음을 잘 아시기 때문에 먼저 찾아와 주시고 위로하시고 안전하게 지켜주실 것을 약속해 주시는 것입니다.

(창세기 9:8~10) _ 8하나님이 노아와 그와 함께 한 아들들에게 말씀하여 이르시되 9내가 내 언약을 너희와 너희 후손과 10너희와 함께 한 모든 생물 곧 너희와 함께 한 새와 가축과 땅의 모든 생물에게 세우리니

어떤 어려운 문제가 생겼을 때라도 염려하고 걱정하기보다는 하나님을 찾으시기 바랍니다. 우리가 적잖이 염려하고 또 간절히 소원하는 것을 하나님이 먼저 아시고, 우리에게 필요한 최선의 해결책을 준비하고 계시기 때문입니다.

2. 무지개 언약

하나님이 노아와 동물들에게 언약을 맺어주셨는데, 그 내용은 다시는 이 세상을 홍수로 멸하지 않겠다는 것입니다.

> (창세기 9:11) _ 내가 너희와 언약을 세우리니 다시는 모든 생물을 홍수로 멸하지 아니할 것이라

간혹 이 세상에 국지적인 홍수가 발생할 수 있으나 앞으로 다시는 이 세상 전체를 멸하는 그러한 홍수는 없을 것을 약속하신 것입니다. 이미 한 번 홍수 심판으로 인해 불안감을 가지고 있는 노아와 동물들에게 다시는 그러한 홍수로 이 세상을 심판하지 않을 것을 약속하심으로 그들을 안심시켜 주신 것입니다.

그런데 여기서 우리는 한 가지 이상한 점을 발견하게 됩니다. 하나님과 인간이 언약을 맺는데 하나님 혼자 일방적으로 언약을 세우셨다는 것입니다. 일반적인 언약은 서로 간에 약속을 지키기 위해서 맺어지고, 만약 그 언약을 깨는 사람이 있다면 그에 대한 책임과 배상을 하는 게 보통입니다. 그런데 본문에서 하나님이 맺으시는 언약은 하나님의 일방적인 결단임을 보게 됩니다. 이 언약은 하나님이 인간들에게 다시는 홍수로 이 세상을 멸하지 않을 것과 그것을 반드시 지키시겠다는 내용입니다. 이제부터 인간들과 동물들이 척박한 환경에서도 잘 적응하여 살아갈 수 있도록 복을 주시고 도우시고 인도하시겠다는 하나님의 약속이며 다짐인 것입니다. 다시

말해, 하나님은 이와 같이 우리가 소원하지 않아도, 기도하지 않아도, 우리를 보호하시고 지키기 위해 마음과 정성을 다하시는 분이심을 보여주고 있습니다.

하나님은 언약의 증거로 하늘에 무지개를 두셨습니다.

> (창세기 9:13) _ 내가 내 무지개를 구름 속에 두었나니 이것이 나와 세상 사이의 언약의 증거니라

앞서 살펴본 대로 태초부터 노아의 홍수 이전까지는 하늘에서 비가 내리지 않았습니다.

> (창세기 2:5~6) _ [5]여호와 하나님이 땅에 비를 내리지 아니하셨고 [6]안개만 땅에서 올라와 온 지면을 적셨더라

궁창 위에 있는 물이 지구를 감싸고 있었기 때문에 당시 매우 포근하고 온화한 날씨였고 노아의 홍수 이전까지는 비가 전혀 오지 않았습니다. 그러다가 노아의 홍수를 기점으로 지구에 비가 오기 시작했습니다. 하나님은 홍수가 끝난 뒤에 다시는 홍수로 이 세상을 멸하지 않겠다는 언약의 증거로 하늘에 무지개를 두셨다고 말씀하셨습니다. 이 무지개는 하나님께서 당신의 언약을 지키시겠다는 증거로 보여주신 징표였습니다.

무지개는 안개나 물방울이 햇빛에 굴절되어서 해가 있는 반대쪽 하늘에 반원형으로 길게 뻗쳐 나타나는 일곱 가지 색깔의 빛줄기 현상입니다. 따

라서 무지개가 나타나려면 햇빛과 함께 반드시 그 전에 비를 내리는 구름이 있어야 합니다. 이것이 노아 홍수 이전에 비가 오지 않았다는 결정적인 증거이며, 또한 이것은 성경에 기록된 하나님의 말씀이 모두 진리이며 진실한 것이라는 증거이기도 합니다.

인간들의 연약한 믿음 상태를 잘 아시는 하나님께서 당신의 언약의 징표를 누구나 보고 안심할 수 있도록 하늘에 두셨습니다. 인간들이 비가 내릴 때면 홍수로 인한 두려움에 떨다가도 비가 그치고 난 후 나타난 무지개를 보면서 안심할 수 있도록 하신 것입니다. 하나님은 이렇게 연약한 인간들이 하나님을 믿을 수 있는 조치들을 곳곳에 마련해 두셨습니다.

아빠가 아들에게 무언가를 사준다고 약속할 때 손가락을 걸게 됩니다. 새끼손가락을 걸고, 엄지로 도장을 찍고, 그것도 모자라서 손바닥을 비벼서 복사까지 합니다. 왜 그렇게 합니까? "반드시 약속을 지켜라", "반드시 약속을 지키겠다"는 징표 아닙니까? 그런데 손가락을 걸고, 도장을 찍고, 복사까지 해도 지키지 않으면 아무 소용이 없지 않습니까? 인간들의 언약은 매우 거창하지만 대부분이 지켜지지 않습니다. 매해 지방선거, 총선, 대선 등이 치러지는데, 그때마다 각 당의 소속 후보들이 엄청난 공약들을 쏟아냅니다. 아마도 그 공약들의 다만 몇 퍼센트만이라도 제대로 지켜졌다면 우리나라는 벌써 선진국이 되고 살기 좋은 나라가 되었을 것입니다. 그렇지만 여러분이 알다시피 그들의 공약(公約)은 모두 허무한 공약(空約)이 되지 않습니까? 이와 같이 사람들의 언약을 제대로 믿을 수도 없고, 지켜지기도 어렵습니다.

그러나 하나님은 언약은 신실한 언약입니다. 언약의 신실성은 그 언약이 이루어졌느냐 안 이루어졌느냐에 따라 증명이 되는데, 성경의 기록된 하나님이 말씀이 모두 성취되었다는 것이 이를 증명해 주고 있습니다. 따라서 우리는 하나님의 언약의 말씀인 성경의 기록을 믿고 신뢰할 수가 있습니다.

3. 무지개와 그리스도의 십자가

하나님께서는 먹구름 속에 평화의 메시지인 무지개를 준비해두셨습니다. 그리고 그것을 볼 때마다 당신께서 하신 언약을 기억하신다고 말씀하셨습니다. 즉, 다시는 이 세상을 홍수로 멸하지 않겠다는 그 언약을 기억하시고 지키시겠다는 것입니다. 하나님께서 하신 언약의 말씀을 절대로 번복하지 않고 반드시 지킬 것이니 두려워하지 말고 안심하고 평화롭게 살아가라는 것입니다.

따라서 우리들은 무지개를 볼 때마다 오늘도 잊지 않고 당신의 언약을 신실히 지키시는 하나님과 그 약속에 따라 우리를 새 하늘과 새 땅으로 인도하시는 그분의 은혜를 기억해야 합니다.

(베드로후서 3:13) _ 우리는 그의 약속대로 의가 있는 곳인 새 하늘과 새
땅을 바라보도다

노아 시대의 무지개는 하나님의 심판으로부터 지켜주는 찬란한 언약의

징표였습니다. 그 무지개가 오늘날에는 우리 주 예수 그리스도의 피 묻은 십자가로 나타났습니다. 예수 그리스도의 십자가야말로 하나님의 심판으로부터 구원해 주는 확실한 구원의 징표입니다. 인간들은 불확실한 세상에 살면서 온갖 근심과 걱정의 구름과 죄로 인한 심판의 두려움으로 매순간 불안과 염려 속에 살아가고 있습니다. 그러나 노아와 그의 가족들이 구름 속에 빛나는 무지개를 보면서 모든 두려움을 씻어버렸듯이, 우리들도 모든 세상의 염려와 심판의 두려움을 씻어버릴 수 있는 예수의 십자가를 바라보아야 합니다.

예수 그리스도의 십자가 외에 우리를 죄책과 두려움에서 구원할 것은 이 세상에 존재하지 않습니다. 그 어떤 힘이나 권세로도, 명예나 물질로도 할 수 없으며, 인간의 그 어떤 선행이나 의로움으로도 해결할 수 없습니다. 오직 예수가 흘린 십자가 보혈의 공로만이 우리를 죄 가운데서 구원할 능력이요 은혜인 것입니다. 그런 의미에서 사도 바울은 고린도전서 1장 18절에서 "십자가의 도가 멸망하는 자들에게는 미련한 것이요 구원을 얻는 우리에게는 하나님의 능력"이라고 말했던 것입니다.

4. 결론

새해를 맞이하면서 많은 사람들이 자신들의 염원을 담아 소원을 빕니다. 롯데타워에서 뿜어대는 찬란한 불꽃쇼를 보면서 소원을 빌고, 멀리 동해안에서 찬란하게 떠오르는 첫 태양을 보면서 소원을 빌고, 가까운 사찰에 가서 부처님에게 소원을 빌고, 혹은 목욕재계를 하고 정화수(井華水)를 떠놓고 조상님들에게 소원을 빕니다. 하지만 그것이 다 무슨 소용이 있겠습니까? 롯데타워의 불꽃쇼가, 떠오르는 태양이, 돌부처가, 정화수가 인간을 죄에서 구원하고 인간의 간절한 염원과 소원을 들어줄 수가 있겠습니까? 결단코 그럴 수 없습니다. 그래서 찬송가 544장은 이렇게 선언하고 있습니다.

(찬송가 544장) _

1. 울어도 못하네. 눈물 많이 흘려도 겁을 없게 못하고 죄를 씻지 못하니 울어도 못하네.

2. 힘써도 못하네. 말과 뜻과 행실이 깨끗하고 착해도 다시 나게 못하니 힘써도 못하네.

3. 참아도 못하네. 할 수 없는 죄인이 흉한 죄에 빠져서 어찌 아니 죽을까 참아도 못하네.

4. 믿으면 되겠네. 주 예수만 믿어서 그 은혜를 힘입고 오직 주께 나가면 영원 삶을 얻네.

후렴 : 십자가에 달려서 예수 고난 보셨네 나를 구원하실 이 예수 밖에 없네

그렇습니다. 성경은 분명히 우리가 죄에서 구원받을 길은 오직 예수 그리스도밖에 없다고 증거합니다.

(사도행전 16:31) _ 주 예수를 믿으라 그리하면 너와 네 집이 구원을 받
으리라 하고

(요한복음 14:6) _ 예수께서 이르시되 내가 곧 길이요 진리요 생명이니
나로 말미암지 않고는 아버지께로 올 자가 없느니라

하나님께서 우리들에게 확실하게 보여주신 구원의 징표인 예수의 십자가
를 바라보십시오. 이제부터 무지개를 바라볼 때마다 하나님의 언약과 예
수 그리스도의 십자가의 대속의 은혜를 생각하십시오. 그리고 그때마다
그리스도의 은혜와 하나님의 사랑에 감사하면서 살아가시기를 바랍니다.
그것이 무지개를 통해 구원을 약속하신 하나님께 영광을 돌리는 길이며,
우리가 그리스도인으로서 살아야 할 아름다운 삶의 모습입니다.

34. 노아의 실수와 예언 (창 9:18~29)

강남의 한 유명한 교회가 최근 일 년 가까이 분쟁에 휩싸여서 원로목사파와 담임목사파로 나뉘어서 따로 예배를 드리는 가슴 아픈 일이 일어났습니다. 그런데 그 교회에 다니는 한 성도가 저에게 이런 고백을 했습니다. 그 성도는 평소 원로목사님에 대해 매우 훌륭한 분이라며 존경심을 가졌었고, 또 자신이 섬기는 교회는 너무나 완벽한 곳이라는 자부심이 대단했었답니다. 그런데 이번에 교회의 분쟁을 겪으면서 '인간은 역시 믿을 수 있는 존재가 못 된다'는 사실을 절실히 깨닫게 되었다고 했습니다. 그렇게 훌륭하고 존경해 마지않던 목사님의 어둡고 추악한 모습을 보았기 때문입니다. 주의해야 할 것은 이것이 그 교회만의 이야기가 아니라 우리들의 모습일 수도 있다는 사실입니다.

그렇습니다. 아담의 범죄 이후에 죄에 오염되지 않는 사람은 아무도 없습니다. 본문에 보면 '당세에 완전한 자요 의인'이라고 불리던 노아가 생애

말년에 포도주에 취해 벌거벗는 추태를 보인 사실과 그것을 보고 형제들에게 고한 아들 함, 그리고 노아가 손자 가나안을 저주하는 사건이 벌어지는데, 이것은 죄로 오염된 인간의 불완전함과 부패성을 보여주고 있습니다. 오늘 노아의 행위를 보면서 우리가 어떻게 깨어 있어야만 하나님 앞에서 바른 신앙을 유지할 수 있는지를 깨닫게 되기를 바랍니다.

1. 늘 깨어 있지 않으면 넘어집니다.

하나님께서 홍수 이후에 무지개를 통해서 다시는 홍수로 심판하지 않을 것을 약속해 주셨고, 그 뒤로 비가 온 다음에 무지개는 꼬박꼬박 떠올랐습니다. 자연 질서도 점차 회복되고 있었습니다. 노아에게 이제 문제될 것은 아무 것도 없었고, 노아와 그의 가족들은 날마다 하나님의 은혜 가운데 행복한 삶을 살아가고 있었습니다. 하지만 그들도 인간이란 완전하지 않다는 것을 항상 잊지 말았어야 합니다.

(전도서 7:20) _ 선을 행하고 전혀 죄를 범하지 아니하는 의인은 세상에 없기 때문이로다

편한 반바지보다 불편한 정장을 입은 사람이 몸가짐을 조심하게 되는 것처럼 자신이 항상 실수할 수밖에 없는 연약한 죄인이라는 것을 알면 조심하게 됩니다. 그래서 사도 바울은 고린도전서 10장 12절에서 "그런 즉,

선 줄로 생각하는 자는 넘어질까 조심하라"고 경고하고 있습니다. 우리들은 문제가 있을 때보다 아무런 문제가 없을 때 더욱 조심하며 기도해야 합니다. 왜냐하면 영적인 긴장을 늦추고 방심할 때 사탄의 유혹에 넘어가기가 쉽기 때문입니다. 노아는 모든 것이 잘 되어가고 있기 때문에 오히려 영적으로 방심했던 것 같습니다. 그래서 노아는 육신의 쾌락을 위하여 포도주를 마시고 취하게 되었고, 벌거벗었습니다.

(창세기 9:20~21) _ ²⁰노아가 농사를 시작하여 포도나무를 심었더니 ²¹포도주를 마시고 취하여 그 장막 안에서 벌거벗은지라

노아는 다른 일에 관심을 두지 않고 술에만 탐닉하다 취해서 벌거벗는 추태까지 보이게 된 것입니다. 사실, 술도 선하게 사용하면 우리에게 유익이 될 수 있습니다. 술은 잔치자리와 같은 곳에서는 즐거움을 더하게도 합니다. 그래서 주님은 가나의 혼인잔치에서 물로 포도주를 만드는 이적을 베풀기도 하셨습니다(요 2:1~11). 그러나 술을 쾌락의 도구로 잘못 사용하면 사람을 방탕하게 만들고, 판단력을 흐리게 하여 죄의 구렁텅이로 몰아넣는가 하면(잠 23:34~35), 건강과 재산과 명예까지도 다 잃게 만듭니다. 세간에 "사람이 술을 마시고, 술이 술을 마시고, 마지막엔 술이 사람을 마신다"는 말이 있는데, 일단 술을 마시게 되면 절제하기가 쉽지 않고, 결국 실수하게 된다는 뜻이겠지요.

그래서 성경은 "술 취하지 말라 이는 방탕한 것이니 오직 성령의 충만을 받으라"(엡 5:18), "술 취하는 자들은… 하나님의 나라를 유업으로 받지 못

하리라"(고전 6:10)고 경고하고 있습니다. 여러분은 항상 죄를 지을 가능성에 노출되어 있는 연약한 존재라는 것을 마음에 새기고 늘 깨어 있어서 넘어지지 않는 성도가 되시기를 바랍니다.

2. 허물은 상처를, 사랑은 아름다운 열매를

노아의 아들 함이 술에 취해서 벌거벗고 누워있는 아버지의 하체를 보았습니다. 우연히 아버지의 장막에 들어갔다가 술에 취해서 벌거벗은 채 자고 있는 모습을 본 것입니다. 그런데 여기서 '보다'라는 히브리어 '라아'는 단순히 쳐다본다는 의미를 넘어서 구체적인 목적을 가지고 자세히 살피며 즐기는 것을 가리킵니다. 즉, 함은 우연히 아버지의 하체를 보게 되었을 때 그냥 지나친 것이 아니라, 마음속으로 음탕한 생각을 가지고 이를 즐기면서 보았던 것입니다. 더구나 함은 거기서 그치지 않고 밖에 나가서 형들에게 아비의 추태를 고했습니다. 사실 함은 아버지 노아가 술에 취해 벌거벗는 추태를 부렸다고 할지라도 아들 된 도리로서 당연히 수치를 가려주고 형제들에게 알리지 말았어야 했습니다. 그러나 함은 형들 앞에서 큰 소리로 노아의 실수와 추태를 떠벌리면서 아버지를 모욕했습니다.

그런데 함은 누구의 아들입니까? 아들이 아버지를 욕하면 누워 침 뱉기 아닙니까? 그럼에도 함이 이렇게 한 이유는 자신은 아무런 허물도 없다는 교만에서 비롯된 것으로 보입니다. 많은 사람들이 다른 사람의 허물을 지적하고 화를 내는 이유도 자신의 의로움을 드러내고자 하는 교만한 마음에서 비롯된 것입니다. 그러나 인간 가운데 허물이 없는 사람은 단 한 사람도 없습니다. 그래서 예수님은 마태복음 7장에서 '남을 비판하지 말라'고 하셨습니다. 왜냐하면 남의 눈의 티를 비판하는 사람의 눈에는 들보만한 잘못이 있기 때문입니다. 따라서 여러분은 다른 사람의 실수를 보면서 비판하기보다는 자신을 먼저 돌아보시길 바랍니다.

함으로부터 아비의 추태를 들은 셈과 야벳은 아비의 수치를 덮어주고자 했습니다. 아버지의 장막에 들어갈 때 벌거벗은 아버지를 보지 않으려고 뒷걸음으로 들어갔습니다. 그리고 조용히 담요같이 큰 겉옷으로 아버지의 하체를 덮어주었습니다. 셈과 야벳은 아버지에 대한 존경과 사랑의 마음으로 아버지의 허물과 수치를 덮어준 것입니다.

이처럼 인간 사이에는 잘못을 낱낱이 따지기보다는 허물을 덮어주는 태도가 필요합니다. 남의 허물을 지적하고 비난하면 상대방의 마음에 상처를 입힐 뿐만 아니라 자신을 천한 감정의 노예로 전락시키고 하나님의 저주를 초래하는 결과를 가져오게 됩니다. 그러나 남의 허물을 사랑으로 덮어주면 상대방과 자신에게 유익을 가져다 줍니다.

(잠언 17:9) _ 허물을 덮어 주는 자는 사랑을 구하는 자요 그것을 거듭 말하는 자는 친한 벗을 이간하는 자니라

(베드로전서 4:8) _ 무엇보다도 뜨겁게 서로 사랑할지니 사랑은 허다한 죄를 덮느니라

만약 하나님께서 우리들의 죄를 그대로 정죄하셨더라면 우린 모두 죽은 목숨입니다. 그러나 하나님께서는 우리의 허물을 용서하시고 그리스도의 십자가 대속의 피로써 구속하심으로 우리를 구원하셨습니다. 이렇게 허물을 용서받은 우리들은 이웃의 허물을 사랑으로 감싸주어야 합니다. 그것이 주님의 은혜를 아는 성도요, 그 은혜에 감사하는 사람의 모습입니다.

잠시 후 술에서 깨어 사건의 전모를 알게 된 노아가 함의 아들 가나안에게 저주를 퍼부었습니다. 노아를 모욕한 것은 노아의 아들 함인데, 노아는 함의 넷째 아들인 가나안에게 저주를 퍼부었습니다. 왜 그랬을까요? 학자들은 함이 노아의 벌거벗은 모습을 보았을 당시에 가나안도 그 자리에 함께 있었거나, 아니면 가나안이 먼저 노아의 벌거벗은 모습을 보고 아버지 함에게 알리고 함이 그의 형제들에게 노아의 수치를 알리며 모욕할 때에 가나안도 동조했을 것이라고 해석합니다. 그러나 이에 대한 정확한 이유는 다음에 나오는 본문에서 자세히 밝혀집니다.

3. 가나안에 대한 저주와 셈과 야벳에 대한 축복

1) 함의 아들 가나안에게 내려진 저주

함의 아들 가나안에게 내려진 저주는 '종들 가운데 가장 낮고 천한 종이 될 것이며, 그러한 상태가 계속될 것'이라는 말입니다. 이러한 노아의 저주는 후에 그대로 이루어졌습니다. 이스라엘이 가나안 땅을 정복할 때에 가나안 족속은 이스라엘의 종이 되었고(수 9:23), 솔로몬 시대에도 가나안 족속이 이스라엘의 노예가 되었으며(왕상 9:20~21), 세계 역사 가운데서도 가나안 사람들은 페르시아인, 마케도니아인, 로마인들의 종이 되었고, 근세에 이르러서는 흑인 노예로 엄청난 시달림을 당했음은 우리가 다 아는 사실입니다.

그런데 노아가 왜 함의 아들 가나안에게 저주를 퍼부었을까요? 앞서 말씀드린 대로 가나안에 대한 저주는 함의 저주입니다. 그럼에도 창세기 저자인 모세는 가나안에게 저주를 한 내용을 강조하고 있습니다. 이것은 창세기의 1차 독자인 이스라엘 백성들에게 가나안은 이미 저주 받은 땅이므로 두려워말고 담대하게 들어갈 것을 가르치기 위한 목적이 있습니다.

창세기를 비롯한 모세오경을 기록한 저자는 모세이고, 이 말씀을 받는 대상은 가나안 입성을 앞둔 이스라엘 민족들이었습니다. 당시 이스라엘은 광야에 있었고, 가나안을 정복하기 이전에 그 땅을 탐지했었습니다. 그런데 정탐꾼들의 보고에 의하면 가나안 땅은 젖과 꿀이 흐를 정도로 매우 비옥한 땅이었고, 가나안 사람들은 기골이 장대하고 전쟁에 능한 용사들이었습니다. 정탐꾼들이 가나안 사람들에 비하면 이스라엘 백성은 '메뚜기 같다'라고 표현했기 때문에, 이스라엘 백성들은 가나안 땅에 들어가는 것을 두려워하기까지 했습니다.

그래서 모세는 가나안은 이미 하나님께서 이스라엘에게 주신다고 약속한 땅이며, 이것은 노아 시대에 함의 아들 가나안이 저주를 받음으로 가나안 땅이 이미 이스라엘에게 주어지기로 하나님의 계획 속에 있었다는 것을 말하고 있습니다. 즉, 가나안 땅은 이스라엘을 위해 하나님께서 이미 준비해놓으신 은혜의 선물이기 때문에, 이 세상 모든 것의 주인 되시는 하나님의 경륜과 섭리 속에서 이루어진 일이기 때문에, 아무것도 염려하거나 두려워하지 말고 담대하게 가나안 땅으로 들어가라는 것입니다. 가나안 땅은 하나님께서 아브라함을 부르시고 약속하시기 훨씬 이전인 노아의 때에 이미 이스라엘에게 주시기로 작정되어 있었던 것입니다. 따라서 이스라엘 백성들은 두려워하지 말고 담대하게 가나안을 취하기만 하면 됩니다.

이와 같이 우리도 새로운 날들을 맞거나, 새로운 일을 시작하면서 두려워할 필요가 전혀 없습니다. 왜냐하면 하나님께서 이미 예비해 놓으신 일들이기 때문입니다. 우리가 취할 바는 그저 하나님의 계획과 섭리하심을 믿고 담대하고도 성실하게 우리에게 주어진 사명을 감당해나가는 것뿐입니다.

2) 노아가 셈의 하나님 여호와를 찬송하다

노아가 '셈의 하나님 여호와를 찬송'하는 이유는 셈의 가문에서 그리스도가 나실 것이기 때문입니다. 즉, 아들 셈의 가문에서 아브라함과 다윗이 나오고, 그 후손으로 이 세상을 구원할 메시아 예수께서 오실 것이기 때문에 노아는 셈의 하나님 여호와를 찬송한 것입니다. 실제로 예수 그리스도는 셈의 후손으로, 아브라함과 다윗의 후손으로 이 땅에 오셨습니다.

(마태복음 1:1) _ 아브라함과 다윗의 자손 예수 그리스도의 계보라

3) 야벳이 셈의 장막에 거할 것

야벳이 '셈의 장막에 거한다'는 것은 구약시대에 셈의 후손들에게만 주어
졌던 구원이 이제는 야벳의 후손에게도 주어진다는 것입니다. 이러한 노아
의 예언은 이방인들이 하나님 나라의 공동체에 들어오는 것으로 성취됩니
다. 셈의 후손인 아브라함의 가계에서 메시아가 태어나심으로 기독교가 태
동되었고, 사도 바울이 셈의 후손들이 사는 아시아에서 복음을 전하려 했
지만 성령이 막으시고 야벳의 후손이 거하는 마케도니아로 건너가게 하심
으로 기독교는 유럽으로 확산되었습니다. 이러한 내용은 사도행전 16장에
자세하게 기록되어 있습니다.

또한 노아는 야벳이 창대하게 될 것을 축복했습니다. 실제로 야벳의 후
손인 유럽인들이 지금까지 세상에서 강력한 힘을 발휘하면서 살아가고 있
습니다. 유럽의 선진국들과 미국을 비롯한 캐나다에서 야벳의 후손들은 기
독교 신앙을 유지하면서 전 세계를 대상으로 막강한 영향력을 과시하고
있습니다.

결론적으로 본문에 등장하는 함의 아들 가나안에 대한 노아의 저주는
이후에 이스라엘을 대적하는 가나안 족속에 관한 것이며, 셈과 야벳에 대
한 축복의 내용은 약속된 구원자 예수 그리스도께서 이스라엘을 통해서
오신다는 예언이었던 것입니다.

우리는 의인이요 당세의 완전한 자라는 평가를 받았던 노아의 실수를
보면서 실로 인간은 조금만 방심해도 죄를 범할 수밖에 없는 연약한 존재
들이라는 것을 실감하게 됩니다. 따라서 우리는 스스로 경책하며 우리의
구원이 완성되기까지 우리 안에 있는 악한 죄성이 활동하지 못하도록 우리
자신을 쳐서 복종시키는 노력을 해야 합니다. 동시에 다른 사람들의 허물

을 들추어 조롱하거나 비난하기보다는 사랑으로 감싸주고 덮어주는 미덕을 갖추어야 할 것입니다. 그리고 성령께서 함께 하시지 않으면 우리의 노력도 아무 소용이 없음을 알고 늘 깨어 기도함으로 성령의 능력을 덧입어 죄를 이기고 승리해야 할 것입니다.

35. 노아의 후손들 (창 10:1~32)

　창세기 10장은 노아의 아들인 셈과 야벳과 함의 후손들의 족보를 기록하고 있습니다. 즉, 노아의 후손들이 어떻게 세계 곳곳으로 퍼지게 되었는가를 설명해 줍니다. 본문에 등장하는 곳들은 대부분 현재 이집트와 중동 지역, 그리고 터키와 그리스 인근 지역들인데, 이곳으로부터 노아의 후손들에 세계 곳곳으로 퍼져나갔음을 보여주고 있습니다.

　야벳의 자손들은 가나안의 북쪽과 서쪽을 차지하고 있었으며, 소아시아와 그리스, 그리고 지중해 섬들도 이들의 몫이 되었습니다. 야벳의 자손들은 노아의 예언대로 바닷가에 머물러 살면서 매우 창대한 민족을 이루었습니다.

　함의 자손들은 노아로부터 저주를 받았음에도 불구하고 가장 넓은 지역인 나일 강과 유프라테스 강을 중심으로 한 문명들과 지역을 차지했습니다. 함의 후손들 중에서 우리가 잘 아는 대로 가나안 족속들이 나왔고,

바벨탑 쌓기를 주도했던 니므롯을 비롯한 지도자들과 폭력자들이 나왔습니다. 뿐만 아니라 이스라엘 역사 내내 유대인들을 괴롭히던 앗수르와 바벨론도 모두 함의 후손들이었습니다.

셈의 자손들은 이란에서 메소포타미아 지역과 아라비아 반도에 이르는 지역을 차지했습니다. 중요한 것은 셈의 후손에서, 곧 아브라함과 다윗을 통해서 그리스도께서 오셨다는 사실입니다.

1. 번성하는 노아의 후손들

여기에 기록된 민족과 나라 수는 정확히 70개 입니다. 야벳의 자손이 열넷, 함의 자손이 서른, 그리고 셈의 자손이 스물여섯입니다. 32절에 보면 이들 외에도 많은 나라와 민족이 더 있었다는 기록이 있는데, 저자가 많은 나라와 민족 중에서 의도적으로 70개만 선별해서 이곳에 나열하고 있음을 보게 됩니다. 70이라는 숫자는 7×10에 해당하는 숫자로, '많음과 완성'을 상징하고 있습니다. 그러므로 저자인 모세가 의도적으로 70이라는 숫자에 맞춤으로써 '생육하고 번성하라'고 하셨던 하나님의 약속이 분명하게 이루어졌음을 보여주고 있다는 것입니다. 또한 이것은 이 세상 모든 나라와 민족이 모두 노아의 후손들이며, 그들이 모두 하나님의 통치와 섭리 가운데 있음을 가리키는 말이기도 합니다.

그런데 어떻게 노아의 후손들이 번성하여 많은 민족과 나라를 이룰 수 있었을까요? 홍수가 끝난 뒤에 이 땅에 남은 사람은 노아와 그의 아내, 그리고 세 아들과 세 며느리뿐이었습니다. 이렇게 8명의 가족이 먹고 살기 위해서 황폐한 땅을 개간하고 새롭게 집을 세우고 삶의 터전을 마련한다는 것은 참으로 어렵고 힘든 일이었을 것입니다. 그럼에도 노아의 가족들은 자신들에게 주어진 사명을 잘 감당함으로 이런 결과를 이루게 되었는데, 그들이 짧은 시간에 이토록 번성하게 된 것은 하나님께서 노아에게 하신 약속을 이루셨기 때문입니다.

> (창세기 9:7) _ 너희는 생육하고 번성하며 땅에 가득하여 그 중에서 번성하라 하셨더라

이것은 우리가 아무리 노력한다 해도 하나님께서 도와주시지 않으면 성취가 불가능하다는 것과 우리의 영혼과 육신이 잘 되는 것은 모두 하나님의 은혜라는 것을 깨닫게 해 줍니다.

> (요한3서 1:2) _ 사랑하는 자여 네 영혼이 잘됨 같이 네가 범사에 잘되고 강건하기를 내가 간구하노라

2. 족보를 통해 살펴본 민족의 분열

창세기 10장에서 노아의 세 아들들의 족보는 거의 비슷한 문구로 마치고 있습니다.

(창세기 10: 5, 20, 32) _ 이들로부터 여러 나라 백성으로 나뉘어서 각기
언어와 종족과 나라대로

이것은 노아의 세 아들들의 후손들로부터 모든 민족과 나라가 나뉘었다는 것을 의미합니다. 홍수 이전에는 사람들이 여러 곳에 흩어져 살기는 했지만 나뉘지는 않았습니다. 그들은 처음에는 한 민족을 이루고 살았지만, 홍수 이후에는 여러 나라와 민족들이 생겨난 것입니다.

그렇다면 언제쯤 민족과 나라들이 나뉘게 되었을까요? 셈의 족보는 세상이 언제 나뉘었는지를 구체적으로 명시하고 있습니다. 셈이 아르박삿을 낳고, 아르박삿이 셀라를 낳고, 셀라가 에벨을 낳고, 에벨은 벨렉과 욕단을 낳았는데 바로 이 벨렉과 욕단의 때에 세상이 나뉘게 되었다고 기록되어 있습니다.

(창세기 10:25) _ 에벨은 두 아들을 낳고 하나의 이름을 벨렉이라 하였으니 그 때에 세상이 나뉘었음이요

10장에는 욕단의 후손들만 기록되어 있고, 벨렉의 후손은 11장에 기록되어 있습니다. 노아와 아브라함까지가 모두 10대인데, 그 중간인 벨렉을 중심으로 둘로 나눌 수가 있습니다. 즉, 11장에 일어난 바벨탑 사건은 노아와 아브라함의 중간 시대에 벌어진 사건입니다. 다음 장에서 바벨탑에 대해 살펴보겠지만, 노아의 홍수 이후에 사람들이 언어와 종족대로 흩어져 살게 되었다고 본문이 증거합니다. 고고학자들이 아무리 연구해도 알 수

없는 민족의 분포와 이동경로가 이번 장에서 아주 자세하게 설명되고 있습니다. 그만큼 성경의 기록이 진실하고 실제 역사 속에서 이루어진 것임을 우리에게 보여주고 있습니다.

3. 여전한 죄의 뿌리

10장의 족보가 우리들에게 전달하고자 하는 메시지는 세상이 바뀌었어도 죄의 뿌리가 여전히 인간들 속에 남아 있다는 것입니다. 이것은 함의 손자이며 구스의 아들인 '니므롯'이라는 인물을 통해서 잘 드러납니다. 10장에는 대부분 사람 이름만 나열되고 있는데, 벨렉을 제외하면 유일하게 니므롯에 대한 이야기가 상세하게 기록되어 있습니다.

이 니므롯은 구스의 아들로 세상의 처음 용사이고, 여호와 앞에 용감한 사냥꾼이었습니다. 또한 그는 니느웨, 르호보딜, 그리고 갈라와 레센이라는 큰 성을 건축한 사람으로 소개되고 있습니다. 여기서 '용사'라는 말은 힘센 사람, 혹은 난폭자, 폭군, 압제자라는 의미를 가지고 있으며, 이 단어는 6장에서 '네피림'을 가리키는 데 사용되기도 했습니다. 우리가 알다시피 네피림은 하나님의 아들들과 사람의 딸들 사이에서 태어난 '거인들'을 말합니다. 즉, 경건한 자들과 불경건한 자들 사이에서 태어난 자들이 바로 네피림이었고, 이들로 인해 온 땅이 죄와 포악으로 가득 차게 되었다고 창세기 6장에서 배웠습니다.

홍수 후에는 이 니므롯이 네피림과 같은 난폭자의 역할을 담당하게 되었습니다. 니므롯이 여호와 앞에 '용감한 사냥꾼'이었다는 말은 그가 매우 '난폭한 폭군'이었다는 뜻입니다. 이 니므롯이 바로 시날 땅에서 바벨론 왕국을 건설하고 바벨탑을 쌓는 일을 주도했습니다. 그는 특별히 레센을 비롯한 4개의 큰 성을 건축하였는데, 이러한 건축술을 바탕으로 높은 바벨탑을 지을 수 있는 기술력을 제공했을 것으로 보입니다.

이와 같이 세상에서는 악한 자들이 더 번성하고 형통한 삶을 살아가는 것처럼 보입니다. 믿는 자들의 자손은 그저 그렇게 살아가고 있는데, 악한 자들은 나라들을 정복하고 성들을 건축하면서, 번성하고 형통한 삶을 살고 있습니다. 그러나 악한 자들의 번성과 형통은 하나님의 방법으로 이루어진 것이 아니기 때문에 죄라고 말합니다.

(잠언 21:4) _ 눈이 높은 것과 마음이 교만한 것과 악인이 형통한 것은 다 죄니라

따라서 악한 자들의 번성과 형통은 오히려 그들에 대한 하나님의 심판의 근거가 됨을 알아야 합니다. 악인의 번성과 형통은 결코 영원하지 못하며, 하나님의 뜻이 이루어지면 그들은 하나님께 심판받아 멸망당하게 될 뿐입니다. 이것은 처음에는 번성했던 함의 자손들이 훗날에는 셈과 야벳의 후손들에게 정복당하여 비참한 생활을 한 데서도 입증되고 있습니다. 실로 악인의 생명은 바람에 나는 겨와, 뿌리가 없는 나무와 같고(시 1:4~6), 그들의 삶은 물 없는 샘과, 광풍에 밀려가는 안개와 같이 허무할 뿐입니다(벧후 2:17). 그러므로 우리는 이 땅에서 악인들의 번성이나 형통을 부러워할 필

요가 없으며 그들의 삶을 모방하거나 따라가서도 안 될 것입니다.

이와 같이 인간들은 홍수 심판 이후에도 전혀 바뀐 것이 없었습니다. 니므롯은 자신의 선조들이 죄악으로 인해 홍수로 심판 당했다는 사실을 잘 알고 있었습니다만 죄악을 버리고 하나님의 뜻대로 살아갈 생각은 전혀 하지 않았고, 오히려 자신들의 선조들보다 더욱 악하고 난폭하게 살아갔을 뿐입니다. 니므롯은 사냥을 핑계로 사람들을 자기 휘하에 모아 그들을 손아귀에 쥐었고, 그것을 기반으로 나라를 세우고 주변의 형제 나라들을 침략해서 무력으로 모든 것을 자기의 것으로 만드는 폭군이었던 것입니다. 홍수 심판으로 노아의 가족을 제외한 모든 인간이 멸망을 당한 지 불과 삼대 만에 그 홍수 심판의 원인이 되었던 인간의 죄악이 니므롯을 통해 극에 달했던 것입니다.

이것은 지금 우리가 살고 있는 세상에서도 쉽게 찾아볼 수 있습니다. 매일 뉴스를 통해 도저히 인간이라면 할 수 없는 짓들이 너무 쉽게 저질러지고 있음을 확인합니다. 큰 나라들은 작은 나라들을 돈과 무력으로 자기들 입맛에 맞게 조종하려 들고, 대기업들은 소상공인들의 아이디어를 빼앗고 기술력이 좋은 강소기업이 있으면 바로 인수합병을 시도합니다. 한 달에 3만 원 분담금을 덜기 위해 경비원 수십 명을 하루아침에 해고하는 아파트 입주민들이 있는가 하면, 부모가 자식을, 자식이 부모를 죽이는 일이 너무 자주 일어나고 있습니다. 여섯 살짜리 아이를 성폭행하고 술에 취해서 잘 기억이 나지 않는다고 변명합니다. 그런데 판사는 심신미약을 근거로 몇 년 감옥형을 판결하나 심할 때는 집행유예로 풀어주기도 합니다. 어느 누구라도 조금만 힘을 가지면 바로 갑(甲)질을 해댑니다.

이런 세상을 볼 때면 간혹 우리가 '이런 세상에서 계속 살아야 하는가'라는 생각마저 들기도 합니다. 더욱 이해할 수 없는 것은 그럼에도 불신자들과 악인들은 떵떵거리며 잘만 살아가고 있다는 사실입니다. 본문인 창세기 10장을 보아도 함의 후손들 위주로 기록되어 있는 것처럼 보입니다. 마치 함의 후손들이 더 중요하고 세상의 역사를 주도하고 이끌어가는 것처럼 보입니다. 지금의 현실에서도 안 믿는 자들이 더 득세하고 돈도 많고 능력도 더 많아서 마치 그들이 이 세상을 이끌어가는 것처럼 보입니다. 그러나 조금 더 성경을 읽으면, 하나님은 결코 불신자들이 아니라 믿는 자들을 중심으로 역사를 이끌어 가신다는 것을 분명하게 확인할 수 있습니다.

4. 믿는 자를 통해 이루어지는 하나님의 구원의 역사

하나님은 불신자나 신자를 가리지 않고 온 세상을 번성하게 하시지만 그럼에도 불구하고 하나님의 약속은 선택된 자들에게 집중되고 있다는 것을 기억해야 합니다.

성경은 노아로부터 셈이 태어났고, 그리고 셈의 후손으로 아브라함과 다윗이 태어났으며, 아브라함과 다윗의 후손으로 그리스도께서 이 땅에 메시아로 오셨음을 기록하고 있습니다. 그리고 '주 예수를 믿는 자들'이 바로 아브라함의 후손들, 구원받은 자들이라고 증거합니다. 이 세상의 주역은 불신자들이 아니라, 예수를 믿는 하나님의 자녀들이라는 것을 기억하시길 바랍니다.

그럼에도 우리가 그리스도인으로 세상을 살아가는 것은 결코 쉬운 일이 아닙니다. 아직도 니므롯 같은 불경건한 자들이 세상을 주도하고 있기 때문입니다. 악한 자들은 거대한 성을 쌓고 자신의 왕국을 건설하고 능력을 자랑합니다. 돈을 많이 가진 자들도, 명예와 권력을 가진 자들도 불신자들이 대부분입니다. 그들은 자신들의 뜻을 이루기 위해 수단과 방법을 가리지 않습니다. 모든 지식과 인맥과 재물을 활용하여 자기 왕국 만들기에 최선을 다합니다. 그들은 더 좋은 것을 갖기 위해서, 더 많이 갖기 위해서, 그것들을 누리기 위해서 살아갑니다. 이런 상황 속에서 약속의 자녀들이 믿음을 지키며 살아가는 것은 참으로 힘든 일이지요.

그러나 믿는 자들은 불신자들이 이 세상을 살아가는 방식과는 다른 삶을 사는 사람들입니다. 불신자들은 자신들의 능력과 자신들이 가진 것을 과시하며 살아가지만 믿는 자들은 하나님을 의지하며 살아갑니다. 그리스도인은 내 뜻을 버리고 우리의 주관자 되시는 하나님을 믿고 그분을 의지하면서 살아갑니다. 왜냐하면 우리들의 소망은 이 세상이 아니라 하늘에 있기 때문입니다.

본문은 모든 인류가 하나님으로부터 지음 받은 한 조상의 후손이라는 것을 말하고 있으며, 모든 사람은 생사화복의 주인이신 하나님의 은혜로 살아가고 있음에 감사하며, 한 형제로서 서로 사랑하며 도우며 살아갈 것을 지시하고 있습니다.

(요한1서 4:11) _ 사랑하는 자들아 하나님이 이같이 우리를 사랑하셨은
즉 우리도 서로 사랑하는 것이 마땅하도다

4부

바벨탑

36. 바벨탑 사건 (창 11:1~9)

모든 인간은 관계 안에서만 존재합니다. 따라서 인간이 취하는 기본적인 자세는 신본주의와 인본주의로 나누어집니다. 왜냐하면 하나님이 인간과 모든 것을 창조하시지 않았다면 인간과 인간의 관계, 또는 인간과 동물 또는 자연과의 관계는 생겨날 수조차 없기 때문입니다.

태초의 인간은 기본적으로 신본주의적인 삶을 살도록 창조되었습니다. 그러나 아담의 죄로 인하여 하나님 뜻대로 살아가려는 신본주의적인 삶은 깨져버렸고, 대신에 죄악의 산물인 인본주의가 인간의 삶 속 깊숙이 자리잡게 되었습니다.

본문에 나오는 바벨탑 사건은 바로 인본주의와 신본주의가 정면으로 충돌한 그 결과를 상징적으로 보여주고 있습니다.

1. 시날 평지로 이동하는 사람들

중국의 언어는 일반적으로 베이징어, 광둥어, 쑤저어, 푸젠어, 커자어 등의 5가지로 나뉩니다. 하지만, 실제로는 워낙 여러 민족들이 살다보니 수십, 수백 개의 방언들이 존재하고, 그래서 때로는 중국 사람들끼리도 언어가 소통이 되지 않는 일이 벌어진답니다. 같은 한자를 쓰는데, 그것을 표현하는 말과 뜻이 다르기 때문에 생기는 현상입니다.

창세기 11장은 온 땅의 '말과 언어가 하나'였다고 기록하고 있습니다. 만약 한 가지 말에 여러 의미가 있다면 사람들의 의사소통에 심각한 문제가 생기겠지만, '말과 언어가 하나'였다는 것은 의사소통에 아무런 문제가 없었다는 것을 의미합니다. 따라서 사람들 간 뜻도 잘 맞아서 어떤 일을 추진하는 데 도움이 되었을 것입니다.

한편, 사람들이 계속해서 동쪽으로 이동하다가 시날 땅에 머무르게 되었습니다. 그들이 에덴동산을 떠나 동쪽으로 갔다는 것은 하나님과 관계가 멀어졌다는 것을 상징합니다. 탕자가 쾌락을 추구하기 위해 아버지를 떠나 멀리 외국으로 갔던 것처럼, 그들은 계속해서 동쪽으로 이동해감으로써 하나님을 멀리 떠나갔던 것입니다. 여기서 시날 평지는 유프라테스 강과 티그리스 강 사이에 위치한 바벨론 지역을 가리키는데, 이곳은 물이 풍부했을 뿐 아니라 넓은 평지로 둘러싸여 있어서 사람들의 마음을 흡족하게 했습니다. 아브라함의 조카 롯이 물이 풍부한 요단 평야를 보고 만족해서 결국은 소돔까지 갔듯이, 사람들은 하나님을 예배하기보다는 안락한 생활을 추구한 결과 시날 평지를 발견하였고, 그곳에 만족하였으며,

거기서 영구히 거주하려는 생각을 가졌던 것입니다.

하나님은 인간들이 당신과 교제를 나누며 동시에 땅에 편만하기를 원하셨지만, 인간들은 자신의 안락함을 위하여 오만하게 자신들이 원하는 곳에 정착하려고 했던 것입니다. 당시 사람들은 바벨탑을 쌓기 이전에 이미 하나님과는 상관없는 자기들만을 위한 이기적인 삶에 익숙해져 있었습니다. 그리고 그러한 삶은 곧바로 '죄'로 이어졌습니다.

오늘날에도 마찬가지입니다. 사람들은 가족 안에서 서로 부대끼며 함께 살아가는 것보다는 혼자만의 공간과 혼자만의 시간을 갖기를 원하고 있습니다. 분명 하나님은 서로서로 어울려 함께 살도록 인간을 만드셨건만, 너무나 이기적인 혼자만의 삶을 살아갑니다.

2. 바벨탑을 쌓기로 결정한 사람들

사람들이 바벨탑을 쌓기 위해 벽돌과 역청을 만들었습니다. 본문에 보면 바벨탑을 쌓은 장소가 '시날 땅'으로 기록되어 있는데, 그곳은 현재 이라크의 수도 바그다드에서 남쪽으로 90km 떨어진 지역으로 알려져 있습니다. 이곳 유적지에는 아직도 바벨탑으로 추정되는 흔적들이 여기저기 남아있다고 합니다. 바벨론 지역에는 돌이 귀한 대신에 벽돌을 만들 수 있는 흙이 풍부하고, 그것들은 흰색을 띤 점토질이었기 때문에 그들이 만들었던 벽돌도 거의 흰색에 가깝다고 합니다. 그들은 흙으로 벽돌을 만들고 불에 구워 매우 단단하게 만들었고, 곳곳에 널린 천연 아스팔트를 채취해 끓여서 역청을 만들어 강력한 접착제로 사용했습니다. 그들은 이처럼 역청을 사용하여 벽돌을 쌓아올림으로 높고 견고한 건축물을 만들 수 있었습니다. 이것은 당시의 건축술이 매우 뛰어났다는 것과 그들이 당시 바벨탑을 쌓는데 얼마나 정성을 다했는지를 보여주고 있습니다.

(창세기 11:3) _ 서로 말하되 자, 벽돌을 만들어 견고히 굽자 하고

벽돌을 굽고, 역청을 끓이고, 흙을 퍼 나르는 일이 힘들고 고되었을 테지만, 그 일에 큰 의미를 부여하고 서로를 격려하면서 열심히 아주 열심히 일했던 것이지요. 당시의 바벨탑은 아마도 벽돌과 흙으로 높이 쌓아올린 계단식 탑이었을 것이며, 후대에 바벨론 사람들이 만든 지구라트(ziggurats)라는 신전 건축물들이 바로 바벨탑에서 유래된 것으로 추정됩니다. 그렇다면 인간들이 왜 바벨탑을 쌓았던 것일까요?

(창세기 11:4) _ 자, 성읍과 탑을 건설하여 그 탑 꼭대기를 하늘에 닿게
하여 우리 이름을 내고 온 지면에 흩어짐을 면하자

인간들이 바벨탑을 쌓은 이유는 '자기들의 이름을 내고, 흩어지지 않기 위해서'였습니다. 즉, 자기들의 이름을 높이고, 하나님의 뜻을 거스려 흩어지지 않고 한곳에서 살기 위해서였습니다. 사람들을 향한 하나님의 뜻은 '생육하고 번성하여 땅에 충만하라'였습니다. 다시 말해 부지런히 자식을 낳아서 온 세상에 두루두루 흩어져 살라는 것이었습니다. 그러나 니므롯

을 비롯한 당시의 사람들은 하나님의 뜻 대신에 인간의 생각을 내세웠습니다. 사람들을 한곳에 모아놓고 바벨탑을 세움으로 인간들의 성취감을 만족시키고 자신들의 이름을 내는 것은 물론 자신들의 지배와 통치를 계속 이어가려고 했습니다. 바벨탑을 세우는 인간의 목적은 하나님께 대한 불순종과 인본주의적 생각 때문이었던 것입니다.

저는 개인적으로 잠실에 있는 123층 롯데 타워를 볼 때마다 바벨탑이 생각납니다. 왜 그렇게 인간들은 더 크고, 더 높은 것을 세우기 위해 심혈을 기울일까요? 재능이 넘치는 젊은이들이 연예인이 되고서도 '수술'이나 '약'에 의지하고, 혹은 스포츠 선수로서 국가대표 선수가 되고도 '스테로이드제' 같은 약물에 의지하는 이유도 자신들의 이름을 드러내고자 하는 욕망 때문이 아니겠습니까? 30년 전에 한국에 제일 많던 교회 이름이 바로 '00제일교회' 또는 '00중앙교회'였습니다. 한국에서 '제일' 잘나가는 교회, 한국의 '중심' 교회라는 의미였지요. 하나님을 예배하는 교회면 됐지, '제일'이 뭐가 중요하고 '중앙'이 뭐가 중요하겠습니까? 그런데 교회 이름에도 인간의 이름을 높이고자 하는 욕망이 새겨져 있었던 것이지요. 이와 같이 하나님 대신 인간을 높이려는 행위가 바로 바벨탑을 쌓는 것임을 기억하시기 바랍니다.

3. 하나님이 언어를 혼잡하게 하심

하나님이 인간들의 바벨탑 건축 현장을 보러 내려오셨습니다. 이때는 이미 바벨탑이 거의 완성되어가는 시점으로 아마도 인간들은 곧 완성될 자신들의 교만의 정점을 상상하며 땀을 흘리고 있었을 것입니다. 그렇지만 하나님이 보시기에 그들의 행위가 얼마나 한심했겠습니까? 인간이 아무리 용을 써 봐도 하나님이 허락하시지 않으면 모두가 허사일 텐데 말입니다.

하나님은 바벨탑 현장에서 인간들의 생각과 행위를 감찰하신 다음에, 그들 모두가 '한 족속이며 한 가지 언어'를 사용하기 때문에 바벨탑을 쌓는 데에 한마음으로 동참하고 있다고 판단하셨습니다. 즉, 죄의 시작이 '하나'였기 때문이라는 겁니다.

> (창세기 11:6) _ 여호와께서 이르시되 이 무리가 한 족속이요 언어도 하나이므로 이같이 시작하였으니 이 후로는 그 하고자 하는 일을 막을 수 없으리로다

하나님께서는 사람들의 언어를 혼잡하게 하기로 계획하셨습니다.

> (창세기 11:7) _ 자, 우리가 내려가서 거기서 그들의 언어를 혼잡하게 하여 그들이 서로 알아듣지 못하게 하자 하시고

하나님께서는 당신의 명령을 불순종한 인류를 흩으시기 위해 언어를 혼잡하게 하셨습니다. 즉, 유리그릇이 바닥에 떨어져 산산이 부서지면 그 조각을 다시 맞출 수 없게 되듯이, 돌발적으로 인간들의 언어가 분열되도록 하나님께서 역사하신 것입니다. 그로인해 인간들의 언어가 혼잡하게 되었는데, 이것은 죄에 대한 하나님의 징계의 결과였습니다. 이러한 언어의 혼

란은 의사소통의 장애를 가져와 사람들을 고통스럽게 했고, 나중에는 이웃과 이웃, 민족과 민족, 국가와 국가 사이의 분쟁을 가져오는 원인이 되고 말았던 것입니다.

그러나 아이러니 하게도, 그것은 궁극적으로 볼 때에는 분명히 하나님의 은혜였습니다. 만일 하나님께서 언어를 혼잡하게 하지 않으셨다면 아마도 바벨탑을 쌓은 당시 사람들의 교만은 극에 달했을 것이고 더 큰 심판을 불러왔을 것입니다. 따라서 하나님께서는 언어를 혼잡하게 하심으로 인간이 더 이상 교만에 빠지는 것을 막으시고 그들을 멸망에서 구원하셨습니다.

한 가지 덧붙이자면, 이러한 언어의 혼란은 사도행전에서 오순절 성령 임재 사건을 통해서 해결됩니다. 주님이 승천하신 후에 제자들이 예루살렘에 모여 기도하였을 때 주님께서는 성령을 부어주셨고, 그 결과 예루살렘에 초대교회가 세워졌습니다. 오순절 날 세계에 흩어져 있던 유대인들이 예루살렘으로 몰려들었습니다. 그리고 베드로가 설교하자 모든 족속들이 자신의 말로 알아들었습니다. 바벨탑을 쌓을 때 혼잡하게 되었던 언어가 성령의 역사로 하나로 통일된 것입니다. 이것은 하나님의 나라가 이스라엘에 한정되지 않는다는 것과 주님의 복음은 모든 나라로 전해져야만 한다는 것을 상징적으로 나타내주고 있습니다.

아무튼, 하나님께서 사람들의 언어를 혼잡하게 하시니 바벨탑 건축은 저절로 중단되고 말았습니다. 하루아침에 사람들끼리 말이 안 통한다고 생각해보십시오. 얼마나 혼란스러웠을까요? 벽돌을 가져오라면 역청을 가져오고, 흙을 가져오라면 벽돌을 가져왔습니다. 의사소통이 되지 않으니 바벨탑 건축은 자연스레 중단되고 말았습니다. 그렇게 하나님은 인본주의의 토대 위에 쌓아올린 허망한 바벨탑을 허물어뜨리셨습니다. 바벨탑은 하나님의 뜻이 아닌 인간의 욕심에서 비롯된 것이었기 때문이었습니다. 하나님의 뜻과 하나님의 영광을 위해 하는 것이 아닌 모든 것이 바벨탑이고 그러한 바벨탑들은 결국 모두 무너지고 만다는 것을 기억하시기 바랍니다. 하나님 없이 하는 모든 일은 성공 같으나 실패입니다. 말씀의 반석 위에 굳게 세우지 않는 것은 그것이 무엇이든 아무런 소용이 없습니다.

4. 성도의 신본주의적인 삶

요즘 교회들은 돈이 많아서 크고 화려하게 예배당을 짓습니다. 표면적으로는 하나님의 영광을 위해서 그렇게 크고 높게 짓는다고 합니다만, 실상은 인간의 위상을 높이고 인간이 영광을 받고 싶어서인 경우가 다반사입니다. 왜냐하면 하나님은 그렇게 크고 높은 성전을 원하신 적이 한 번도 없기 때문입니다.

구약에서 하나님은 솔로몬이 지은 성전을 거룩하게 구별하여 그곳에 임재하시겠다고 말씀하셨습니다. 그러나 솔로몬과 이스라엘이 하나님을 떠나 우상을 섬기고 죄를 범하면, 이스라엘 백성들은 물론이고 성전이라도 던져버리시겠다고 말씀하셨습니다(왕상 9:6~7). 그런데 이스라엘 백성들은 하나님을 떠나 우상을 숭배하고 죄악을 저지르면서도 하나님의 성전이 있기 때문에 자신들은 구원을 받을 수 있고, 안전하다고 떠들어댔습니다.

(예레미야 7:9~10) _ ⁹너희가 도둑질하며 살인하며 간음하며 거짓 맹세
하며 바알에게 분향하며 너희가 알지 못하는 다른 신들을 따르면서 ¹⁰내
이름으로 일컬음을 받는 이 집에 들어와서 내 앞에 서서 말하기를 우리가
구원을 얻었나이다 하느냐

그러나 하나님께서는 B. C. 586년, 바벨론의 느부갓네살 왕을 통해 성전
을 무너뜨리고, 이스라엘 백성들을 포로로 잡혀가게 하셨습니다.

(열왕기하 25:9~11) _ ⁹여호와의 성전과 왕궁을 사르고 ⋯ ¹⁰예루살렘
주위의 성벽을 헐었으며 ⋯ ¹¹모두 사로잡아 가고

이스라엘이 형식적으로만 하나님을 섬기고 마음으로는 하나님을 떠났
기 때문입니다.

오늘날도 많은 사람들이 뭔가를 계속 쌓아가고 있습니다. 사람들은 자
신의 안녕과 번영을 위해 무던히도 애를 쓰고 있습니다. 문제는 그 모든 것
이 헛것이 될 수 있다는 사실입니다.

인간은 궁극적으로 두 가지 중 하나를 위해서 뭔가를 쌓습니다. 하나는
하나님의 영광을 위하여 쌓는 것이고, 다른 하나는 자기 이름을 위하여 쌓
는 것입니다. 바벨탑 사건이 주는 교훈은 하나님은 자기를 대적하는 모든
것을 허물어뜨리신다는 사실입니다. 그렇게 견고한 바벨탑마저 중단시킨
주님이신데, 여러분이 쌓는 것쯤은 쉽게 중단시킬 수 있지 않겠습니까?

본문 말씀을 통해 하나님은 당신의 뜻에 위배되는 것은 모두 허물어뜨리
심을 보았습니다. 하나님 없이 쌓는 것은 그것이 무엇이든 아무 소용이 없

다는 것을 기억하시기 바랍니다. 하나님의 말씀에 순종하여 주어진 삶을 살아갈 때에만 하나님께서 형통하게 하십니다. 우리가 '먼저 그의 나라와 그의 의를 구하는 삶'을 살아갈 때에만 하나님께서 형통하게 하실 것입니다. 여러분 모두, 자신 뜻대로 살아가는 인본주의적인 삶을 버리고 하나님 중심, 말씀 중심의 신본주의적인 삶을 살아가시길, 그래서 주님 안에서 형통하게 되시길 주님의 이름으로 부탁드립니다.

37. 셈과 데라의 계보 (창 11:10~32)

우리는 앞서 11장 1~9절에서 바벨탑 사건에 대한 교훈을 살펴보았습니다. 인간들이 자신의 이름을 내고 또 흩어짐을 면하기 위해 바벨탑을 세웠지만, 언어를 혼잡하게 하시는 하나님의 역사와 징계하심에 따라 인류가 이리저리 흩어짐을 당했습니다. 만약 바벨탑 이야기로 11장이 끝났다면 참으로 우울하고 소망이 없었을 것이지만, 11장의 마지막 부분에서 하나님의 은총을 다시 한 번 보여주고 있습니다. 즉, 본문에 기록된 족보가 미래에 대한 희망을 갖게 해 줍니다. 과연 이 족보가 왜 우리에게 소망을 주는 것일까요?

1. 셈의 후손들의 족보

본문에는 셈이 낳은 아르박삿을 비롯하여 아브람까지 10대의 족보가 나옵니다. 여기에 등장하는 인물들에 대해서 하나씩 자세하게 설명할 수는 없지만 이 족보가 우리에게 말하고자 하는 의미에 대해서는 분명히 알아야 합니다.

본문의 족보를 통해 알 수 있는 첫 번째 사실은 인간의 수명이 점점 줄어들었다는 것입니다. 셈이 100살 때에 아르박삿을 낳고 500년을 더 살았으며, 아르박삿은 438년을 살았고, 그 뒤로 셀라는 433년, 에벨은 464년, 르우는 239년, 스룩은 230년, 나홀은 148년을 살았습니다. 즉, 셈이 600살을 살았지만, 뒤로 갈수록 점점 수명이 줄어 들었습니다. 이로부터 홍수 이후에 자연환경이 나빠졌기 때문에 인간의 수명이 줄어들었고, 결국 모세가 활동 하던 시기에는 인간의 수명이 70~80세 정도밖에 되지 않았다는 것을 알 수 있습니다.

(시편 90:10) _ 우리의 연수가 칠십이요 강건하면 팔십이라도 그 연수의 자랑은 수고와 슬픔뿐이요 신속히 가니

그러나 하나님께서 본문의 족보를 통해서 말씀하고자 하는 진정한 의미는 인간의 죄악 속에서도 하나님께서 은혜를 베풀어 계속 번성하게 하셨다는 사실입니다. 사실 바벨탑을 세워 하나님을 대적한 인간에게 하나님이 심판을 내리신들 인간이 무슨 할 말이 있었겠습니까? 그러나 하나님께서

는 인간의 범죄 속에서도 그들에게 무한한 은혜를 베푸셨고, 그 결과 노아의 세 아들과 후손들이 계속해서 번성해나갈 수 있었던 것입니다.

하나님은 지금도 우리가 실수하고 죄를 짓고 있음에도 여전히 은혜를 베푸시고 계십니다. 하지만 많은 사람들이 자신의 의와 노력 때문에 평안한 삶을 살고 있다고 착각하며 살아갑니다. 진실로 하나님을 믿는 사람이라면 죄악 가운데서도 우리에게 은총을 베푸시고 오늘까지 보호하시고 인도하시는 하나님의 은혜에 감사해야 합니다.

2. 아브라함의 아비 데라의 족보

이제 아브라함의 아버지 데라의 족보를 살펴보겠습니다. 데라의 족보가 중요한 것은 바로 그리스도의 조상인 아브라함이 등장하는 배경이 되기 때문입니다. 즉, 본문은 아브라함의 아비인 데라의 족보와 아브라함이 소명을 받아 가나안에 가기까지의 행적을 소개함으로써 선민 이스라엘의 조상이 되는 아브라함을 성경 역사의 무대 위에 공식 등장시키고 있습니다. 다시 말해 본문은 우리에게 성경의 역사가 곧 인류 구원을 위한 하나님의 구속 역사임을 보여줍니다. 창세기 11장 26절은 데라가 아브람과 나홀과 하란 세 아들을 낳았다고 말합니다.

(창세기 11:26) _ 데라는 칠십 세에 아브람과 나홀과 하란을 낳았더라

본문만 보면 데라가 70세에 아브라함과 나홀과 하란을 동시에 낳은 것으로 생각할 수도 있겠지만, 실상은 데라가 70세부터 세 아들을 낳았다는 것으로 이해하는 것이 옳습니다. 그런데 창세기 24장 15절은 나홀이 아브라함의 동생임을 밝히고 있습니다. 그리고 아브라함이 하란을 떠날 때에 나이가 75세였고, 아브라함이 하란을 떠날 때 데라가 죽었는데 그때 그의 나이가 205세라고 말합니다. 따라서 데라의 나이 205세에 아브라함의 나이가 75세였다는 말이 됩니다. 그렇다면 데라가 70세에 하란을 낳고, 130세에 아브라함을 낳고, 그 뒤에 나홀을 낳은 것이 됩니다. 즉, 하란이 큰 아들이고, 아브라함이 둘째아들이고, 나홀이 막내아들이라는 말입니다. 이것을 잘 기억하시기 바랍니다.

3. 하나님의 소명에도 하란에서 지체한 아브라함

하란은 그의 아비 데라보다 먼저 갈대아 우르에서 죽었습니다.

> (창세기 11:28) _ 하란은 그 아비 데라보다 먼저 고향 갈대아인의 우르에서 죽었더라

여기서 저자가 롯의 아비인 '하란의 죽음'을 언급하는 이유는 하란의 아들인 롯이 아브라함과 가나안에 가게 된 까닭을 보여주기 위해서입니다. 그리고 롯의 이름이 특별히 거론되는 것은 롯이 이후에 아브라함과 동행하

여 가나안에 들어가는 것은 물론 롯의 후손인 모압과 암몬 족속이 이스라엘 역사에 여러 차례 등장하기 때문입니다. 또한 하란에게는 롯 외에도 이스가와 밀가라는 두 딸이 있었는데, 그중 밀가는 아브라함의 동생인 나홀과 결혼을 해서 라반이라는 아들을 낳습니다.

> (창세기 11:29) _ 아브람과 나홀이 장가 들었으니 아브람의 아내의 이름은 사래며 나홀의 아내의 이름은 밀가니 하란의 딸이요 하란은 밀가의 아버지이며 또 이스가의 아버지더라

　지금이야 말도 안 되는 소리지만, 당시 근동에서는 이와 같은 근친결혼이 성행하였습니다. 그렇다고 하나님께서 근친결혼을 장려하거나 허락하셨던 것은 아니고 이미 그런 문화 속에서 살아온 아브라함의 가족의 관습을 잠시 허용하셨을 뿐입니다. 그러다가 나중에 출애굽을 한 이후에는 근친결혼을 하지 못하도록 율법을 주셨습니다(레 18:9,14). 아브라함은 이복동생(창 20:12)인 사래와 결혼했는데, 그녀는 아이를 낳을 수 없는 상태였습니다.

> (창세기 11:30) _ 사래는 임신하지 못하므로 자식이 없었더라

　사래는 아브라함과 결혼한 후에 한 번도 임신을 한 적이 없었다는 말입니다. 여인이 아이를 잉태하지 못한다는 것은 당시의 상황으로는 저주에 가까운 일이었음을 생각할 때에 아이를 갖지 못한 사래의 심정은 매우 침

통하였을 것으로 보입니다. 그리고 사래라는 이름은 '공주'라는 뜻이고, 사래가 아브라함의 이복누이란 사실은 아브라함 가문 전체가 갈대아 우르에서 유복한 생활을 했음을 암시하고 있습니다.

이와 같이 아브라함의 아버지 데라는 자식들과 함께 갈대아 우르에서 살고 있었습니다. 갈대아 우르는 페르시아 만 서북쪽 240km에 위치한 곳으로, 현재 엘 무카야르로 불리는 지역인데, 미국과 이라크 간 '걸프 전쟁'이 일어났던 곳이기도 합니다. 그곳은 산물이 풍부하고 해상과 육상 교통이 모두 발달한 고대 세계의 주요 도시였습니다. 당시 우르는 달(月)신을 비롯하여 여러 가지 우상들을 특별하게 섬기는 곳이었는데, 여호수아에 의하면 데라는 그곳에서 우상을 섬기며 타락한 삶을 살고 있었다고 합니다.

(여호수아 24:2) _ 옛적에 너희의 조상들 곧 아브라함의 아버지, 나홀의 아버지 데라가 강 저쪽에 거주하여 다른 신들을 섬겼으나

여기서 한 가지 생각할 것이 있습니다. 데라가 우상을 섬겼으면 그의 아들인 아브라함도 당연히 우상을 섬겼을 것인데, 하나님은 이와 같이 우상을 섬기는 집안에서 아브라함을 선택하시고 불러내셨다는 것이지요. 다시 말하면 아브라함이 믿음이 좋다거나 출신 성분이 좋아서가 아니라 순전히 하나님의 은혜로운 경륜 속에서 아브라함을 선택하시고 부르셨다는 말입니다. 제가 목사로 부름 받은 것이나, 여러분이 성도로 부름 받은 이유도 믿음이 좋아서가 아니듯이 아브라함이 부르심을 받은 것은 오직 하나님의 은혜 때문이라는 것입니다. 그래서 바울은 우리의 믿음은 오직 하나님

의 은혜의 선물이기 때문에 자신의 믿음이나 의를 자랑하지 말고 '오직 그리스도를 자랑하라'고 하면서, 자신이 이방인 전도 사역을 하게 된 것도 오직 '하나님의 은혜'라고 고백했던 것입니다.

(고린도전서 15:10) _ 그러나 내가 나 된 것은 하나님의 은혜로 된 것이니 내게 주신 그의 은혜가 헛되지 아니하여 내가 모든 사도보다 더 많이 수고하였으나 내가 한 것이 아니요 오직 나와 함께 하신 하나님의 은혜로라

또 한 가지, 우리는 아브라함이 75세에 하나님의 부르심을 받은 것으로 알고 있습니다만, 사도행전 7장은 아브라함이 하란에 있기 전 갈대아 우르에서 부름을 받았다고 증거합니다.

(사도행전 7:2~3) [2]우리 조상 아브라함이 하란에 있기 전 메소보다미아에 있을 때에 영광의 하나님이 그에게 보여 [3]이르시되 네 고향과 친척을 떠나 내가 네게 보일 땅으로 가라 하시니

그러니까 아브라함이 갈대아 우르에서 하나님으로부터 1차로 부르심을 받았고, 이후에 하란에서 아버지 데라가 죽은 후에 다시 한 번 가나안으로 가라는 부르심을 받았던 것입니다. 그런데 아브라함이 하나님의 명령에 따라 아버지 데라와 함께 갈대아 우르를 떠났는데, 그만 중간 지점인 하란에 머물고 말았습니다.

(창세기 11:31) _ 데라가 그 아들 아브람과 하란의 아들인 그의 손자 롯

과 그의 며느리 아브람의 아내 사래를 데리고 갈대아인의 우르를 떠나 가나안 땅으로 가고자 하더니 하란에 이르러 거기 거류하였으며

하란은 지금의 터키와 시리아 국경에서 터키 쪽으로 약 15km 들어간 곳에 위치한 곳입니다. 그곳은 갈대아 우르와 가나안의 중간쯤인데, 오늘날 카르헤에로라는 이름으로 불리는 지역입니다. 아브라함의 아버지 '데라'의 이름은 '지연되다'라는 뜻인데, 데라는 그의 이름처럼 가나안으로 가라는 하나님의 명령을 지연시키고 하란에 머물고 말았습니다.

우리는 아브라함이 왜 가나안으로 곧장 가지 않고 하란에서 지체했는지 정확히 알 수 없습니다. 아브라함이 가나안 땅에 가기 싫어서 핑계를 대고 시간을 끌었는지, 아니면 데라가 너무 늙어서 여행을 할 수 없었기 때문인지 알 수가 없습니다. 하지만 분명한 것은 아브라함이 하나님으로부터 가나안으로 가라는 명령을 받았다는 것이고, 데라 때문에 하란에 머물면서 시간이 지체되었다는 것입니다.

당시 하란은 여러 가지 면에서 살기 좋은 곳이었습니다. 이집트와 유럽과 아시아가 만나는 교통의 요지였으며, 경제와 문화가 어우러진 매우 번화한 도시였습니다. 한마디로 살기 좋은 동네였습니다. 그러나 하나님이 아브라함에게 가라고 명령하신 곳은 전혀 알 수 없는 미지의 세계였기 때문에 아브라함이 망설였을 수도 있습니다. 물론, 늙은 아버지 데라 때문에 미적거렸을 수도 있습니다. 아무튼 아브라함은 하나님의 명령을 좇아 가나안으로 가지 않고 하란 땅에서 머물렀습니다.

그러다가 결국 아브라함은 아버지 데라가 죽은 다음에야 가나안으로

향하게 됩니다. 다음 책에서 아브라함의 부르심에 대해서 다시 말씀을 드리겠지만 사도행전의 내용을 보아서는 아브라함이 순순히 가나안 땅으로 들어가지 않았음을 보게 됩니다. 분명히 하나님이 아브라함을 가나안 땅으로 옮기셨다고 말씀하고 있기 때문입니다.

> (사도행전 7:4) _ 아브라함이 갈대아 사람의 땅을 떠나 하란에 거하다가 그의 아버지가 죽으매 하나님이 그를 거기서 너희 지금 사는 이 땅으로 옮기셨느니라

반면 히브리서 기자는 분명하게 아브라함이 하나님의 부르심에 순종하여 믿음으로 가나안 땅에 들어갔다고 증거하고 있습니다.

> (히브리서 11:8) _ 믿음으로 아브라함은 부르심을 받았을 때에 순종하여 장래의 유업으로 받을 땅에 나아갈새 갈 바를 알지 못하고 나아갔으며

어떻게 된 것일까요? 이것은 앞으로 계속되는 아브라함의 생애를 통해서 차근차근 살펴보도록 하겠습니다.

4. 결론

하나님께서는 인간의 죄악 속에서도 은혜를 베풀어 계속 번성하게 하셨습니다. 이 책의 마지막 장에서 데라의 족보가 중요한 것은 바로 그리스도

의 조상인 아브라함의 등장 배경이 되기 때문입니다. 즉, 본문은 아브라함의 아비인 데라의 계보와 아브라함이 소명을 받아 가나안에 가기까지의 행적을 소개함으로써 선민 이스라엘의 조상이 되는 아브라함을 성경 역사의 무대 위에 공식 등장시키고 있습니다.

인간의 거듭된 죄악 속에서도 하나님께서는 우리를 구원하신다는 약속을 이루시기 위해 아브라함을 부르시고 그의 후손인 그리스도를 이 땅에 보내실 준비를 하셨습니다. 그러므로 창세기를 비롯한 성경의 역사는 인간을 위한 하나님의 구속의 역사입니다.

기억해야 할 중요한 사실은 그러한 하나님의 구원의 역사에 저와 여러분이 포함된다는 것입니다. 우리가 하는 짓이라곤 하나님을 떠나 내 멋대로 사는 죄밖에 없지만, 하나님은 죄로 인해 원수 된 우리를 부르시고 구원의 은혜를 베풀어 주셨습니다. 이러한 하나님의 구원의 은혜를 감사하며 누리며 살아가시기 바랍니다. 내 뜻을 버리고 하나님 뜻에 순종함으로써 하나님이 주시는 평강과 자유함을 받아 누리시길 바랍니다.

하나님의 창조

발행일 2020년 10월 1일 초판 1쇄 발행

지 은 이　조광현
발 행 처　선교횃불
등 록 일　1999년 9월 21일 제54호
등록주소　서울시 송파구 백제고분로27길12 (삼전동)
전　　화　(02)2203-2739
팩　　스　(02)2203-2738
이 메 일　ccm2you@gmail.com
홈페이지　www.ccm2u.com